本興寺文書

第三巻

本興寺編

清文堂史料叢書　第127刊

清文堂

目次

御触書留・願書留

【凡例】

一、本巻は、『大本山本興寺寺宝目録』（大本山本興寺、一九九一年）の「近世文書」に分類されるもので構成した。

一、史料にはその内容を示す表題を付した。表題は原則として、『大本山本興寺寺宝目録』の表題を用いたが、一部変更したものもある。また、目録と照合できるように文書番号を付した。

一、体裁・用字は、原本の形式を尊重するようにつとめたが、以下のような方針で編集した。

一、原本の改行箇所は、解読上支障がない限り、原則として追い込みとした。また適宜、読点・並列点を付した。

一、寺院・住職・徒弟の名前等が列記されている箇所は、一部、体裁を揃えた。

一、用字は原則として常用漢字（新字体）を使用し、異体字・俗字などはこれに改めた。ただし、寺院・住職・徒弟名は、くずし字で旧字体新字体の区別ができない場合、旧字体を用いた。また、以下のものは原本のまま使用した。

　刕（州）　躰（体）　麁（粗）　炅（霊）　刁（寅）　嶋（島）　侭（儘）　忰（悴）　噯（扱）　曾（曽）　扣（控）

　條（条）　壬（閏）　〆（貫）　〆（しめて）

一、変体仮名は平仮名に改めた。ただし、以下の助詞はそのまま残し、活字の級数を落として記した。

　者（は）　江（え）　茂（も）　与（と）　而（て）　而已（のみ）

一、合字は使用せず、すべて「より」・「して」など平仮名に改めた。また、「〃」は「同」に改めた。

一、監修者による校訂は、傍注で（　）に示した。誤字の場合、正字を傍注に示し、不明の場合は（ママ）とした。また、脱字は（－脱ヵ）、衍字は（衍）などとした。ただし、「百性」（百姓）・「是悲」（是非）・出情（出精）・屋鋪（屋敷）など、慣用的に用いられているものは原本通りとした。

一、大名・旗本は、藩名・役職名・諱などを史料の初出箇所の右傍に（　）で示した。
一、闕字は一字あけ、平出・擡頭は二字あけとした。
一、虫損・破損などによる判読不能箇所は、字数分を□で示し、字数不明の場合は［　　］で示した。また、推定の場合は右傍に（カ）、判読できない場合は右傍に（難読）と表記した。
一、訂正・重ね書き・抹消された文字で判読できる場合は、左傍に見せ消ち記号「ミ」を付し、訂正後の文字を記した。判読できない場合は、字数分を■で示した。
一、全文抹消されている場合は、（全文抹消）と表記し、その文言を「　　」で囲み記載した。
一、花押は（花押）、印章は㊞と示した。写文書などで「印」の文字が記されているものは、印と記載した。また手書きで㊞と記載されているものは、右傍に「手書」と示した。
一、表紙は、その文言を□で囲み、右傍に（表紙）と示した。また、裏表紙に文字が記載されている場合は、それを示した。
一、包紙上書・端裏書は、その文言を「　　」で囲み、右傍に（包紙上書）などと示した。
一、貼紙・付紙・付箋・挟込文書などは、なるべく該当箇所の近くに、その文言を「　　」で記載し、右傍に（貼紙）などと示した。
一、本能寺は現在、「本能寺」と表記されるが、くずし字での区別は難しいため、「本能寺」で統一した。

御触書留・願書留

一　公儀・地頭御触書留

宝暦一三（一七六三）・一〇
〜明和六（一七六九）・一二　　三

（表紙）

御触

口上

一、只今従寺社司金八殿を以被仰越候趣者、朝鮮人御用ニ指出候諸道具先達而被指出候書付之通、来ル十八日ニ寺社司より受取ニ参候間、兼而印被成置、其内ニ無間違御渡シ可被成候、先達而両度共被指出候書付、兵庫津江参居候而当地ニ御控無之ニ付、各寺より先達而之通無間違指出シもの之書付月番甘露寺江今明日中ニ可被遣候、月番より一所ニ指出シ可申候、右之通月番より得御意候様被仰越候、以上

宝暦十三癸未年
十月十一日　　甘露寺
　　　　　　　法園寺

尚々御用立物無之寺院者、此廻文ニ御用立無之与書付可被遣候

如來院
専念寺

一、台子　壱錺
　小道具共
一、丸行燈　五
一、手燭　五本
一、燭台　五本
一、飯銅火鉢　壱

右之通可差出候、已上

未
十月　　本興寺印

寺町
御月番

一、辰巳町紙屋善左衛門銀札通用相止候ニ付、右銀札所持之面々相対之上、来ル十五日迄ニ引替可被申候、右相過候得者不致通用候、以上

十一月八日　　寺社奉行

月番
栖賢寺
長遠寺

一、朝鮮人来朝ニ付、宿々又者途中にても朝鮮人与猥に不入交様下々迄堅申付、且又少之品ニ而も宗対馬守役人江断無之、官人と不致取遣様急度可申付候

右之通三郷町中不洩様可触知者也

未
十一月

右之趣御触有之候間、於寺社家茂其旨御心得可有之候、以上

未
十一月九日　　寺社奉行

月番
栖賢寺
長遠寺

朝鮮人来朝之節、町方ニ而子供之頭少し髪を残し置候儀、先例之通此節右けし坊主之類剃せ候様被　仰付候間、此旨町々末々之もの迄不洩様可被申付候、已上

十一月廿八日

御用懸り
惣年寄中

右之通大坂惣年寄町中相触候間、其旨御承知可有之候、以上

十二月三日　　寺社奉行

月番
大覺寺
常樂寺

一、来年始御礼正月五日被為請候間、五ツ時登城可有之候、尤指上物之儀御書付可被差出候、病気指合等之儀者先達而早速御断可有之候、以上

十二月廿四日　　堀百助

寺町中

一、堀玄馬殿昨夜病死ニ付為御悔月番罷越候、右為御知
如斯御座候、已上

十二月廿九日　　大覺寺
　　　　　　　　常樂寺

寺町中

諷経之義者内々全昌寺迄御断之由御座候、以上

一、寺町中之面々幷召仕之もの、就用事夜ニ入町江被指
出候者、暮六時より挑灯燈致往来候様可被申付候、挑
灯無之致往来候ものハ、上下之無差別夜番之者町送ニ
可致旨被　仰付候、其旨御心得可有之候、以上

未
十二月晦日　　寺社奉行

月番
大覺寺
常樂寺

口上

明五日御礼登城、依之六ツ半時全昌寺江各寺御集会可被
成候、以上

中
正月四日　　月番
　　　　　　如來院
　　　　　　海岸寺

一、先達而町方夜中挑灯ニ而致往来候様触置候処、今晩
より不及其儀候、此旨可被相心得候、已上

正月十一日　　寺社奉行

月番
如來院
海岸寺

口上

堀百助殿今般御郡代役被仰蒙、依之寺町中為物代月番よ
り御祝儀相務候、各寺御順達之上、月番へ御返却可被成
候、以上

正月十二日　　月番
　　　　　　　如來院

寺□

一、中せい、ふとり肉
一、色白く奇麗成生得、面躰にうハニ相見へ候
一、月代こき方
一、目細キ方ニ而一重まふち、黒目かちニ有之候、眼中
にうハニ相見へ候
一、鬢厚く、髪多キ方
一、眉毛耳唇常躰、鼻筋通リ、歯ハ細か成方
一、首筋太く詰り候方
一、言舌なまり候得共、江戸馴候様ニ茂有之、一体物言
静か成方
一、衣類空色、洗はけ候布子、紋所者不相知、幷古浅黄
木綿袷しゆはん着、古黒木綿帯致罷在候、以上

大御目付中様より御廻状写

一、去午年十一月十二日南茅場町嘉平次店町医者藤田三
庵妻江所々深手為負逃去候三庵召仕長助、人相書を以
同月相触候処今以不出候、先達而相触候人相書之通之
者有之候者弥無油断相改、其所ニ留置、依田豊前守番
所江可相達候
十二月
右御書付之趣、於寺社家茂承知之上、下々迄逐一遂吟
味、疑敷もの有之候ハヽ、早々可被相達候、以上
申
正月　堀百助

上之嶋岡村十左衛門銀札似セ札有之由ニ而相糺申度、
引替之儀暫及遅滞候処、来ル廿五日より上之嶋居宅幷
兵庫津出店両所ニ而引替相始候旨申達候間、其旨可相
心得候
一、向後者右銀札ニ押懸之改印相居（据）候旨申達候、尤改印
相済候分者是迄之通尼崎・西宮・兵庫津ニ而引替候
間、無滞可致通用候
一、小池治右衛門両名之銀札者紛敷儀無之ニ付不及相糺
旨申達候間、是迄之通尼崎・西宮・兵庫津引替候条、
其旨可相心得者也
申正月十四日

右之通於寺社家茂御承知可有之候、以上

申正月十五日　　寺社奉行

別所村茶屋四郎次郎銀札此度引取候ニ付、別所村茶屋八十次郎於居宅引替申候、右銀札所持之面々相対之上、明十九日より同廿八日迄ニ引替可申候、廿八日過候得者引替無之候、其旨御心得可有之候、以上

申
正月十八日　　寺社奉行

朝鮮人江詩作贈答・筆談等罷出候者、一通之対話之趣意相認候儀、且古来より二儀両説之疑鋪処なとを談、あるひハ風雅を以贈答仕候様成事ハ不苦候へとも、一分の学力を自負之為異国をなちり、彼国之事を尊み候とて我国をあさけり候様なる筆談等、第一国躰を不弁筋違候様相見候、林大学頭方にてハ、大和以来弟子共指出候節、詩作贈答はかりニ而筆談等ハ決而仕間敷段堅申付来候、依之此度出席之もの共、右准、詩作之唱和ハ格別、国躰を心得違候様成無用之雑事筆談不仕様可相心得候、尤右筆談幷詩作唱和之度々役人其席に立会、不洩様取集、林大学頭方へ不残指出候筈ニ候、且又筆談之儀相願候者之外、給仕等ニ罷出、又者相願出かたき者ともハ、筆談出席のもの抔相願候而、詩文贈答仕来候ものも有之様相聞候、此儀ハ猶以如何成事候間、相願候人数之外者詩作贈答堅仕間鋪事候

右之趣可被相触候

申
正月

右之趣従江戸被　仰下候間、三郷町中可触知者也

申
正月　　出雲（大坂町奉行・鵜殿長逵）
　　　　能登（大坂町奉行・興津忠道）

右御触書之趣於寺社家茂御承知可有之候、以上

寺社奉行

口上

寺社兼役之儀松本平左衛門殿ニ而御座候間、各寺左様御
心得可被成候、以上

申
正月廿六日

月番
如來院
海岸寺

家木長右衛門殿義兵庫津江御越被成候故、留主中瀬野小
左衛門殿寺社兼役之義申来候、右為御心得如斯御座候、
以上

申
三月五日

月番
全昌寺
本興寺

口演

家木長右衛門殿昨日従兵庫御帰宅在之候、右為御知如斯
御座候、以上

二月十七日

月番
專念寺
善通寺

右御順達之上、善通寺へ御返却可被成候、以上

口述

家木長右衛門殿御用ニ付当分兵庫出勤相延候由、依之瀬
野小左衛門殿寺社兼役御免被成候旨申来候、右為御心得
如是御座候、已上

三月十八日

月番
全昌寺
本興寺

口陳

家木長右衛門殿留主中寺社兼役松本平左衛門殿被相勤候
由申来候間、右為御心得如是御座候、已上

三月廿八日

月番
全昌寺
本興寺

口上

一、拙僧義今度堺引接寺江転住之願相済、来十三日罷越
申候、為御届如此御座候、已上

善通寺

御月番
栖賢寺

来ル十二日　清泰院様御一周忌ニ付於深正院御法事有
之候、因是従来ル十一日十二日迄鳴物・高声・殺生幷普
請御停止候、此節別而火之元入念御申付可有之候、以上

申五月九日　寺社奉行

月番
甘露寺

法園寺

琉球人参府ニ付、御用之義銀座江被仰付候趣御勘定奉行
江被仰渡候、就夫浮説可申触哉、金銀吹替之義ハ曾而無
之事ニ候条、決而右躰之風説仕間敷候、右之趣従江戸被
仰下候条、三郷町中可触知者也

右之通於大坂御触有之候、於寺社家茂其旨御心得可有之
候、以上

五月十五日　寺社奉行

来ル十八日
幻涼院様卅三回御忌ニ付於深正院御回向有之候、依之来
ル十七日より十八日まて殺生御停止候、普請・鳴物御構
無之候、以上

五月十五日　寺社奉行

口上

一、善通寺無住之処、先住弟子義寛院住職被為　仰付候
ニ付、明廿八日従本山入院仕候、右御届申上度如此御
座候、以上

五月廿七日　門中
正福寺

寺町御月番

上之嶋岡村十左衛門一名之銀札此度通用被差止候間、当春巳来引替相残候分、従明十一日来ル十六日迄ニ十左衛門居宅ニおゐて引替候、右日限過候而者引替不申候間、其旨御心得可有之候、以上

申六月十日　寺社奉行

月番
大覺寺
常樂寺

大庄屋上之嶋岡村十左衛門一名之銀札者此度通用被指止候趣先達而相触候、小池治右衛門・岡村十左衛門両名之銀札者通用之儀是迄之通ニ候、心得違も可有之哉と触知候、其旨可相心得者也

六月十三日

右之通従御郡代町在江触知候間、於寺社家茂御承知可有之候、以上

寺社奉行

月番
大覺寺
常樂寺

明和元年

一、拙者儀今日百拾石御役料被下、江戸御留主居役被仰付候、依之寺社支配兼役当分高木大弐江被仰付候、其旨御心得可有之候、以上

七月二日　家木長右衛門

月番
如來院
海岸寺

口上

家木長右衛門殿御役替御祝儀幷高木大弐殿寺社兼役挨拶月番両寺相務申候、以上

七月三日

月番
如來院
海岸寺

拙寺義病身ニ付今般隠居仕度奉願候処、今日首尾能隠居
被仰付候、依之御届如斯御座候、已上

七月四日　　　専念寺

口上覚

専念寺無住ニ付、先住静謦弟子賢道江後住職被仰付、則
今日入院仕候、右為御届如是御座候、以上

七月九日　　　如來院
甘露寺

鴻池新右衛門銀札此度不残引取候ニ付、来ル十一日より
廿日迄ニ鴻池居宅幷尼崎泉屋利兵衛宅・兵庫津阿波屋長
兵衛宅、右三ヶ所ニ而銀札引替申候、右日限過候得者引
替不申旨申達候、其旨御心得可有之候、以上

七月九日　　　寺社奉行

月番
如來院
海岸寺

一、従来十三日十六日迄酉剋より町御門出入御停止候、
然共棚経僧幷供僕者渡置候通札を以可有通行候、此外
者一切難成出入候間、町用事有之候者、酉剋已前相済
候様可被致事、付り、棚経僧幷供僕之通札を以為外用
出入之義不相成事

一、無拠用儀有之、右剋限以後家来町方江不指出候而難
成義者、其段以書付可被申達候事

一、町在檀家盆中暮参候ハヽ、酉剋以前ニ相仕舞候様参
詣のものへ可被申聞候、万一右剋限延引及候者、其者
名前、下男・下女ニ至迄人数委相記、印形書付を以其
もの共自分方へ可被指越候、吟味之上御門出候断可指
出事

右之通被相心得承知印形候而順達、触留より可被指戻
候、已上

七月十一日　　　高木大弐

寺町
連名

口上

寺社司より御触書致到来候、御順達之上御印形候而、触留より海岸寺へ御返却可被成候、已上

七月十一日

月番 如來院

海岸寺

寺町 連名

申六月廿六日大御目付中様御廻状到来之写

江嶋惣別当 岩本院

右江嶋本宮社頭修覆為助成此度関八刕勧化相願、御免被仰出、岩本院代僧共寺社奉行連印之勧化状持参、当申之年より来子之年迄五ヶ年之内、御料・私領・寺社領・在町共順行可致候間、志之輩者物之多少ニ不寄可致寄進候、御料者御代官、私領者領主・地頭より可申渡候

申六月

右之通可被相触候

右之趣従江戸表被仰下候間、於寺社家茂其旨御心得承知印形候而御指出可有之候、以上

七月十五日 高木大弐

寺町 連名

申七月二日大御目附中様御廻状到来之写

河刕誉田八幡諸堂社大破修覆ニ付諸国勧化之事、今度社僧共願之通被成御免、公儀よりも御寄附之品有之、勧化物取集方之義も願之通被仰出候、依之信仰之輩者物之多少ニよらす其分限ニ応し、今明年中寄進すへき旨被仰出候、国々巡行者不致候間、御料者御代官、私領者地頭并寺社領之ものも近辺之御代官・地頭へ取集置、向寄次第、江戸者馬喰町弐丁目、大坂者内淡路町三丁目勧化所江九月・十月・二月之内可指越候、勿論志無之ものニ者押而勧候義堅可為無用旨、御料者御代官、私領者領主・地頭より可被申渡候

申六月

右之通可被相触候

右之趣従江戸表被仰下候間、於寺社家茂其旨被相心得、

承知印形候而御指出可有之候、以上

七月十五日　　　　　　　　　　　高木大弐印

寺町
連名

円成院様五十回御忌御法事ニ付、従明後廿日廿一日迄鳴

物・高声・慰之殺生御停止候、普請者御構無之候、此節

火之元別而入念御申付可有之候、以上

七月十八日　　　　　　　　　　　寺社奉行

月番
如來院

海岸寺

口上覚

高木大弐殿従明日順郷ニ付、御留主中寺社兼役之義瀬野

小左衛門殿へ被仰付候由申来候間、右為得心告報仕候、

以上

九月廿三日　　　　　　　　　　　本興寺

全昌寺

寺町　各寺列名

殿様御機嫌能御発駕有之候、御祝儀為惣代御家老中・寺

社司江相勤申候、已上

十月十日　　　　　　　　　　　　栖賢寺

寺町　各寺
連名

当月寺社支配月番堀百助相勤候、其旨可被相心得候、勿

論家木長右衛門転役後御郡代三人ニ而当分致兼帯候処、

先達而之触書ニ其段相洩候、此旨御心得可有之候、以上

十一月朔日　　　　　　　　　　　堀百助

高木大弐

平野蔦右衛門

月番
甘露寺

法園寺

当申年朝鮮人来朝幷帰国之節、人馬割諸入用其外御賄方入用共、先格之通、山城・大和・河内・和泉・摂津・近江・丹波・播磨・美濃・尾張・三河・遠江・駿河・伊豆・相模・武蔵国御料・私領江国役懸りニ相成候趣、御勘定所より触書相廻り候筈ニ候、尤　禁裏御料・御門跡領・公家衆家領・　御朱印寺社領、東海道宿場幷助郷御伝馬勤候村高、朝鮮人御用ニ付渡場船橋役御賄御用として人足等差出候村方、其外前々より訳有之高掛り諸役免除高之分除之、其余拝領高・込高・新田改出等都而其村之有高百石ニ付金三両壱歩・永百弐十五文宛、且又朝鮮人諸御用勤候村々之内御賄方江鶴差出候一役村方、御扶持方被下人足勤候村方、玉薬被下猪役勤候村方之分ハ半高掛り金壱両弐歩・永百八十八文宛、其余少分之役勤候分者除高幷半高掛り之内江者不差入候間、右高掛り其所之通用次第金にて成共銀ニ而成共、尤銀者六十三匁替之積りニ村々より取立之、来十二月を限、大坂今橋壱丁目平野屋五兵衛、同弐丁目鴻池屋善右衛門方江相納可申候

右之通ニ候間、去未年大川筋国役御普請御入用当申歳割賦百石当り銀[redacted]匁四分弐り八毛、先月廿九日迄ニ両掛屋江相納候様ニ先達而相触候得共、右朝鮮人来朝帰国之節諸入用当年割賦被　仰付候ニ付、去未年大川筋国役銀者当年差延来酉年取立候ニ付、相納候分者為差戻候間、平野や五兵衛・鴻池屋善右衛門方ニて請取可申候、右触状庄屋・年寄・寺社家令承候段致印形、郡切村継順々相廻、触留村より能登守役所江可持参者也

明和元申年
十一月　出雲印
能登印

摂刕川辺郡
横山より南村々
庄屋
年寄
寺社家

城州紀伊郡上鳥羽村桂姫儀、家内安全幷疱瘡安産之守、来壬十二月晦日迄之内相弘度旨此度願出候ニ付、聞届候

間、信心之輩右守札請之、志次第多少によらす初穂可差出候、右之通三郷町中可触知者也

申十一月　　　三郷
　　　　　　　　惣年寄

右之通於大坂御触有之候条、於寺社家茂其旨御心得可有之候、以上

十一月十六日　　寺社奉行
　月番
　　甘露寺
　　法園寺

申十一月二日大御目付様より御廻状到来写

　大目付江

取退無尽与号し、三笠博奕同然之儀有之由相聞候付、停止之旨前々相触候処、今以不相止、近比者寺社建立講又者品々之講与名付、取退無尽いたし候ニ付、右当人共相顕候分者召捕、此度御仕置申付候、向後右躰之儀有之者武士方・寺社方・町方・在方共ニ遂吟味、当人者不及申、地主・家主・五人組・名主・一町内之もの共迄三笠博奕同然ニ咎申付候条常々心懸致吟味、疑敷もの有之ニおゐてハ早々可訴出候

右之通寛保元酉年相触候処、年久敷相成、若可致忘却哉ニ付、猶又触置候間、急度可相守候

右之通可被相触候

申十一月

右之趣従江戸被仰下候条、其旨御心得承知印形候而、可被指出候、以上

申十一月十七日　　堀百助

口触

只今松沢氏入来ニ而、当月寺社御月番高木大弐殿被相勤候、各寺可被得其意候、右順達、触留より月番常樂寺へ御返却可被成候

十二月朔日　　常樂寺
　　　　　　　大覺寺
寺町列名

御城下市庭町岸田屋源兵衛銀札、此度不残引取候ニ付、
明五日より来ル十五日迄源兵衛居宅ニ而引替申候、右日
限過候得者引替不仕候旨申達候、其旨御心得可在之候、
以上

申十二月四日　　寺社奉行

月番
大覺寺
常樂寺

御城下市庭町岸田屋源兵衛□□□引替之義、先達而
相触候、右銀札□□（岸田屋カ）三郎兵衛名前ニ候処不心遣候
段、此節□□□右之通被相心得、其余者先達而為触
出候間御心得可有之候、以上

申十二月六日　　寺社奉行

月番
大覺寺
常樂寺

大膳亮様御新造様御名□□□奉称候、依之面々指合
候名有之□□□可相改候、亀松様御名被遊御改、熊
吉様与奉称候、依之面々名下之字吉之字付候者可相改
候、右之□□□有之条、寺社家おゐても其□御承知
可有之候、以上

申十二月十五日　　寺社奉行

大覺寺
常樂寺

口触

大膳亮様御婚礼首尾能被成□□□為御祝儀御家老中・
寺社司江月番□□□相務申候、右為御知如斯御座候、
以上

極月十八日

大覺寺
常樂□（寺）

寺院列名

刑部□様御逝去被成候ニ付□□□□来月五日迄鳴
物・高声・殺生御停止、普□（請）者来月朔日迄御停止候、此

節火之□□入念御申付可有之候、以上

申十二月廿八日　　寺社奉□（行）

月番
大覺□（寺）
常□□（樂寺）

熊吉様御名此度被成□□様与奉称候、因是面々指合
候名□□相改候
右之趣於寺社家茂其旨承知可有之候

申十二月廿九日　　寺社奉行

月番
大覺寺
常□□（樂寺）

口上

長遠寺後職日述明日入院□□右為御届如此御座候、
以上

閏極月十日　　円蔵院

月番
如來院
海岸寺

寺町中召仕之者明廿六日より□□時過町江用事ニ
而被指出候ハヽ、挑燈致往来候様御申付可有之候、挑灯
無之致往来候もの者上下之無差別夜番之者町送り可致旨
町方江被仰付置候間、召仕之者かさつ成儀無之様御申付
可有之候、已上

閏十二月廿五日　　寺社奉行

月番
如來院
海岸寺

当年行司ニ付累年之通宗門御改帳面相認申候、依之御寺
内塔頭人別并増減無相違委細御書記被成、紙墨料をも一
両日中ニ御差越可被成候、為其如斯御座候、以上

明和二乙酉正月十六日　　年行司
如來院

諸寺連名

一、御家中幷寺町壁江落書不仕様先達而度々相触候処、此節落書相見、或者所々塀之瓦等落有之様相聞候、右躰之義致者於有之者、廻り方見付次第押置、急度可遂吟味候間、召仕者迄も其旨可被申付候、以上

□（酉カ）二月七日　　寺社奉行

月番
全昌寺
本興寺

今般熊之丞様御実名忠興公与奉称候、其旨御心得、指合候実名有之候ハヽ、可被相改候、以上

酉二月十七日　　寺社奉行

月番
全昌寺
本興寺

一、有童院様五十回御忌御法事有之候ニ付、明後廿八日より晦日迄殺生御停止候、普請・鳴物御構無之候、此節別而火之元入念御申付可被有之候

酉二月廿六日　　寺社奉行

月番
全昌寺
本興寺

紀伊中納言様去月廿六日被成御逝去候ニ付、今四日より来ル六日迄鳴物・高声・殺生御停止候、普請者今明日中被指留候、此節火之元別而入念御申付可有之候、以上

酉三月四日　　寺社奉行

月番
廣德寺
正福寺

開化院様百回御忌ニ付於深正院御廻向有之候、依之明後六日より十日迄殺生御停止候、普請・鳴物者御構無之候、此節火元別而入念御申付可有之候、以上

酉三月四日　　寺社奉行

月番
廣德寺
正福寺

酉二月廿八日大御目付中様より御廻状到来

大目付江

京北野天満宮別当
松梅院

山城国・大和国・河内国・和泉国・摂津国

右京北野天満宮社幷末社等修覆為助力勧化御免寺社奉行連印之勧化状持参、当酉年より来ル丑年迄五ヶ年之間、御料・私領・寺社・在町共可致巡行候間、志之輩者物之多少によらす可致寄進旨、御領者代官、私領ハ領主・地頭より可申渡候、以上

酉二月

右之通可被相触候

右之通従江戸被　仰下候条、於寺社家も其旨御心得致承知印形候而可被指出候、以上

酉三月七日　平野蔦右衛門判

月番
廣徳寺

正福寺

東大手橋懸替有之候ニ付、御普請中橋下通船明廿六日より被指留候、尤仮橋有之候間通行差構無之候、其旨御心得可有之候、以上

酉三月廿五日　寺社奉行

月番
廣徳寺

正福寺

月番割

三月　平野蔦右衛門　四月　堀百助

五月　高木大弐　六月　平野蔦右衛門

七月　堀百助　八月　高木大弐

九月　平野蔦右衛門　十月　堀百助

十一月　高木大弐　十二月　平野蔦右衛門

右之通り当年中月番順々相勤中候、其旨御心得可有之候、以上

酉
三月五日　寺社奉行

月番
廣徳寺
正福寺

東照宮就百五拾回御忌、此度於日光山御法事御執行在之候、依之明後七日より来ル十七日迄殺生御停止候、普請・鳴物御構無之候、此節火之元別而念入御申付可在之候、以上

酉四月五日　寺社奉行

月番
栖賢寺
長遠寺

来ル十二日　清泰院様御三回忌ニ付於深正院一夜別時御法事有之候、依之来十一日より十二日迄鳴物・高声・殺生御停止候、普請者御構無之候、此節別而火之元入念御申付可有之候、以上

酉五月九日　寺社奉行

月番
甘露寺
法園寺

一、京都東山光雲寺義、御代々之尊牌奉安置候御仏殿幷東福門院様御牌殿・女三宮様御霊屋等及大破ニ付、古来東福門院様為供養料被下置候御祠堂金之残り幷延享三刁年致勧化候節寄金有之候ニ付、右金於京都・大坂貸附ニいたし、其利足ヲ以年々少々宛修覆之助成ニ仕度候、是迄一通り相対ニ而貸附候而返済本金(相滞脱カ)致失脚候義も有之及迷惑候間、右望之者有之、借銀(請カ)候ハヽ、大切之祠堂金ニ候間、元利無相違返済可申旨、京都・大坂ニ而触流し有之様ニ仕度段、於江戸表光雲寺相願候ニ付、御聞届ケ、願之通被仰渡候間、右光雲寺祠堂金相対ヲ以借請候もの元利共無相違可致返済候
右之通り宝暦三酉年三月相触候得共、年数相立候ニ付、心得違之者も有之、相滞候趣相聞候間、御祠堂金相対ヲ以借請候もの元利無相違可返済候之(ママ)

右之通三郷町中可触知者也

酉八月　　　　三郷
　　　　　　　　惣年寄

右之趣於大坂御触有之候間、寺社家ニ而も其旨御心得
可有之候、以上

酉八月九日　　　　寺社奉行
　　月番
　　　専念寺
　　　善通寺

大御番
　岡部筑前守組
　　柘植松之丞

右松之丞義、去ル十日当表一統御番代相済、伏見駅迄罷
越し、右駅より行衛不知候、然当地致徘徊候者其所江押
置、申出候様可致候、若隠置、後日相知候ハヽ、可為曲事
候

右之趣三郷町中可触知者也

酉八月

右之通於大坂御触有之候間、猶寺社家も其旨御心得可有
之候、以上

酉八月　　　　寺社奉行
　　月番
　　　専念寺
　　　善通寺

今日御郡代三人寺社支配兼役被成御免、右支配役拙者江
被仰付候、其旨御心得可■〔有〕之候、以上

酉九月四日　　　　柴田小文次
　　月番
　　　全昌寺
　　　本興寺

酉九月四日大御目付中様より御廻状至来之写

此度文字銀同位を以掛ヶ目五匁ニ定り候銀吹立被仰付候
間、有来丁銀・小玉銀ニ取交、渡方・請取方無滞可致通
用候

右之趣国々江も可触知者也

九月

右之趣従江戸被仰下候間、於寺社家茂其旨被相心得、承
知印形候而御指出可有之候、以上

九月十五日　柴田小文次

明礬之儀者従先年会所相定、唐和明礬共右会所江一手ニ
買請、製法仕置売出候処、紛敷明礬脇売買いたし候風聞
有之、不埒之儀ニ候条、脇売買一切仕間敷候、若右躰之
儀於有之者吟味之上咎可申付候
右之趣五年已前巳之年相触候処、近頃又々会所江不差
出、紛敷明礬脇売買いたし候者有之由相聞、不埒之事ニ
候間、紛敷明礬一切脇売買仕間敷候、若右躰之儀いたし
候者有之候者、吟味之上急度咎可申付候
右之通三郷町中可触知者也

酉九月　三郷惣年寄江

右之趣於大坂御触有之候間、於寺社家茂其旨御承知可有
之候、以上

酉
九月十八日　寺社奉行

月番
全昌寺
本興寺

来ル廿八日　彰善院様弐拾三回御忌ニ付於江戸表御回
向有之候、因是廿七日より廿八日迄殺生御停止候、普
請・鳴物御構無之候、此節火之元別而入念御申付可有之
候、已上

酉十一月　寺社奉行

竹千代(徳川)様御名乗　家基公と奉称候ニ付、面々名乗右之
文字相改候様被仰出候、其旨御心得可有之候、以上

酉十二月十二日　寺社奉行

飛鳥井(雅香)前大納言様去ル十九日就　御逝去、今廿一日迄鳴
物・高声停止候、普請者御構無之候、此節別而火之元入
念御申付可有之候、以上

十二月廿一日　寺社奉行

月番
甘露寺
法園寺

来年始御礼正月五日被為請候間、五時登城可在之候、尤被指上物之儀御書付可被指出候、病気指合等之分ハ先達而早速御断可在之候、以上

十二月廿二日　柴田小文治

妙法院御門跡京都大仏殿勧化物、於当地貸附支配人相究候迄者御用達道修町壱丁目袴屋善兵衛、内平野町小山屋吉兵衛江相達致相対候様先達而相触候処、此度貸附支配人亀山町河内屋平助ニ相究候間、望之者ハ右平助へ申達致相対、借り請候ものハ元利無遅滞可致返済候、右之趣三郷町中可相触者也

戌三月　三郷年寄へ

右之通於大坂御触有之候間、於寺社家も其旨御心得可被有之候、已上

戌三月九日　寺社奉行

月番
専念寺
善通寺

一、今月廿二日阿部伊予守殿（備後福山藩・正右）御事、御懇之（以脱カ）御掟御本丸御勤被成候様被仰出候、秋元但馬守殿（武蔵川越藩・凉朝）御事、御懇之以上意御連判之御列被仰付之、若君様江被為附旨、従江戸被仰下候、此旨三郷町中可触知者也

酉十二月廿九日　三郷惣年寄江

右之趣於大坂御触在之候、寺社家ニ而も御承知可在之候、以上

正月四日　寺社奉行

月番
大覚寺
常楽寺

酉十二月廿六日大御目付中様より至来御廻状之写

大目付へ

長崎湊者唐紅毛通商之地故諸国通船多有之処、湊川口土砂押出、唐紅毛船繋場も年々手入茂致候得共埋り強く、湊内遠浅ニ相成、往々諸国通船之障ニも可相成候付、此度川口堀浚、猶又追々湊内浚申付候ニ付、諸国之廻船幷近国近浦より入込候船之分、右浚為入用石銭取立之候積ニ候間、国々より長崎へ廻船之分不依何船、取立候石銭之定、別紙之通相意(心カ)得、長崎湊江入船之節急度可指出者也

十二月

覚

一、諸国長崎湊内ニ而荷物積候ハ、、勿論、たとひ沖積仕、又者沖ニ而瀬取致候共、長崎へ来ル船ハ出入共、荷物之多少ニよらす、其船之石高ニ応し一石ニ付三銭宛之積石銭可指出事

但、近国近浦小船・茶船之類ハ、一枚帆五石之積を以帆数ニ応し、壱石ニ付三銭宛可指出事

一、積荷物無之、から船ニ而出入候節ハ、其断ヲ致、改ヲ請、石銭差出不及事

一、大坂・堺之廻船、唐紅毛荷物商人より仕立之船者、荷主より直ニ石船(銭)可指出事

一、御城米幷長崎へ廻米積候船、無差別石船(銭)可指出事

但、是ハ御城米之船請負候者ニ而も、又者船主ニ而も相対次第石銭出之、其石銭ハ船主より可相納事

一、武家手船ニ而も、諸荷物積候船ハ石銭可指出事

右之通可相心得候、石銭取立之ため湊口ニ番人指出候間、出入共ニ改ヲ請、石銭指出候者番処より切手ヲ請取入津可致候、出船之節右切手可指戻候、切手無之船ハ石銭可取立候事

但、荷主より石銭指出候類之船ハ、荷主より之断書右番所へ差出可申事

右之趣御料者御代官、私領者領主・地頭より可触知者也

十二月

右之通可相触候

大付(目)附江

検校・勾当、其外座頭共官金之由申立、高利ニ而世上江貸出、返金滞候節者座頭共大勢指遣、武家方ハ玄関等へ相詰罷有、高声ニ而雑言申、或ハ昼夜詰切罷在、彼是我侭成体ニ而致催促候茂有之由相聞候、勿論借金催促之儀ハ、時宜ニ寄、何れ共勝手次第之事ニ候得共、右之致方ハ借主へ恥辱ヲあたへ候而返金致させ候様ニ仕候事ニ候へと(者カ)も、催促之筋ニ而ハ無之候、右之通過分之高利ニ而取引仕候故、外々よりも座頭共へ金子預置、為貸出候者多有之趣ニ相聞候、過分之高利、又ハ法外之催促致候儀ニ付奉行処吟味ニ相成、咎申付候儀も有之候得共、兎角不相止、其上借り主得心之事とハ乍申、返金滞候節ハ法外之催促可致旨証文為認取置候事、利金之儀、証文ニハ返例之利金ニ認させ、実ハ高利ニ取引仕、其外ニも礼金と名付用立候金子之内ニ而引取候儀も有之旨相聞、不埒之至候、以来過分之高利ニ而貸出候儀致間敷候、勿論借金催促之儀ハ勝手次第之事ニ候得共、玄関等其外催促之者罷越間敷場処江相詰、雑言等申、法外之儀致候儀仕間敷候、若相背候者吟味之上急度可申付者也

但、座頭共所持之金子ハ官金ニ仕候ニ付、処々へ貸出候儀ハ尤之事ニ候得共、他之者之金子ヲ預置、自分金子之由申、貸出候儀ハ仕間敷儀候間、以来右体之儀仕間敷候

右之趣町中可触知者也

十二月

右之通町奉行より相触候間、向々へ寄々可被相達候

右之趣被仰出候間、於寺社家茂被得其意、承知印形候而御指出可有之候、以上

戌正月廿三日　　柴田小文治

寺町不残

都而金銀出訴せしめ候節、先訴在之候得者訴状引上、先訴相済候上可願出旨被仰渡候ニ付、右先訴相済候節、願

掛ヶ在之者ハ令出訴候得共、連判人在之、廻訴状等居直り候得者、亦々右訴状先訴ニ相立ニ付、不審申立候義在之、又々実者不審無之候而も、先例不審より名目ヲ付ヶ相願候茂在之、右之内ニ者御奉行所ヲ疑候様成文段之訴状指出候義茂在之、不埒之事ニ思召候、依之以来者金銀出入済口断出候度毎、願掛之訴状御改被成候間、都而願掛在之済口断者目安方御役所へ指出、尤相手方年寄・町代差添出、願掛在之分ハ日順ヲ立可書出候、尤外願掛無之済口者是迄之通願人斗可出候、若不改之義在之、追而相顕候者急度可被仰付事ニ候

但シ、連判在之廻訴状者、先訴相済候節者願掛之有無ニ(可カ)書出候

右之通被仰渡候間、丁内末々之者幷用立(達)之者までも不洩様入念可申付候

正月廿七日

右之趣於大坂御触在之候間、於寺社家茂其旨御心得可在之候、以上

二月朔日　寺社奉行

如來院

海岸寺

京都北野天満宮社幷堂塔舎屋門戸大破候ニ付、修覆之義於江戸表社僧松梅院相願候処、五畿内可致勧化旨被仰出候、公義よりも御寄附之品在之候、依之摂河両国寺社町在方へも社僧共可致順行候間、信仰之輩、物之不依多少其分ニ応して可致寄進候

右之趣三郷町中へ可触知者也

戌正月　三郷惣年寄へ

右之通於大坂御触在之候間、於寺社家茂其旨御承知可在之候、以上

二月朔日　寺社奉行

如來院

海岸寺

於江戸表　大膳亮様(摂津尼崎藩・松平忠告)御新造様、此度被遊　御誕生

候、若子様御名　戌松様与奉称候、依之御領内之
面々附来候名下之松之字可相改候、但名之上戌之字松之
字附候儀者不苦候
右之趣於寺社家茂其旨御心得可有之候、以上
　　三月四日　　　　　　　　寺社奉行
　　　　月番
　　　　専念寺
　　　　善通寺

一、水戸宰相様（常陸水戸藩・徳川宗翰）去ル廿日被成御逝去候ニ付、今廿八日よ
り来月朔日迄鳴物・高声・殺生御停止候、普請ハ今明
日中被指留候、此節火之元別而入念御申付可有之候、
以上
　　戌二月廿八日　　　　　　　寺社奉行
　　　　月番　如來院
　　　　　　　海岸寺

於江戸表去ル廿二日　於幾様被成御卒去候、依之来月朔
日迄鳴物・高声・殺生御停止候、普請者明後晦日より御
構無之候、此節火之元別而念入御申付可有之候、以上
　　三月廿八日　　　　　　　　寺社奉行
　　　　月番
　　　　専念寺
　　　　善通寺

来ル五日　春光院様二七日ニ御当り候ニ付、於深正院御
廻向有之候、依之来ル四日・五日鳴物・高声・殺生御停
止候、普請者御構無之候、此節別而火之元入念御申付可
有之候、以上
　　四月二日　　　　　　　　　寺社奉行
　　　　月番
　　　　全昌寺
　　　　本興寺
右触留りより可被指戻候、以上

此度関東御祝儀ニ付御赦被仰出候、就之於大坂御役所
前々より遠嶋・追放・摂河両国払・三郷払・所払等之御

仕置申付候者、赦免願度もの者其者之親類・身寄之者
歟、又ハ其所之者より御仕置ニ罷成候者之名前幷御仕置
申付候年月書記、月番之御役所江来ル晦日迄之内可訴出
候

戌八月　　甲斐
　　　　　出雲

三郷惣年へ

右之趣於大坂御触有之候条、於寺社家茂其旨御心へ可有
之候、以上

戌八月十一日　　寺社奉行

月番
大覺寺
常樂寺

戌八月十二日大御目付中様より御廻状至来之写

江刕多賀大明神
別当
尊勝院

山城　大和　河内　和泉　摂津　近江

右多賀大明神社頭幷諸末社仏閣・舎屋等就大破、修覆為
助力、五畿内・近江、且御府内再勧化御免被成下候、御
料・私領・寺社領・在町共ニ志之輩者物之多少ニよらす
可致寄進候、御料ハ御代□(官、私頭カ)者領主・地頭幷支配在
之分其支配へ、寺□(社領カ)者本寺・触頭、町方ハ支配之奉
行所へ取集□(差出候カ)様尊勝院相願候間、被存其旨、当戌
十二月迄之内取集、江戸ハ浅草寺院中、京都者三条通白
川橋、大坂者生玉馬場町(先脱カ)、江戸ハ尊勝院同坊、右四ヶ処
之勧化所へ向々可被指越者也

戌八月

右之通可被相触候

諸国寺社修覆為助成相対勧化巡行之節、自今者寺社奉行
一判之印状持参、御料・私領・寺社領・在町可致巡行
候、公儀御免之勧化ニ者無之、相対次第之事ニ候間、御
免勧化と不紛様可致旨、御料者御代官、私領ハ領主・地
頭より兼而可被申聞置候

戌八月
右之通可被相触候
右之趣江戸表より被仰下候条、其旨被相意（心カ）得承知印形候
而御指出可在之候、以上
戌八月廿七日　　柴田小文次
柴田小文治

大納言（徳川家基）様御誕生為御祝儀朝鮮国より対州江差遣候嵯使
之乗船、七月十九日彼国出帆之処、風波強候而漂流之
趣宗対馬守より申聞、且右船不見、出雲・隠岐・伯
耆・佐渡抔江万一可為漂着哉之趣申聞候ニ付、右国々
ニ領地有之、万石以上之面々江者先達而相達候、海上
風波ニ付漂着之趣ニ候得者漂着之所も難斗ニ付、海辺
ニ領地有之面々者、若右躰之船漂着候者、飢ニ不及程
之致手当、其処より直ニ長崎表江送遣可申候、尤海路
領分切段々請取之、相送候様可被心得候、尤其段当地
江茂早々可有注進候、朝鮮之船及破損候者船差出可相
送候、若船ニ而長崎表江相送候儀不相成場所ニ候ハヽ、
其段早々可被申聞候、若万石以下之面々之知行所ニ候
ハヽ、向寄之万石以上之面々江引渡候様可被致候、尤
万石以上之面々請取之、前書之趣を以可被取計候
一、右漂流之船万一佐州江漂着候ハヽ、牧野新治郎江引
渡シ出雲崎江差（送脱カ）之上、北海者秋頃より海不相成候ニ
付、出雲崎より陸路木曽路通り大坂へ送り遣、夫より
長崎表江船ニ而送遣シ、長崎奉行より対馬守江相達引
渡シ遣候積り候、依之出雲崎より大坂迄之道筋ニ領分
有之万石以上之面々より人馬差出、順々請取、領分切
ニ相送り、若御代官所幷寺社領之分者前後之万石以上
之領分之人数ニ而半分宛持合送遣候様致シ、旅館之儀
者先者寺院見繕差置、若寺院無之場所ハ本陣ニ止宿為
致可申候、諸事為取計御代官差添可被遣候間、承合可
致候、道中・船中共公義御賄候、右送候為警国武器相
応ニ差出可申候、若難送遣病人有之者、所々寺院又ハ
本陣等ニ看病人壱両人も相残し置、其段可相届候、病
死之者等有之者朝鮮人之存念相尋、其辺之寺院葬候
歟、亦者対州且長崎迄指遣度旨申候者任其旨可取計

候、若着服・雨具等難相用躰ニ成、其段申候者、取繕遣し、其外望候品有之候共、右品無之候而不相成義候者不及貪着可差出候、右乗組之内対馬守家来も有之由候、諸事可承合候、手重ニ無之、随分手軽く差支無之様可取計候、大坂より長崎迄之海路も右ニ准し段々領分切ニ送遣候様可心得候、何国候共船ニ而直ニ長崎表江難送遣場ニ候ハヽ、右出雲崎より長崎江送遣候形同様ニ可心得候、尤右躰之場所江漂着候ハヽ、早速当地江可被申越候、其上ニ而委細可相達候
右之趣従江戸被　仰下候間、於寺社家も其旨御心得、承知印形候而可被指出候、以上
九月十五日　　　　柴田小文治印

一、先達而相達候朝鮮国より対州江差渡候嵯使之乗船漂流之処、於津中致破船、乗組之内九人船具ニ取付居候所、彼国之漁民相救候由、依之万一活命者幷死骸・荷物船津津等流寄候儀茂有之候ハヽ、早速可有注進旨、海辺之御料・私領江相触候様可被達候
右之趣従江戸被　仰下候条、其旨御心得、承知印形候而可被指出候、以上
戌
九月十六日　　　　柴田小文次

妙法院御門跡京都大仏殿勧化物、於当地貸付支配人亀山町河内屋平助ニ相極候ニ付、望之者者右平助ニ申通、致相対借り請、元利無遅滞可致返済旨、当三月中相触置候処、猶又此度木挽町南之町伏見屋佐兵衛江茂右貸付支配申付候間、諸事先達而相触候通ニ相心得、借り請望之者作（作）兵衛方江茂罷越可令相対候
右之趣三郷町中可相触者也
戌十二月

右之通於大坂御触有之候条、寺社家ニおゐても其旨御承知可有之候、以上
戌十二月六日　　　　寺社奉行
月番
栖賢寺
長遠寺

右触留より返却可有之候、以上

戌十一月廿一日大御目付中様より到来御廻状之写

諸職人受領蒙勅許候者共、継目之受領不相願、父或祖父蒙勅許候受領を其子孫名乗候者共も有之趣ニ相聞候、若右躰之者共有之候ハヽ、向後国名幷官名共自分与相名乗候儀者可為無用候、尤継目之受領相願候儀者勝手次第たるへく候

右之通御料者御代官、私領者領主・地頭より可相触者也

十一月

右之趣可被相触候

右之趣従江戸被仰下候条、於寺社家も其旨御心得、承知印形候而可被指出候、以上

戌十二月　柴田小文次印

於江戸表殿様（摂津尼崎藩・松平忠名）御病気御養生不被為叶、旧臘廿六日被遊御卒去候段申来候、因是鳴物・高声・殺生令停止候、尤追而相触候迄者諸事相慎、火之元入念御申付可有之候、以上

亥正月三日　寺社奉行

月番
甘露寺
法園寺

来月二日

常照院様百回御忌ニ付、於深正院御回向有之候、依之来月朔日二日より迄（ママ）殺生停止候、普請・鳴物御構無之候段相触候処、此節御穏便中ニ付不甚義候、其旨可被相意（心カ）得候、以上

正月廿六日　寺社奉行

甘露寺
法園寺

一、大膳輔様（摂津尼崎藩・松平忠告）当月廿日無相違御家督被為蒙仰候、其段得御意可有之候

二月廿七日　寺社奉行

月番

来八日

一、徳雲院様御百ヶ日付於江戸表御法事有之候ニ付、依之来七日・八日両日鳴物・高声・殺生御停止候、普請御構無之候、此節火之元別而入念可被申付候、以上

亥四月四日　寺社奉行

月番　専念寺

善通寺

灰吹銀・潰銀等銀座之外他処ニ而売買停止之旨、前々相触、銀道具下銀入用之節者銀座ニ而可買請旨ハ其節相触候処、又々猥ニ相成候段相聞へ、且町方ニ而銀櫛・笄、其外銀器類専相用候旨相聞不埒候、以来右躰無益之銀道具拵候義、一切致間敷候

右之趣宝暦三酉年相触候処、又々近年猥りニ成候由相聞へ不埒候間、堅可相守候、若内々ニ而売買いたし候者於有之ハ、急度可申付候

亥五月

□御称号名乗候者、惣領之外ニ而茂後ニ御目見以上ニ可致心当之者ハ只今迄之通相心得、　御目見以下ニ可致存寄候者ハ　御称号為名乗候義可為無用候、尤御目見以上ニ可致心当ニ而　御称号為名乗置候者御目見得以下ニ相成候儀有之候者、其節相改　御称号為名乗申間敷候

但、当時御目見以下并陪臣・浪人ニ而も筋目有之、御称号名乗来候者ハ□被申候通候

江州多賀大明神別当□院勧化物有之旨触□

六月十一日　寺社奉行

月番

栖賢寺

長遠寺

役人町西側藪縁ニ塵芥捨申間敷旨札建置候処、捨候もの有之様相聞候、左様ハ有之間敷義ニ候、向後右躰之儀無之様、可被相心得候、以上、右之趣触有之候間、於寺町茂其旨御心得可有之候、以上

八月四日　寺社奉行

月番　大覺寺
　　　常樂寺

亥八月十九日大御目附触至来之写
博奕・三笠附・取退無尽者勿論、富突抔と名附、博奕ヶ間敷義致間敷段前々相触候所、致忘却候者共所々ニ在之、中国筋ニ而ハ第一と唱、三笠付抔ニ紛敷会合いたし候趣なと相聞候、御料所村々之義ハ御代官、御預り所役人心掛相糺、召捕、厳敷致吟味候間、私領にても村役人江急度申付置、勿論捕違ハ不苦候間、其筋之役人心掛、疑敷者ハ召捕、吟味之上一領一地頭限之義ハ　公儀御仕置ニ准し自分仕置申付、他所之引合有之者可被相伺候、
右之通領主・地頭可被相触候、以上
八月
右之趣従江戸被仰下候条、其旨御心得、承知之段印形候而可被指出候、以上
亥八月晦日　柴田小文治印
月番　専念寺
　　　善通寺

大目付江
国々百性強訴・徒党、又者逃散候義ハ堅停止之上、猶又寛延三午年右躰之義於有之者急度遂吟味、頭取幷差続事工之者夫々急度曲事可被申付旨相達候処、西国筋百性共之儀ハ、今以我意強、御代官幷ニ御預り所役人、領主・地頭よりも申付を拒、間々逃散いたし、他領江願出候義も有之由、不届至極候、然処領主・地頭ニ寄心違、仕置等ニ茂不申付候者可為致帰村由、難渋之義粗有之趣相聞、不埒成事候、以来右躰之義有之においてハ、其処より早速致帰村候様取計、暫も其処差置候茂有之間鋪候、尤其元々江帰村之上、先達而相達候通遂吟味、急度曲事可申付候、右之通西国筋知行領地有之面々江可被相触候
右之通り可被相触候
右之通り自江戸被仰下候条、於寺社家も其旨被相心得、承知印形候而可被指出候、以上
閏九月　柴田小文次印

如來院・甘露寺・専念寺・全昌寺・栖堅寺（ママ）・廣徳寺・
大覺寺・本興寺・長遠寺・常樂寺・法園寺・善通寺・
海岸寺・正福寺

江戸神田旅籠町壱□□（丁目家主カ）清右衛門義、於当表家賃□□（会所三ヶ所カ）相建、会所江頼来候分計之□（家賃カ）を引請、右証文ニ会所より奥印致、銀壱貫目ニ付壱ヶ月銀弐分宛貸方・借方双方より請取、利足之義者壱歩半以下相対次第銀子貸付度旨願之ニ付、吟味之上願之通り聞届候間、望之者者右会所江罷越、可令相対候、尤自余之家賃者只今迄之通り会所江無構可致取引候、右之通三郷町中可触知者也

亥閏九月　甲斐
出雲

右之通於大坂御触有之候条、於寺社家も其旨御心得可有之候、已上

亥閏九月　寺社奉行
月番　全昌寺
本興寺

大目付江

大伝馬町弐丁目
堺屋九左衛門
同町
美濃や太兵衛
大坂屋勘兵衛
本石町四丁目
日野や孫太郎
本石町三丁目
大坂屋孫八
神田須田町弐丁目
大坂屋太兵衛
池ノ端中町
堺屋治兵衛
元飯田町
大坂屋孫兵衛
市ヶ谷田町
大坂屋清左衛門
糀町十一丁目
堺屋長兵衛
二葉町
大坂屋七郎右衛門
芝居町
大坂屋六兵衛
新両替町三丁目
大坂屋八右衛門
小船町三丁目
大坂屋仁兵衛
同町
大坂屋四郎□（兵衛カ）
米沢町壱丁目
松本屋彦四郎
伊勢町
田中屋市右衛門

右薬種屋拾七人之者共、今般朝鮮種人参下売申渡候間、当七月中申渡候振合之通ニ相心得、江戸中幷□□（諸国薬店カ）其外江手寄次第売捌候筈ニ候、□□（諸事カ）当七月相触候通

相心得可申候、右之趣奉行□（支配カ）所ハ其奉行より、御
料ハ御代官、私領ハ□（領主・地カ）頭より、寺社町（領カ）共不洩
□（様可被相触候カ）
閏九月
月番　廣徳寺
正福寺

去十六日於江戸表　加藤（近江水口藩・明煕）相模守様被成御卒去候ニ付、
今廿四日より来廿六日迄鳴物・高声・殺生御停止候、普
請者御構□（無之候カ）、此節別而火之□（元カ）入念申付候、以上
十月廿四日　寺社奉行

此節大坂町中騒敷相聞候ニ付、召仕之者彼地江差越候儀
可致無用候、乍然無拠用事ニ而遣候ハ、、右躰之場所へ立
寄不申候様申付可被指越候、其旨御心へ可有之候、以上
子ノ正月廿三日　寺社奉行
大覺寺
常樂寺

当月十六日松平（三河岡崎藩・康福）周防守様被成御渡候御尋者人相書之
写
去亥五月十一日武刕児玉郡新里村ニ而養父瀬左衛門江手
疵為負逃去り候同村源次郎次男半次郎人相書
一、年弐拾七歳、年来応（相脱カ）ニ相見候
一、生国武刕児玉郡新里村百姓源次郎次男
一、中せひ痩肉
一、面躰長ク、鼻高、鼻筋通り、疱瘡之跡少々有之候得
共不目立、柔和ニ相見、色黒キ方
一、唇常躰、歯細カニ揃ひ候
一、中鬢月代年頃相応
一、目ひとへまふち、白眼勝成方
一、眉毛厚方
一、耳常躰
一、衣類御納戸茶木綿布子、裏黒、紋所丸ニ釘貫、鳶色
木綿袷、裏もへきとくさ色木綿単物を着し、帯ハ花色
太織　幅広キ方

脇差長壱尺八寸、鞘花塗鮫白、柄糸茶ひうと（ろ脱カ）二重、
貫（目脱カ）模様不知之、縁赤銅頭角、鍔鉄丸模様不欠、すか
しさけ緒緒ニ■花色、右之通り之もの於有之ハ、其
所ニ留置、御料者御代（官脱カ）、私領ハ領主・地頭江申出、
夫より於江戸安藤弾正少弼方へ可申出候、若■及■
見及聞候ハヽ、其領主段茂可申出候、尤家来又もの
等を入念可遂吟味候、隠し置、脇より相知候ハヽ、可
為曲事候、以上

子二月

右之通従江戸表被仰被仰下候条、於寺社家茂其旨被相
心得、承知之印形候而可被指出候、以上

子二月廿六日　柴田小文次印

如来院等印形

一、世上通用之ため銀座おいて真鍮銭吹方被仰付ニ付、
右真鍮銭壱文ニ而■（並）銭四文之代ニ相用、国々ニ至迄無
指問様可令通用者也
右之趣可相触

明和五子ノ五月　堅
栖賢寺
長遠寺

於江戸表加藤（近江水口藩・明堯）伊勢守様御曽祖母松寿院様、去月廿二日被
成御卒去候趣申来候、因是今日鳴物・高声・殺生御停止
候、普請者御構無之候、此節火之元別而入念御申付可有
之候、以上

子
六月五日　寺社奉行
月番
甘露寺
法園寺

望月覚左衛門病死ニ付、今六日より来八日迄普請・鳴
物・高声・殺生御停止候、其旨御心得可有之候、以上

子
六月六日　寺社奉行
甘露寺
法園寺

室賀源七郎事、去朔日諸大夫被仰付、山城守与相改候、
此旨三郷町中可触知候
　　六月九日

田安様若殿大蔵卿与御改名被成候、右之趣承知可有之
候、以上
　　子六月十五日　　　　寺社奉行
　　　　甘露寺
　　　　法園寺

一、青蓮院御門跡年来於京・大坂持寄講被相催、右掛銀
貸附、御修理被調候処、近年返済相滞、其上御遣金者
年々貸附被置候、御忌御法事、亦者御勝手向不足被補
候処、利潤義不差出、其上返納相滞、御難渋ニ付、右
借用申者共如証文無遅滞可致返納候
一、円満院御門跡兼帯所宇治平等院寄附講銀貸附、其利
足を以平等院永代修復被致助成度旨御願相済候段従江
戸中来候

右之通貸附銀借請居申者共、無遅滞可致返済旨不洩様
可触知もの也
　　子六月

一、先月十五日徳川右衛門督（宗武）殿御事、被任中納言旨被仰
出之、被称田安中納言殿与候趣、従江戸被仰下候
右之通可相心得候
　　子六月
右之通可被得其意候、以上
　　　　　　　　　　　　寺社奉行
　　月番
　　　甘露寺
　　　法園寺

江戸長應寺より人別改申来候事、即本能寺より返書
之控
尚々御見舞之験迄方金百疋致進金候
一翰致啓上候、先以御安全之旨珍重存候、然者先年之通

御触書之留幷安(案)文被遣、致承知、則別紙相認進候、恐惶
謹言

六月廿一日　城州京都
本能寺

江戸芝
長應寺

一、今度人別御改ニ付、当所ハ去ル九日御奉行所へ書附
差上相済申候
一、拙寺末之義者、他国者其支配所江書附差出相済候趣
末寺共より申越候、右之通り相違無御座候、以上

子六月十一日　城州京都
本能寺

江戸芝　長應寺

一翰令啓伸候、私寺愈無別条被為寺務珍重存候、当寺異
儀無之候(ママ)　一、先達而人別御改之義従長應寺書附被差
越候、此義者当地御奉行へ書附差上相済候ニ付、其通右
長應寺へ書附幷返書御届可給候、不備

六月十一日　本能寺
役者

二啓　永隆寺

触頭従長應寺人別改之義触来候、是迄者当寺一ヶ寺当ニ
而触来候処、今般者尼崎本興寺与連名ニ而触来候、当方
古記之控相考候処、本興寺連名之義相見へ不申候、併触
頭より連名ニ而触来候故、尼崎本能(興)寺へも相達候処、彼
方ニも古記ニ扣相見へ不申候由申越候、触頭思召違ニ而
も無之候、此段私寺より内意宜頼入候、本興寺より返書
無之故、触頭如何ニ被存候義も難計存候、右為念内意申
入置候、以上

子六月十一日　本能寺役者

永隆寺

来廿六日　秋江院様三十三回御忌ニ付於江戸表御回向
有之候、依之明廿五日より廿六日迄殺生御停止候、普
請・鳴物御構無之候

子七月廿四日　　　　寺社奉行

月番
大覺寺
常樂寺

諸寺社神事・仏事・開帳等、其外平生葵御紋附候品者向後　御女中様よりも容易御寄附無之、御三家始其外大名よりも菩提所等者格別、其外江之寄附幷寄附之分者什物ニ致置、平生者勿論、神事・仏事・開帳之節茂相用候儀可為無用候、尤葵御紋相用候面々霊牌等有之寺院へ相納候膳具、其外打敷等御紋附候品、其人之法用ニ相用候義者不苦候、以上

六月

昨十八日久世出雲守様御内寄合於御列席有之趣被仰渡候間、可得其意候、尤も此旨者本寺幷諸国末寺江不残様可被相触候、以上

六月十九日　　　　丸山
本妙寺

配下列名

五匁銀之儀、壱枚ニ付目方四分迄之軽重ハ無構、渡方・請取方共ニ可致通用候

一、五匁銀両替屋共方ニ多集り、金子差支候儀茂有之節ハ、為替相勤候両替屋共より御蔵相納金子ニ引替筈ニ候

右之趣国々江も可触知者也

七月

右之通従江戸被仰下候ニ付触知候間、村々庄屋・年寄・寺社家承知之段肩書令印形、郡切村次順々無遅滞相廻、触留村より甲斐守番所江可持参もの也

明和五子年八月
山城印（大坂町奉行・室賀正之）
甲斐印（大坂町奉行・曲淵景漸）

八月十四日来

大御目付中様より廻状到来之写○此文言大坂御触之通故略之

右之通従江戸被仰下候条、於寺社家も其旨被相心得、承知印形候而可被指出候、已上

子八月　　　柴田小文次印

青蓮院宮御祠堂金幷御修覆料銀、於当地貸付、本町弐丁目衣屋半兵衛・梶木町天王寺義右衛門右両人支配いたし候間、望之者者半兵衛・儀右衛門江申通致相対借受、元利無遅滞可致返済候

右之趣三郷町中可相触者也

子八月

右之通於寺社家茂承知可有之候、以上

子八月十四日　　　寺社奉行

月番
如來院
海岸寺

摂刕川辺郡横山より南

諸寺社神事・仏事・開帳等云々此間之文言丸山本妙寺ヨリ参ル文言同様也、依略之不苦候

右之趣寺社之輩へ寺社奉行より申渡候間、御料・私料寺社之分者御代官・領主・地頭より可被申渡候　七月

右之通従江戸被仰下候ニ付触知候間、村々庄屋・年寄・寺社家承知之段肩書令印形、郡切村次順々無遅滞相廻、触留村より甲斐守番所へ可持参者也　明和五戊子年八月

山城印
甲斐印

子八月二日大御目付中様より到来御廻状写此間文言先触之通也、依略之云々

右之趣従江戸被仰下候条、其旨御心得承知印形候而被差出候、以上

子八月廿二日　　　柴田小文治

諸寺当(宛)

甲賀又兵衛銀札江辰巳町天道四郎右衛門・同町美濃屋半

右衛門添印之銀札通用相止候ニ付、来ル七日迄ニ右四郎
右衛門方ニて引替候、七日過候得者不致引替候、其旨御
心得可有之候、以上

子十月三日　　寺社奉行

月番
全昌寺
本興寺

触留より返脚(却)可有之、以上

寿泉院様五十回御忌ニ付、於深正院御回向有之候間、来
ル十五日より十六日迄鳴物・高声・殺生御停止候、普請
者御構無之候、此節別而火之元入念御申付可有之候、以上

子十月十三日　　寺社奉行

月番
全昌寺
本興寺

鳴(触)留りより返達可有之候、以上

丑二月廿五日大御目付中様より至来御廻状之写

諸国百性共願之筋有之候ハヽ、名主村役人等を以定法之
通可相願儀ニ候処、大勢致徒党候段不届ニ候、自今弥右
之通相心得可申候、若心得違ひ致徒党候ハヽ、可取上願
たり共理非之不及沙汰無取上、其上急度仕置可申付候
右之通(趣)兼而御料・私領百性共江御代官・領主・地頭より
相触候

二月

右之通従江戸被　仰下候間、於寺社家も其旨御心得承知
印形候而可被指出候、以上

丑
三月　　柴田小文次印

寺号

先刻ハ預り御書候、然者諷経堂之義被仰候得共、先達而
御三ヶ寺へ返書申上候通ニ御座候も、御書中之趣不承知
ニ御座候、此上思召も候ハヽ、此方仲間月番正光寺ニて候
へハ、彼方御申越可被成候、拙寺より之御返書(答)者幾重申
ても同様之事ニ候、左様御意得可被成候

尚々只今致帰寺、貴報延引ニ被成候、御免可被下候、
以上

口上

昨日妙覺寺へ書翰使僧以持せ遣候所、後刻彼寺より以使僧如此申来候、依之今朝又使僧を以口上ニ而申遣候趣者、右之義貴寺一存ニ而如何ニ思召候義御座候ハヽ、其元より月番正光寺へ御通達可被成候段申遣候所、今朝未明より東辺へ法事被参候而二、三日も致逗留候との事、以使僧口上も不申被帰候、二、三日中帰寺之節又以使僧可申遣存候、各寺思召も御座候ハヽ、月番へ指南可被下候、以上

霜月十七日　月番 廣徳寺
正福寺

一、法雲院殿三回御忌ニ付停止、来廿二日より四日迄鳴物・高声・普請停止

十一月十七日　月番 廣徳寺
正福寺

江戸ニ而町人共相願候当地三郷其外家質奥印差配所之儀、去暮　御免有之候通、弥奥印差配所被　仰付候間、其旨可相心得候

右之趣自江戸被　仰付候間、三郷町中可触知者也

子
十一月廿二日　山城
甲斐
三郷
惣年寄江

先達而触知置候家質証文奥印之儀、当分北組惣会所を仮差配所ニ相願候付聞届、当月廿八日より相始、来正月者八日より取計、当十一月以後期月迄之奥印料十二ヶ月限之積、月割を以請取候筈候間、当時家質ニ入有之分銀主・借方双方之名所書付、差配所江早々差出置、証

（以下錯簡ヵ）

口触

一、寺社司ヨリ月番壱人罷越候様被仰遣候故、今朝常樂寺罷出候、被仰聞候趣、今般御領分之内西宮より兵庫津迄浜通御上り地ニ相成、替地播州ニ而御渡被成候、此段寺町中へ可申通旨ニ御座候、左様御心得可被成候、以上

月番　大覺寺
常樂寺

明和六丑
二月廿一日

寺連名

未五月六日御用番松平周防守（三河岡崎藩・康福）様被成御渡候御尋者人相書写、当三月八日夜養母いち并女房ふしを切伏逃去候

駿劦富士郡蓼原村百性与左衛門人相書

一、年齢三十四、五歳と相見候

一、出生豆州君沢郡梅名村ニ元罷在候、病死致申候

（以上錯簡ヵ）

文并奥印料等本人ニ不限、誰成とも為持遣し、奥印請候様可致候、外地端々并諸株物・髪結床之儀者、追而可令沙汰候

右之通三郷町中へ可触知者也

子十二月　三郷
惣年寄

右之趣於大坂御触有之候間、其旨可被相心得候、已上

子十二月廿九日　寺社奉行

寺社月番
栖賢寺
長圓（遠ヵ）寺

触留りより返却可有之候

秤改仕様書之写

覚

一、秤改之義、町方壱丁限ニ其町年寄より裏借家等迄遂吟味、善四郎方へ差出候諸秤員数書左之通

一、諸秤合何百何拾挺　内

れいてんく（釐等具）　何拾何挺
又千木　何拾何挺　又四秤　何拾何挺
右之通町内裏借家ニ至迄致吟味残り無之候、以上
月日　　何町年寄
誰印
神善四郎殿
一、右之通、員数書を以善四郎方へ持参仕候、日限ニ上（ママ）ニ而日割刻付いたし相渡候事、若右之日限ニ持参難成差支有之町者其断を聞、日限差替可申之事、尤持参之千木秤ニ者銘々持主之名札をこより札ニ致付、但張紙無用之事
一、改之砌ニ片時も千木秤無之而者商用差支有之者、其断聞、持参之内先へ相改渡、又者跡へ差替可申事、尤能秤千木江其改印いたし、又者損目軽重有之分ハ定之料物を取、修復仕、致改印相渡候事
一、紛敷千木秤者取上置、改替済之上、前々之通御役所へ差上可申事
子十月

諸秤之儀、神善四郎秤を可用旨先年より度々相触候所、猥に相成候趣ニ付、十年以前卯年之通改度

（以下錯簡カ）

当地家質奥印之義、書入証文江も致奥印候間、書入主御仕置等申付候節も書入之家屋敷者金主江被下候、尤差配所奥印有之証文計之事候、此旨可相心得候
六月
右之通従江戸被仰下候間、三郷町中可触知者也
丑六月　山城
甲斐　　三郷惣年寄江
住吉屋町京屋甚左衛門義、大坂三郷町中幷近在之者へ銭致小貸度旨相願、聞届候付、其段去ル申八月触知置候処、此度甚左衛門相退、跡小貸会所之義、天龍田町大和屋安三郎・北谷町大村屋九兵衛両人之者依願、聞届候、貸付仕法者甚左衛門同様ニて、古証文返済滞有之分者銭高之内三歩相減、残七分連々済崩之積を以、少々も追々取集候筈ニ候間、其旨可相心得候、右之趣三郷町中裏借

屋末々至迄可令承知者也
丑六月　山城
甲斐
三郷惣年寄江
右之通於大坂御触有之候間、其旨御心得可有之候
丑六月
月番　廣徳寺
寺社奉行
正福寺
（以上錯簡カ）
旨善四郎願出候間、別紙仕様書之通相心得改可請候、古
道具屋幷其外之店ニも新古不限千木秤出し置候所も有之
趣及見候由、善四郎申立候、前々より秤座有之上者、外
にて千木秤売買者致間敷事ニ候間、以来右躰之儀一切無
之様可相心得候
右之趣三郷町中可触者也
十二月
右之趣於大坂御触有之候間、其旨可被相心得候、以上
丑正月二日
寺社奉行
月番
甘露寺
法圓寺
触留りより返却可有之候
家質差配所之儀、北組惣会所を仮支配所ニ致、旧臘廿八
日より相始、当十一月已後期月迄之奥印料十二ヶ月限之
積、月割を以請取筈ニ付、当時家質入有之分、銀主・借
方（双）物方之名前書付、支配所へ早々指出置、証文奥印請候
様其節可触知置候所、右書付指配（支）所不指出、内々ニ而家
質銀取引致、或ハ■（素）銀之証文■什替置候者も有之候趣相
聞候、右之通相触置候上ハ、是迄家質ニ指入置之分者何
レニも支配所ニ申断、書付指出置、取引可致筋候処、其
儀無内々取引ゐたし候段、触渡を不用仕方、甚不埒之至
候条、旧臘相触候通家質差入有之分ハ不相洩様相認、天
満組ハ来十日・十一日・十二日、北組ハ同十三・十四・
十五日、南組ハ同十六日・十七日・十八日支配所へ書付
指遣可致、尤年寄組合等不及指添候間、誰成共一町より

壱人宛可致持参候、此上彼是取扱候筋有之、其段於相顕者、吟味之上年寄組合之者共迄も急度可令沙汰間、心得違可致無之様候、右之通三郷町々江不相洩様早々可触知候

丑正月　　　　三郷惣年寄江

右之趣於大坂御触有之候間、其旨可被相心得候

丑正月十一日　　　　寺社奉行

月番
甘露寺

法園寺

於富様御名此度被成御改於八重様与奉称候、依之面々指合候名有之□可被相改候

右之通り於寺社家茂御承知可有之候、以上

正月廿七日　　　　寺社奉行

月番
甘露寺

法園寺

廻留より返達可有之候

口上

先達而得御意候通、弥明四日御改御座候、尤割帳之義者五ツ半時と相触候得共、四ツ半迄御出座可被成候

右為御案内如斯御座候、以上

三月三日　　　　月番
廣徳寺

来十七日智照院様御百ヶ日ニ付十六日迄鳴物・高声・殺生御停止、普請者御構無之候、此節別而火之元入念御申付可有之候、以上

子三月十三日　　　　寺社奉行

月番
如來院

海岸寺

一、三反田村清右衛門銀札引替候ニ付、同村喜右衛門宅ニ而来廿日より廿二日迄ニ引替候、廿二日過候得者引

替無之候、其旨御心得可有之

三月十八日　　寺社奉行

月番
如來院
海岸寺

一、今度御用地ニ相成候村々、昨六日御代官辻六郎左衛門様へ御引渡相済候、併兵庫津・西宮者大坂町御奉行江御引渡未相済候、其旨御心へ可有之候、以上

丑
四月七日　　寺社奉行

月番
専念寺
善通寺

口上

一、於江戸表於八重様御結納有之候、依之御家老中幷寺社司迄為御祝義月番罷出候、右為御知セ如是御座候、以上

丑
六月九日　　廣德寺
正福寺

諸寺当（宛）

口上

一、柴田小文治殿差扣之品有之候ニ付、松本長左衛門殿寺社方当分兼帯有之候、左様御承知可被成候、以上

丑
六月九日　　廣德寺
正福寺

諸寺院当

大目付江

御寄附等にて葵御紋付之品有之候寺社より申出候者、京都・大坂之分者京都・大坂町奉行江申出候様仕、町奉行より寺社奉行江申越候様可致候、遠国之方者御料ハ御代官江申出、御代官より御勘定奉行江申越、御勘定奉行より寺社奉行江可申達候、私領之分者地頭迄申出、地頭よ

り寺社奉行江申達候様可致候
右之通向々江可被達置候
　七月
右之趣従江戸仰下候間、其旨被相心得、承知印形候而御
指出可有之候、以上
　丑八月　　　　柴田小文次印
只今別紙御触書到来候、御順達之上触留より月番江御返
却可被成候、以上
　八月十五日　　　　月番
　　　　　　　　　　甘露寺
　　　　　　　　　　法園寺
　口上之覚
当四日従一向宗寺町月番手紙被差越候ニ付、右之手紙写
シ掛御目申候、右之書面之通ニ御座候ヘ者、先進次第ニ
御座候而者自混雑ニ相成り申候、先格之通ニ候得者寺町
諷経堂ニ罷有候ヘ者一向宗ハ外ニ被居候、往古之義不存
候ヘ共卅六年已来右之通仕来、右之通ニ仕来り相済申
候、数十年仕来候ヘ者是則格式と申者ニ御座候、一向宗
是迄右之通仕来候ニ付眼前諸人致見分義ニ御座候、此度
先規之通先進次第と申義、何レ之時差相定り候先規ニ御
座候哉、本元承り度奉存候、弥先規相定り候義御座候
ハ丶、卅六年可被致先進次第之処、左様ニ無之義難相分
レ御座候、乍恐御吟味奉願候、以上
　十二月五日　　　　寺町月番
　　　　　　　　　　栖賢寺
　　　　　　　　　　長遠寺
　寺社御奉行所
　口上
今朝寺社用司より呼参候、月番両寺柴田氏参上仕候処、旧
冬十二月五日寺町より被指出候一向宗と諷経ニ付席論之
書付之趣、内々御窺申上候得共、寺法之事ニ候間此方よ
りハ取扱相成り不申候、依之書付指戻候、寺町中ヘ此段
相達候様被仰渡候、其上柴田氏御内意ニ、此上とても口
論ニも及事さわか敷相成候ヘハ国法ニ相障候間、其節ハ

相静可申候、左様ニ相成り候へ者、諷経も自然御指支被成候様可相成候、兼而左様ニ相仕向大論無之様古来より致来候様被成候へハ、自然相納り道理申候、此段一向宗江も申度（渡）シ候との御内意ニ而候
右之通りニ御座候、此上之御相談ハ御会合之上之義承存候、併彼岸中御互ニ多用御座候而彼岸後チ御寄合可致候様仕り度先々廻文ニ荒増申上候、以上

八月廿五日　　甘露寺
法園寺

如來院　大覺寺　善通寺
専念院（ママ）　本興寺　海岸寺
全昌院（ママ）　長遠寺　正福寺
栖賢寺　常樂寺
廣徳寺上京ニ付栖賢相違シ可申上候

京都泉涌寺御祠堂金五千七拾両余貸附被仰付候処、右之内銀拾八貫目順慶町三丁目吉野屋源四郎へ貸附、其余者他所之者へ借附相済候ニ付、以来者泉涌寺御祠堂金与申貸出候者有之候共、右貸附被仰付候金ニ而無之段、七年以前触知せ置候所、右貸附金之内追々返済有之ニ付、此後ハ木挽町北之町和歌屋吉右衛門致支配貸附候筈ニ候間、望之者ハ右吉右衛門右吉衛（衍カ）門与相対いたし借受、期日ニ至候ハヽ、元利無相違可致返済候、右之通三郷町中可触知もの也

丑八月　　寺社奉行

月番
如來院
海岸寺

来□□
智明院様二十三回御忌ニ付、於京都御法事有之候、依之来四日より五日迄殺生御停止、普請・鳴物御構無之候、此節火之元別而入念御申付可有之候、以上

十月　　寺社奉行

寺町月番
専念寺
善通寺

態一箇啓上仕候、先以御両山益御繁栄之旨奉恐悦候、然者去ル二日ニ触頭本妙寺江被召呼候而、本寺幷諸末寺之内籃乗輿之義ニ付如別紙被相尋候得共、曽案内不仕義故、京都幷尼崎承合、両寺ニ而委書上仕候様可申登之旨、返答仕候而、追而請書相認、暫ハ本妙寺江持参仕候、則請書之写奉入貴覧候、別紙之通得と御承知被成下、御両山より御請書、尤本妙寺・長應寺両寺之宛名ニ御認、御寺印ニ而可被差下候

右之趣寺社御奉行松平伊賀守（信濃上田藩・忠順）殿御尋之旨被申渡候、仍而■急便如此御座候、恐惶謹言

十一月五日　永隆寺

本能寺
本興寺
御役者中

御尋之覚

一、本寺始諸国末寺之内籃乗輿之寺院有之哉之事

一、右之分ハ何ヶ年以前、如何様之由緒、何方より拝領、永隆寺□

一、何色之籃ニ乗輿いたし候哉□

一、年始何ヶ年目御礼申上候哉之事

一、近年之内何ヶ年以前出府候而籃乗輿致□年始御礼等相勤候寺院有之哉事

一、籃乗輿之由緒委細不相知分ハ其寺院江申遣、書付取寄可指出事

一、本寺始諸国末寺籃乗輿之寺院無之候ハヽ、其段可■■■

御尋御請之事

京都　本能寺
尼崎　本興寺　両寺一寺

一、本能寺籃乗輿之義者、伏見院宮様御由緒ニ而拝領仕候、年暦之義存知不仕候、本興寺義ハ両寺一寺ニ而、本能寺同様ニ仕来候、籃之色之義幷諸国末寺之内籃乗輿有無共ニ委細京都・尼崎へ尋遣、書上仕候様ニ可申

登候
一、延享二丑十二月京都拾六本山惣代ニ本能寺罷下り、
如　旧例登城仕候節籃乗輿ニ而相勤候
右之通御受差上候、委義者追而本寺より書上可仕候、
延引之段御用捨可被下候、以上

明和六丑十月　　丸山
　　　　　　　　本妙寺

一簡啓上仕候、先以御両山益御繁栄奉恐悦□□触頭本
妙寺より回文之写奉入貴覧候、御承知被成置可被下候
右之段奉得貴意度如是御座候、恐惶謹言

八月十六日　　永隆寺

本能寺
本興寺
　両寺役者中

一、御寄附等ニ而葵御紋附之品有之候寺社より申出候
ハヽ、京都・大坂之分者京都・大坂町奉行江申出候様
仕、町奉行より寺社奉行江申越候様可致候、遠国之分
者御料者御代官江申出、御代官より御勘定奉行江申越、
御勘定奉行より寺社奉行江可申達候、私領之分者地頭
迄申出、地頭より寺社奉行江申達候様可致候
右之通相達置候間、可被得其意候

七月

右之趣今日土井大炊頭様（京都所司代・下総古河藩土井利里）被仰渡候、被得其意各々
其本寺へ此旨通達可有之候、以上

八月十四日　　丸山
　　　　　　　本妙寺

配下

以飛便一簡啓上仕候、寒冷向候得共、貴院愈御堅勝ニ可
被成御座珍重ニ奉存候、然ハ去ル二日触頭本妙寺被召
呼、本山幷諸国之末寺籃乗輿之義奉行所より御尋之旨書
付以被申渡候、仍之御寺号向御両山へ奉伺候、則書状差
登候間、早速御披露可被下候、右御受書御取候而者、
早々到着仕候様ニ奉願候、尤触頭江遠流之事故、両寺聞

合等ニ而可致延引候旨断遂候得共、得与間違無之様為
後々奉存候間、慥ニ籃乗輿之御由緒御認可被遣候、先達
而も用向之書状為指登御落手可被下候と奉察候、不及御
返答義ニ候得共、乍序御□□、猶御報奉相待候、恐々
謹言

十月五日　　　　永隆寺

高林坊様
要用

追啓
尼崎御本山之義、籃乗輿之義、京都同様与書上、拙寺よ
り仕候得共、御領分幷大坂御役所へ御勤之節相違之義も
候ハヽ、御改被仰下候、伝聞仕候通書上仕候得共、相違之
義ハ不苦候、愈以□□御同様ニ御座候ハヽ、年暦御由
緒得与御認可被下候、両寺外儀各別之子細御座候ハヽ、
別々御請書両触頭一紙連名宛ニ御認可被遣候、本妙寺
内々ニ而本興寺義ハ如何与被相尋候故、本能寺同様ニ返
答仕候、両寺〻寺ニ書上同様と申も、他義者不答様ニ奉
存候、右御内意御心得可被下候、

（後欠）

※他に帳外れの挟込文書・断簡あり

二　公儀・地頭御触書留

文政一一（一八二八）・七
～天保元（一八三〇）・一二

（表紙）

公義
地頭　御触書

口演

一、今朝早々殿様御機嫌能被為遊御発駕之趣平瀬氏申来り、只今御家老・御中老・寺社司表裏為惣代御祝ニ罷出候間、各御承知之上御順達可被成候、右得法慮度如此ニ御座候、已上

子七月廿八日

月番
全昌寺
長遠寺

如來院より正福寺ニ終ル

七

右御触留より長遠寺へ御返却可被成候

今般堀杢左衛門京都表より引越候ニ付、拙者寺社支配兼役被成御免候、其旨御心得可有之候、以上

八月三日　　猪瀬大仲

寺町月番
専會《(念)》寺
善通寺

口演

一、別紙之趣各寺御承知可被成候、尚附人中口達ニ而御奉行当時堀外記殿御屋敷御固居之旨、且寺社役所之儀者暫之内是迄之通猪瀬氏御屋敷内ニ而諸向御聞届之由、各々御承引之上早々御順達可被成候、以上

八月四日

月番
専念寺
善通寺

如來院より圓平寺ニ終　以上

触留より善通寺へ御返却可被成候、以上
但し、当山寺号之脇ニ塔頭中与認アリ
長遠寺も同断、尤少々下ヶ認有之、廻り留圓平
寺も少々下ヶ認有之、当山より栖賢寺へ送ル

口陳

一、箱銭払底ニ付　各寺銀札壱貫目■
圓平寺
塔頭中小札壱貫匁ツ、
右御出銀ニ而御順達可被成候、以上

子
八月七日　　月番
専念寺
善通寺

如來院より圓平寺ニ終
触留より善通寺へ御返却可被成候、以上
但し、札五分添下廻ス、常樂寺へ

口演

一、唯今寺社司附人中入来、大奥様御方被為在御所労候
処、此節至而御太切ニ付、右御伺として先例之通相勤
候様口述、依之御家老中・御中老・寺社司へ両寺御惣
代相勤候
一、御奉行御役附無程表裏惣寺院対顔先例之所、此度ハ
御家敷相定候迄御延日之趣ニ付、先件御伺罷出候所、
一往御惣代祝詞相勤置候
右両条得法慮候間、御承知之上、早々御順達可被成
候、以上

八月七日未之上刻　　月番
専念寺
善通寺

触留より善通寺へ御返却可被成候、以上

口陳

一、寺社司附人中入来、大奥様御方御病躰至テ御六ヶ
敷被為入候ニ付、先例之通り右御窺相勤候様回達、依
之御家老・御中老・寺社司江回勤致候処、此段得法慮
候、已上

八月十日

月番
専念寺
善通寺

如來院より正福寺迄　触留より善通寺へ御返却可被
成候、以上

大奥様御病気御養生不被為叶、去ル三日被遊御卒去候旨
申来候、依之鳴物・高声御停止候、且普請可為無用候、
尤追而相触候迄者諸事相慎、火之元入念御申付可有之
候、以上

八月十六日　寺社奉行

寺町月番
専念寺
善通寺

神事・法事・湯立・百燈被差留候、尤日限之義者追而為
御知可申候、以上

八月十六日　平瀬豊治郎

口陳

田沢実蔵

一、別紙御触書之趣各位御承知可被成候、尤御家老中・
御中老・寺社司江御悔致回勤候、且又附人中より別紙
来書之趣同様御承知之上早々御順達可被成候、以上

八月十六日申上刻

月番
専念寺
善通寺

如來院より圓平寺終　以上
触留より善通寺へ御返却可被成候、以上

八月廿二日　御触

先達而相触候慎、鳴物・高声、来ル廿七日被成候（ママ）御免
候、普請者来ル廿四日より構無之候、其旨御心得可有之
候、已上

八月廿一日　寺社奉行

寺町月番
専念寺
善通寺

別紙切紙

神事・法事・百燈、来ル廿四日より被為免候、以上

八月廿一日　平瀬豊治郎
田沢実蔵

口演

一、別紙御触書之趣各位御承知可被成候、尚附人中より
来書之趣御承引之上、早々御順達可被成候、以上

八月廿二日　月番
専念寺
善通寺

如來院より圓平寺終　以上

触留より善通寺へ御返却可被成候、以上

口陳

一、寺社司附人中入来ニ而、御忌中為御窺御役人中回勤
可仕之旨口述ニ付、例之通相勤候間、此段得高慮候、
以上

八月廿七日午ノ中刻　月番
専念寺
善通寺

如來院より正福寺ニ終

触留より善通寺へ御返却可被成候、以上

八月三日従大御目付中様御廻状到来候写

大目付江

此度中山道下諏訪・赤坂両宿困窮ニ付、人馬賃銭割増、
左之通可請取旨申渡候

中山道
下諏訪宿
赤坂宿

去未七月より当子
六月迄中五ヶ年之
間人馬賃銭都合四割
五分増申付置候処、猶又
当子七月より来ル巳六月迄中五ヶ年之間
是迄之通四割五分増

右割増銭申渡旨可被得其意候、右之趣向々江可被相触

候

子七月

右之通従江戸被仰下候条、於寺社家ニも其旨御心得承
知致印形可被差出候、以上

子九月　　　　堀杢左衛門印

子九月廿三日　如來院より印
酉ノ刻次送ル　圓平寺迄印

（下札）
「当□□」

口演

寺社司より印形付御触弐冊到来候条、各寺御調印之上
早々御巡達可被成候、已上

戊子
九月廿三日　　寺町月番
　　　　　　　廣徳寺
　　　　　　　正福寺

尚以印形移り墨無之様可被成、以上

如來院より印
圓平寺迄印

尚以触留より正福寺へ御返却可被成候

八月八日従大目付中様御廻状到来之写　大目付江　弐朱
判吹直ニ付右（古カ）弐朱通用之儀、来丑二月迄之旨（間カ）、只今迄之
通新弐朱判与一様ニ可致通用候、其以後者古弐朱通用可
為停止間、古弐朱判所持之もの者無油断早々引替可申
候、尤御料者御代官、私領者領主・地頭より申付、遠国
到迄不残様引替させ可申候、若遠国幷ニ渡海等ニ而引替
不都合之場所者御代官・領主・地頭ニ而弥世話いたし、
向寄○[引]替所江為○[指]出候様可致候、右之趣江戸被仰[可被相触候]　七
月

右之通り従江戸被仰下候条、於寺社家も其旨御心得承知
致印形可被指出候、以上

堀杢左衛門印

如來院より
圓平寺迄

（下札）
「当寺ハ無住ニ付役者□□」

一、中山道筋下諏訪宿・赤坂宿割増御触来ル

不用ニ付委細不知

十月十三日

此度於　西御丸〇（御男子様）被遊　御誕生、奉称　松平悦五郎様
与候、依之右御同名之者有之候ハ丶、可相改旨被　仰出
候、其旨御心得可有之候、以上

十月十八日　　寺社奉行

寺町月番
甘露寺
法園寺

口陳

別紙之通寺社司より申来間、各院御承知早々御順達可被
成候、以上

子十月十八日　　寺町月番
甘露寺
法園寺

如來院より　正福寺ニ終

再白、触留より法園寺御返却可被成候、以上

十月廿一日夜御触

植村（大和高取藩・家長）駿河守様去ル十二日卒去ニ付、今廿一日より廿三日
鳴物停止申付候、普請者不苦候（構無之候）、右之趣得御心可有之
候、以上

十月廿八日　　寺社奉行

口上

別紙之通只今寺社より申来候間、差急御順達可被成候、
以上

如来院より　正福寺ニ終

十月廿二日御触

御奉行今般山田幸蔵殿跡屋敷江御引越有之候間、此段御
進達申候、以上

十月廿二日　　平瀬豊治郎
田沢実蔵

寺町月番
甘露寺
法園寺

別紙之趣御附人平瀬氏より只今御持参り御座候間、各院此段御承知可被成候、已上

寺町月番
甘露寺
法園寺

如來院　正福寺終

明廿八日御奉行御対面有之候間、四ツ時可被成御出勤候、以上

平瀬豊治郎
田沢実蔵

十月廿七日

寺町月番
甘露寺
法園寺

猶以圓平寺・本興寺塔頭・長遠寺塔頭へも前文之通御通達可被成候、以上

口陳

別紙之通明廿八日四ツ時寺社司対面之義被申越候間、各御承知之上、右刻限前無遅滞甘露寺へ御揃ニ而御出勤可被成候、尤他行、又ハ御病気等も候ハヽ、其旨早々月番へ御申越可被成候、将又例之通為御祝義豊後半切五拾枚惣寺院より進上之申候間致用意候、右得法慮度如此御座候、以上

十月廿七日午之上刻

月番
甘露寺
法園寺

再白、午之上刻出之候間早々御順回可被成候、触留より法園寺へ御差出可被成候、以上

如來院より圓平寺ニ終

口陳

一、此度播刕当御領分之内五千石余御替地ニ相成候、尤播刕御領分郡名幷当方北在御領分村名等者追而相分り候趣、附人平瀬氏口上ニ而申来候、右ニ付恐悦として

月番両寺例之通御家老衆中へ今朝恐悦相勤相勤(ママ)申候
間、此段各院被成御承知、早々御順達可被成候、已上

霜月二日

寺町月番
大覺寺
法恩寺

如來院より正福寺終

再白、早々御順達、廻留より法園寺へ御返脚(ママ)可被成候、
以上

九月九日従大御目付中様
御廻状至来之写

大目付江

右(古)金銀之儀、追々新金銀ニ替候得共、未相残分余程有之
趣候、無程引替所相止候ハヽ、不都合之儀可有之候条、只
今之内右(古)金銀弐朱判共精出引替可申候、若貯置、不
引(替脱カ)者相知れ候ハヽ、右(古)金銀取上、急度可申付候間、御
代官・領主・地頭よりも随分遂穿鑿、遠国・渡海等ニ而
引替処不都合之場所者弥世話致し、向寄引替所江指出申
候而引替候様可致候
右趣可被触候

九月

右之通従江戸被　仰下候条、寺社家茂其旨御心得承知
致印形可指出候、以上

堀杢左衛門

如來院より
圓平寺迄

今般田中外記殿御用職被　仰付候、其旨御心得可有之
候、以上

十一月十一日　寺社奉行

寺町月番
大覺寺
法恩寺

明後十三日

智聴院様御百ヶ日ニ付、於江戸表御法事有之候間、明十

二日より十三日迄殺生御停止候、其旨御心得可有之候、
以上

子十一月十一日　寺社奉行

寺町月番
大覺寺
法恩寺

口演

只今寺社方より御触印形付壱札、別紙弐通到来候間、各
寺御承知之上御廻達有之候、已上

戊子十一月十一日　寺町月番
大覺寺
法恩寺

戌中刻
廣徳寺送

大物橋御掛替ニ付、御普請中橋下通船《セン》今七日より被指留
候、其旨御心得可有之候、以上

十二月七日　寺社奉行

寺町月番
如來院
善通寺

口演

別紙之趣寺社司より触置《達》有之候間、御一覧之上、順次送
達可被成候、以上

同日

甘露寺より正福寺終

大物橋御掛替ニ付御普請中橋下通船被差留候処、此節通
船指構無之、其旨御心得可有之候、以上

十二月廿五日　寺社奉行

寺町月番
如來院
善通寺

今晩より所々町口木戸を〆、暮六ツ時より張ちん灯可致

往来旨御郡代より申付候、仍之御家中之面々召仕之男女
暮六ツ時より町へ用事ニ而出候ハヽ、張ちん灯被越候様
御申付可有之候、張ちん無之往来いたし候ものハ上下之
無差別相改、夜番之者町送り可致旨町方へ被仰付置候、
其旨可被得相心候、召仕之者かさつなる義無之様御申付
可有之候、以上
十二月廿二日　寺社奉行
寺町月番
如來院
善通寺

口演
一、別紙之通り張ちん触唯今到来候条、下々ニ到迄篤と
御申付置可被成候
一、大物橋下通船之義、是又別紙之通御承知可被成候、
以上
猟《ママ》月廿五日
酉之上刻　如來院
善通寺
従甘露寺正福寺ニ終
尚触留より善通寺へ御返却可被成候

為年礼明十一日御奉行被成御越ニ付、此段為御念知得貴
意候、以上
正月十日　平瀬豊治郎
田沢実蔵
寺町月番
恵徳寺
善通寺
猶以本興寺塔頭・長遠寺塔頭・圓平寺江も御通達可有之
候、以上

口陳
一、別紙附人中より来書之旨御披見之上、麁略無之様御
心得可被成候、以上

正月十日

月番
惠念寺
（専）
善通寺

如來院より圓平寺迄
触留より善通寺江御返却可成（被脱カ）候、以上

諸国酒造之儀、酒造人者勿論、休株之もの、其外是迄渡
世不仕者ニ而も勝手次第可致酒造旨文化三寅年相触候、
右寅年より相始候休株幷渡世不致者酒造之儀者、追而及
沙汰候まて急度可為無用候
右之趣御料・私領・寺社領とも不洩様早々可触知者也
十二月
右之通自江戸被仰付候ニ付触知らせ候間、村々令承知、
尤御料・私領・寺社領等入込有之村方之分ハ其ヶ所不洩
様庄屋・年寄・寺社家承知之段肩書令印形、村順々無遅
滞相触可申候、依之別紙村名書差添遣候間、触留村より
隼人御番所へ可持参もの也
文政十一年
子十二月　　隼人印

山城印

村々庄屋
年寄
寺社家

右御触丑正月十一日ニ来ル
当山無住ニ付代役者堯運院印　さげ札也

奥様御儀御不熟被為在候ニ付、御双方御熟談之上被成御
離縁候ニ付、旧臘廿六日御先手阿部勘左衛門様を以御用
番様へ御届被差出候、其旨御心得可有之候、以上
正月廿日
寺社奉行

寺町月番
専念寺
善通寺

口陳
一、別紙寺社司より来書之趣、各位御承知之上、早々御
順達可被成候、以上

正月廿日

月番
　専念寺
　善通寺

如來院　全昌寺　廣德寺
甘露寺　栖賢寺　大覺寺
本興寺　法園寺　海岸寺
長遠寺　常樂寺　正福寺

以上

触留より善通寺へ御返却可被成候、以上

口述

当年行司ニ付、累年之通宗門御改帳面相認候間、御寺内
幷頭塔（ママ）中人別増減無相違委細被成御書附候而、紙墨料者
一両日中御指越可被成候、為其如此ニ御座候、以上

正月十七日　全昌寺

連名前ノ如し

去ル五日

米姫君様被成御逝去ニ付、今十四日より明後十六日迄鳴
物・高声・殺生御停止、普請ハ御講（構）無之候、此節火之元
別而入念可被申付候、以上

三月十四日　寺社奉行

寺町月番
大覺寺
法園寺

唯今寺社司より別紙之通り申来候間、各院御承知急々御
回達被成候

如來院より正福寺迄　大覺寺
法園寺

十二月廿九日従大御目附中様御廻状至来之写

大目付江

古弐朱判通用之義、当七月相触候通り来ル丑年三月よ
り弥通用停止ニ候間、停止以後堅通用致間敷候、若停
止以後古弐朱判通用致か、又ハ貯置、不引替者於有之
者、吟味之上急度可申付事

一、古弐朱判通用停止以後も遠国其外無拠引替残り古弐

朱判も可有之哉ニ付、引替所之義、来丑年十二月迄ハ
是迄之通被指置候間、古弐朱判所持之者ハ無遅滞指出
引替可申候事
　但し、古金銀引替所之義も可為同前候事
一、弐朱判引替之義、国々之内ニハ向寄引替所■迄道法
相隔候場所も有之、持送り入用も相懸り可申儀ニ付、
古弐朱判指出候者之住所より銀座幷其向寄引替所江道
法五里余相隔り、一里一度ニ弐朱判弐百両以上指出候
者江者、里数一里往返分百両ニ付銀壱匁ツヽ之割合を
以里数幷弐朱判高ニ応諸入用被下候筈ニ候間、御料ハ
御代官、私領ハ領主・地頭ニ而右諸入（用脱カ）相願候者取調、
江戸銀座江申立候之様可致候、若当人、又者其身寄ヲ
以直ニ銀座江申立度旨申候ハヽ、其通為致候而も不苦
候間、何れも厚致世話、古弐朱判所持之者者早々引替
候様可致候
　右之趣可相触候
　　十二月
右之通従江戸被仰下候条、於寺社家も其旨御心得承知
致印形可被指出候、已上
　丑二月十四日　　　　　　　　　　堀杢左衛門印
　　　如來院より圓平寺ニ終
　　　口陳
別紙之通寺社司より申来候間、各院御承知之上御調
印艸（早カ）々御順達可被成候、以上
　二月十五日　　　　　　　　　　寺町月番
　　　　　　　　　　　　　　　　　甘露寺
　　　　　　　　　　　　　　　　法園寺
為寺町人別改幷本興寺所化改毎年致出役候砌、前々より
定例之預饗応候処、別紙相触候通り、去子年十月より来
卯之十月迄格別之取締被仰付候付、三ヶ年之間、右ニ准
シ茶・多葉粉盆被差出、其外饗応ヶ間敷義可被致無用
候、此段寺町寺院へ可被申通候、以上
　二月十八日　　　　　　　　　　寺社奉行

寺町月番
甘露寺
法園寺

別紙弐通寺社司より御達在之間、各位御披見早々御順達
可被成候、以上

二月十八日

月番
甘露寺
法園寺

口達

御家中一統去子年十月より来卯十月迄三ヶ年之間厳敷取
締被仰付候、渡り方等減少相成候ニ付、右年限中斎米・
法事料・布施物等迄格別減少可相成候間、旦那在之於寺
院其旨可被相心得候、以上

二月十八日

寺町月番
甘露寺
法園寺

如來院　本興寺
専念寺　長遠寺
全昌寺　常樂寺
栖賢寺　善通寺
廣徳寺　正福寺
大覺寺　圓平寺

触留より法園寺へ御返却可被成候

一、旧冬十八日寺社御奉行所御内寄合之節、御老中江御
伺之上松平丹波守殿（信濃松本藩・光年）より被仰渡之趣江戸役寺より申
来、左之通則御請書江戸表役寺宛ニ而両山調印之上差
下候段、京山より申来候ニ付、於当山相認、京都江さ
し越ス

被仰渡之趣

一、諸寺院之僧侶不律不如法之義ニ付、天明八申年御沙
汰之趣も有之、其後寛政十一未年ニ茂取締方申渡置候
上者、一寺住職者勿論、所化僧ニ至迄本寺・触頭、或
者其法之師・兄弟を始、法類・寮主等より常々厚教戒

を加、不律不如法之沙汰等無之様堅固ニ可相慎之処、近来猶亦慎方相弛候哉、女犯・破戒ニおよひ、罪科ニ被所候ものも不絶有之、夫而已ならす利欲ニ耽り、或者不相応之金子借入、返済方等不実・等閑ニ致輩も有之哉ニ相聞、且僧徒之衣躰者夫々宗門之規矩も有之義ニ候処、小寺之住持、或者所化僧共之内ニ者俗人ニ紛敷衣服幷被布を着し、剰市中茶店等江罷越、飲食を恣し、就中所化僧共ニ至而者猶又法外之振舞等も有之哉ニ而、悉ク僧侶之行跡ニ有之間敷事ニ候、右者畢竟本寺・役寺・触頭、其外法類・寮主等迄先年御沙汰之趣等閑ニ相心得、教示不行届故之事ニ候、寺院借財之義ハ俗家与違ひ子孫相続ニ無之事故、宗門ニ寄夫々為取締規定仕来り等茂有之義ニ候へ共、俗人者不弁筋ニ付、寺附之外金子借入候節者宗法之趣をも篤与申聞、済方等不実・等閑ニ不相成様可取計儀ニ而、尤金主等より及出訴候節者吟味之上事実次第可令裁許者勿論之義ニ候得共、畢竟宗躰ニ寄、夫々規定仕来等有之義も、寺院相続之為ニ候を借財済方等不実之取斗ニ成行候様ニ而ハ、おのつから金銀融通ニも抱り、品ニ寄、寺院衰微之基ニも可成筋ニ付、右等之次第を相心得、女犯・破戒者勿論、都而不律不如法之義無之、借財等之義ニ付而も不実無之様末々迄教示一同行届、風儀立直り、堅固ニ相慎、如法質朴ニ寺務相続候様厚ク可申合候

右者今般御沙汰之趣ヲ以猶又御老中へ伺之上申渡候条、精々無油断可令教諭候、尤本寺・触頭等ニおゐて取計難行届義有之候歟、或者取計方難決義も候ハヽ、一宗一派限遂評儀相窺候様可致候

右之趣ニ御座候間、諸国諸末寺へ急速厳重ニ御触被差出候而、夫々不残請書御本山へ御取置可被遊候、尤右之趣御本山より当御役寺へ早速御請書御差出可被下候、当方同末早速相触置申候

文政十三寅年
正月九日　　　　　永隆寺（手書き）㊞

本能寺
本興寺御役者中

尚々御請書之義者丸山本妙寺・芝長應寺両役寺名当ニ
而御認可被下候、以上

一、寅四月八日寺町月番大覺法園寺より左之通御触書順達ニ
付、即刻常樂寺へ廻ス

大坂御城代太田備後守様（遠江掛川藩・資始）・町御奉行高井山城守様（実徳）明九
日武庫川辺迄為御巡見御通行之節、西追手柵門・東追
手先木戸・御水主ワキ木戸幷御道筋へ罷出候義被差留
候、此段小児・召仕之者迄急度御申付可有之候、已上

四月八日　寺社奉行

寺町月番
大覺寺
法園寺

近来百性・町人共身分不相応大造之葬式致し、又者墓所
へ壮大之石碑を建、院号・居士号等付候趣も相聞へ、如
何之事ニ候、自今已後百性・町人とも葬式者仮令富有、
或者由緒有之ものニ而も、集僧者十僧より厚執行者致間

敷、施物等も分限ニ応し寄附致し置、墓碑之義も高サ台
石友（共）四尺を限り、戒名へ院号・居士号決而附申間敷候、
尤是迄有来候石碑者其侭差置、追而修覆等之節院号・居
士号相除、石碑取縮候様可致候

右之趣御料・私領・寺社領共不洩様可触知もの也

四月

右之通可被相触候

前段御書付之趣従脇坂中務大輔（播磨龍野藩・安董）殿被　仰出候条、得其
意、末寺江も不洩様可相達旨被仰渡承知奉畏候、依之御
請印形差上申処如件

天保二卯年四月

本能寺
本興寺
本隆寺
妙蓮寺
寂光寺
要法寺
本禅寺

別帳之趣被得其意調印之上、早々順達留より尚又本能寺へ相達し、同寺より可被差戻候、已上

本妙寺

諸山
七箇寺

口演

一、江戸丸山本妙寺より別紙之通拙山へ申来候間、早々御順達可被成候、已上

一、別紙壱通　一、半紙帳壱冊

右帳面等墨付無之様、尤印肉外へ不移様被入御念、尚又半紙帳寺号之下江御印形被成、別紙へ相届候日限・刻限等相記し、次江御順達可被成候

本能寺
役者

本興寺
御役者

本隆寺
御役者

妙蓮寺
御役者

寂光寺
御役者

要法寺
御役者

本禅寺
御役者

右六月十七日酉刻到来、同酉之下刻京山へ差登候

天保元年寅十二月十六日
大坂御番処へ御召之上
左之通被仰渡

演舌

諸寺院之僧侶風俗取締之義ニ付、先年より追々御触渡有之候処、近来又々行状不宜趣相聞候付、慎方之義、去丑十二月・当正月猶又御触渡有之候へ共、不相慎、不律不如法之者有之候ニ付、追々引寄被遂御吟味、夫々重科ニ被仰付候、然ル処今以行状不相改向も有之哉ニ而、一寺住職之内ニも遊所等へ通ひ、又者竊婦女子を囲置、女犯

いたし、酒肉を貪り、不律破戒之僧有之由之風聞有之、以之外ニ被存候間、心得違無之様諸宗役寺・僧録・触頭等より行状慎方格別ニ取締、戒律厳重ニ相守候様一宗限急度可申合候、若此上如何之取沙汰相聞候へ者、無猶予逸々召捕可被遂御吟味候間、其節後悔致間敷候
右之趣此方共より急度申諭置候様被申出候間、此旨可被相心得候事
寅十二月

三　公儀・地頭・太政官等御触書留

慶応二（一八六六）・九
〜明治二（一八六九）・二　一三

（表紙）

慶応二寅九月
御触書
本興寺

兼而被仰出候松平靱負様逗（逼）塞被仰付候ニ付、於江戸表去ル十六日御差扣御伺出、御用番井上河内守（遠江浜松藩・正直）様江松平鏗之助様を以被差出候処、同夕御附札を以不及其儀候旨御差図有之候、依之兼而被仰出置候慎之儀
一、鳴物・高声・普請之事
一、易立・百燈・托（托）鉢・夜念仏并釣り挑灯等之事
右之通従今日被成御免候、尤御停止中慎之義者是迄之通御心得可有之候、以上

九月廿四日　　　　寺社奉行

本興寺

今般拙者儀、伴吾与致改名候間、此段及御通達候、以上

十月十二日　　久保田安次郎

水野出羽守様御卒去ニ付、去ル七日より今九日迄鳴物・高声・殺生御停止候、普請者御構無之候、其旨御心得可有之候、以上

十一月九日　　寺社奉行

来ル正月四日　蒼玉院様弐拾七回御忌、同十七日称孝院様弐拾七回御忌御相当之処、来月四日被成御取越、於江戸表御当朝計御回向有之候、依之来月四日殺生御停止候、普請・鳴物御構無之候、其旨御心得可有之候、已上

十一月廿九日　　寺社奉行

十二月十七日　寒月院様御一周忌御相当之処、来月四日被成御取越、於　深正院御回向有之候、依之来月三日・四日両日鳴物・高声・殺生御停止候、普請ハ御構無之候、其旨御心得可有之候、以上

十一月廿九日　　寺社奉行

来ル正月十七日　覺泡院様御一周忌御相当之処、来月四日被成御取越、於　深正院御当朝計御回向有之候、依之来月四日殺生御停止候、普請・鳴物御構無之候、其旨御心得可有之候、以上

十一月廿九日　　寺社奉行

先達而相触候鳴物・高声・殺生御停止最早御百ヶ日も相立候ニ付、明朔日より被成　御免候、尤未　将軍宣下不被為　済候間、諸事相慎罷在候様被仰出候、其旨御心得可有之候、以上

十一月晦日　　寺社奉行

御代替後御能不被仰付内者鳴物御免之御沙汰者無之候得共、神事・祭礼等致遠慮候向茂有之哉ニ相聞候、就而者御代替之御礼茂被為請、且先達而　御参内茂被為済候ニ付、最早表向鳴物有之候而も不苦趣ニ候、此後鳴物御免之触ハ有之間敷候間、右之趣被心得寄々可達候

右之通牧野越中守（常陸笠間藩・貞直）殿被相達候条、此旨三郷町中可触知者也

右之通大坂三郷町中も御触有之候条於寺社家茂其旨御心得承知印形御差出可有之候、已上

十二月　　久保松逸見印

来年始御礼正月五日被為　請候間、五ツ時登城可有之候、尤差上物書付御持寄可有之候、自然病気差合等之儀有之候ハ、早々御断可有之候、以上

十二月廿一日　　寺社奉行

本興寺

明晩より所々町口木戸ヲ〆、暮六ツ時より挑灯燈致往来旨御郡代より町方へ申付有之、寺社方之面々召仕之男女暮六ツ時より町方江用事ニ而出候ハヽ、挑灯燈罷越候様御申付可有之、桃灯無之致往来候者上下之無差別相改、夜番之者江申上、致町送り旨町方江被仰付置候間、其旨被相心得、召仕之者かさつ成儀無之様御申付可有之候、以上

十二月廿五日　　寺社方

本興寺

面々召仕之者用事ニ而町へ差出候節、従暮六時挑灯燈可致往来旨先達而相触候処、明晩より不及其儀ニ候、其旨御心得可有之候、以上

正月六日　　寺社奉行

本興寺㊞㊞㊞㊞

此度外国人出坂ニ付、　公儀御役人附添、明七日御城下通行ニ付、其節者諸町口江罷出候儀一切被差留候、此

段召仕之者ニ至迄急度可被申付、其旨御心得可有之候、
以上

正月六日　　　　寺社奉行

本興寺

旧臘廿九日　禁裏(孝明天皇)崩御之旨大坂　御城代牧野越中守様
より御達有之候、依之今日より普請・鳴物・高声・殺生
御停止候、追而被成御免候迄相慎、此節別而火之元入念
可被申付、其旨御心得可有之候、以上

正月朔日　　　　寺社奉行

本興寺

先達而相触候出坂之外国人兵庫表江引取候ニ付、公儀御
役人附添、明十六日御城下通行ニ付、其節諸町口江罷出
候義一切被指留候、此段召仕之者急度御申付可有之候、
以上

正月十五日　　　　寺社奉行

但シ、廿六日朝久保田持参候

本興寺

明廿三日仏蘭西ミニストル外士官六人兵庫湊より出坂ニ
付　御城下致通行候間、其節諸町口へ罷出候儀一切被差
留候、此段召仕之者ニ至迄急度御申付可有之候、以上

正月廿二日　　　　寺社奉行

但し、廿三日朝来候

本興寺

和宮様御事　静寛院宮様与奉称候旨被仰出候、依之
面々差合之名有之候ハヽ、可相改旨(被脱カ)仰出候、其旨御心得
可有之候、以上

正月廿六日　　　　寺社奉行

本興寺

旧臘於京都　尾張玄内(同)殿御事、思召も被為在候ニ付、
一橋家御相続被　仰出、徳川中納言(茂栄)殿与奉称候旨被仰出

候間、其旨御心得可有之候、以上

正月廿六日　寺社奉行

本興寺

二月二日　常照院様弐百回御忌ニ付於深正院御回向有
之候、依之来月朔日・二日殺生御停止候、普請・鳴物御
構無之候、其旨御心得可有之候、以上

正月廿六日　寺社奉行

本興寺

禁裏(孝明天皇)崩御ニ付普請・鳴物・高声・殺生御停止之処、普請
之儀者来ル十五日より被成御免候、其旨御心得可有之
候、以上

二月五日　寺社奉行

本興寺

上様(徳川慶喜)今五日京都　御発駕、大坂御城へ可被遊着御候間、
兼而相触候通諸事相慎可致穏便候、其旨御心得可有之
候、已上

二月五日　右同断

上様今八日大坂　御城御発途、陸路　御乗切ニ而被遊
御上京候旨申来候、依之諸事是迄之通相心得候之様被
仰出候、其旨御心得可有之候、以上

二月八日　右同断

今十七日拙者儀御物頭役被仰付候、依之跡寺社支配役佐
野七郎右衛門被仰付候間、其旨御心得可有之候、以上

二月十七日　久保忝逸見

本興寺

今十七日久保忝逸見様御儀、御物頭役被仰付候ニ付、跡
寺社御支配佐野七郎右衛門様江被仰付候、依之明十八日
五ツ半時御対面可有之候間、御宅へ御出可有之候、以上

二月十七日　久保田伴吾

笹間慶次

本興寺
尚々其塔頭中へも御通達可有之、且御持参物御用意可
然存候、已上

杉原

御祝儀
金□□五十疋
本興寺 幷塔頭中

美濃　上　目録

方丈内席、寺中次之間、方丈言上ニハ
恐悦ニ存ジマス、万事宜敷御願

上様今十九日京都　御発途大坂　御城江被為　成候間、
兼而相触候通諸事相慎可致穏便候、其旨御心得可有之
候、以上

二月十九日　寺社奉行

本興寺

上様今廿一日大坂御城御発途、陸路御乗切ニ而被遊御上
京候旨申来候、依之諸事是迄之通り相心得候様被仰出
候、其旨御心得可有之候、以上

二月廿一日　寺社奉行

本興寺
外国人遊歩之節不作法無之様兼而其旨再々申示置候所、
在々ニ而者兎角心得違之者共有之、礫打等致候哉之趣以
之外之事ニ候、市中ニ於而右様之儀等有之間敷候へ共、
万一心得違之者有之節者甚以御国辱ニも相成候事故、厚
相心得、町々年寄共始在々村々一同申合、外国人遊歩之
節右様之者於有之者見懸次第召捕可申候、尤見遁候節ハ
本人同様急度可及沙汰候之事
右之通三郷町々幷摂河泉村々不洩様早々可相触候者也
右之通於大坂三郷御触有之候条、於寺社家茂其旨御心得
致承知印形御差出可有之候、以上

卯三月　佐野七郎右衛門印

本興寺

上様今廿二日京都　御発途、大坂御城江被為成候間、兼
而相触候通諸事相慎可致穏便候、其旨御心得可有之候、
以上

三月廿二日　　寺社奉行
本興寺

兼而相触候■殺生之義ハ今廿二日より被成御免候、時節柄ニ付尚穏便相心得可申候、其旨御心得可有之候、以上

三月廿二日　　寺社奉行
本興寺

左近様御妾腹御双躰被遊御出生候　御男子様奉称亀之丞様と、御女子様奉称於鶴様与候間、御同名之者有之候ハ、御遠慮可有之候、以上

四月十六日　　寺社奉行
本興寺

先達而相触候鳴物・高声今日より被成御免候、其旨御心得可有之候、以上

四月十三日　　寺社奉行
本興寺

来ル十七日　源了院様三拾三回御忌ニ付於深正院御回向有之候、依之来ル十七日殺生御停止候、普請・鳴物御構無之候、其旨御心得可有之候、以上

五月十四日　　寺社奉行
本興寺

(全文抹消)「知光院様弐百回御忌ニ付高野山於照明院御回向有之候、依之来月朔日殺生御停■止候、普請・鳴物御構無之候、其旨御心得可有之候、以上

八月廿七日　　寺社奉行
本興寺
是ハ書間違故奥記置候」

陰陽道職業いたし候輩者土御門家支配たるへき者勿論候処、近来甚礼(乱)雑ニ相成、陰陽道猥に執行候族も有之様相聞候、以来右躰之心得違無之、土御門家より免許を受、支配下知堅相守可被行候

右之通り寛政三亥年相触候処、近来尚又猥に執行候輩も有之哉ニ相聞、心得違之事ニ候、右触面候趣違失無之様急度可相心得候、右之通り不洩様可相触候、右之趣従江戸被仰下候

卯五月

先年より三郷町中へ度々触書さし出候大坂尼崎町壱町目種痘所之義、年来右場所江出席いたし候有志之医師ハ聊貪利名聞等を離れ、仁術之志厚く、誠実ニ施術致候ニ付、小児流行痘ニ被犯、醜態不具之患を免れ、或ハ悪痘之ため天年を損シ、命を殞候もの無之、実世救ニ相成良法ニ付、今般右種痘所を公館ニ被仰出、是迄致出席候医師へ其侭施術被仰付候間、難有御趣意之程一同厚く相心得、町在いまた疱瘡不相済小児ハ早々右場所つれ出、種痘相願候様可致候、大坂市中不及申、町続其外摂河泉播在々ニ而ハ無謂売薬渡世之者、又ハ仁術之志薄く、唯利欲之ため猥ニ張紙、或者建札所いたし、伝来不分明之痘苗を以術を售、一己之決儀ニて遂ニ診察を誤、再ひ流行痘ニ罹り候ものも有之哉相聞候、以之外不埒之至ニ候、今般右躰　公館ニ御引直し相成候上ハ、以来他所ニおゐて種痘いたし候ものハ右館より分苗并施術ニ免状相授候筈ニ付、縦令是迄種痘致居候ものニ而も此度改而右館江致入門、免状を請、右館之規則を急度相守、施術可致候、遠方手遠之場所者最寄弁利之場所より分苗、又者出張所等も取建可相成候間、此旨を存、是迄一己ニ致種痘居候ものハ早々相止、猥ニ致施術候義不成候、若以後心得違、右触渡之趣相背候者有之候ハヽ、急度可令沙汰候

五月

右之通り於大坂三郷御触有之候条、寺社家おゐても御心得承知致印形御指出可有之候、以上

卯六月　　　　　佐野七郎右衛門印

本興寺

知光院様弐百回御忌ニ付高野山於照明院御回向有之候、依之来月朔日殺生御停止候、普請・鳴物御構無之候、其旨御心得可有之候、以上

八月廿七日　　寺社奉行

本興寺

六月九日大御目付中様より御廻状至来之写

大目付江

安政度吹立候弐歩判之儀、新金与引替可申旨申年中相触置候へ共、兎角引替方等閑ニ付、向後世上通用停止たるへく候、就而者引替為御手当百両ニ付弐拾両被下、天保度吹立候弐朱金之義、兼而相触置候通世上通用停止者勿論、引替御手当之義是迄百両ニ付六拾両之処九拾両被下候間、右弐歩判・弐朱金両様共所持之物(者)者早々引替可申候、右様格別之増歩被下候上ハ速ニ引替可申候、若此上持貯候歟、又者不正之取引いたし候族有之ニおゐてハ相糺、取上ヶ之上急度咎可申付候

右之趣御料者御代官、私領ハ領主・地頭より不洩様可被相触候

六月

右之通従江戸被　仰下候条、於寺社家も其旨御心得承知致印形御指出可有之候、以上

卯八月　　佐野七郎右衛門印

本興寺

八月廿三日大御目付中様より御廻状到来之写

大目付江

此度兵庫御開港商社御取立、外国交易取組方元手銀与して差加金致し、又者品物ニ而交易取組度者者大坂中之嶋商社会所江申立候様可致、左候ハ、商法益銀ニ(ヲ)以致々(銘々)出金高ニ応し割合相下ヶ、尤差加金致候とても交易望無之もの者相当之利足可相渡、尤右金差掛り入用之節者何程ニ而も申立次第相下ヶ候筈候

右之趣御料ハ御代官、御預所・私領者領主・地頭より不洩様可被相触候

八月

御用席触之写

今度兵庫御開港商社御取開相成候ニ付而者、融通之ため

此節より金札当分之内通用被仰出候ニ付、都而通用金銀同様ニ相心得、御年貢其外諸上納物相用候而も不苦候間、五畿内・近国をも無差支通用可致候、尤右札正金ニ引替之義者、商社会所幷商社頭取、其外御用達共方おゐて引替候筈ニ有之、右引替ニ付而歩割減等一切無之候間、不取締之義無之様正路ニ取引可致候事
右之趣御料ハ御代官、御預所・私領者領主・地頭より不洩様可被相触候

八月

大目付江

海外諸国江学料修行、又者商業之ため相越度志願之ものへ御免之印章相渡候ニ付而者、印章請取候節、於当地者外国奉行、神奈川・長崎・箱館表ニおゐて者其所之奉行江手数料可相納候、納方等之義者印章相渡節申達筈ニ候
右之通可被相触候

八月

右之趣従江戸被仰下候条、其旨御心得承知致印形御指出可有之候、以上

卯十月　佐野七郎右衛門

本興寺

去月廿一日就吉辰　上様御事　宣旨　御頂戴被為在、公方様与奉称候旨被仰出候間、其旨御心得可有之候
一、公方様御名慶喜公奉称候旨被仰出候、依之面々俗名・実名共[redacted]《差》合之者有之候ハ、可相改旨被仰出候、其旨御心得可有之候、以上

十月十一日　寺社奉行

本興寺

拙者名御指合字ニ付啓次与相改候間、此段及御通達候、以上

十月十八日　笹間慶次

本興寺

（駿河沼津藩・忠誠）水野出羽守様御卒去ニ付、去ル七日より今九日迄鳴物・

高声・殺生御停止候、普請者御構無之候、其旨御心得可
有之候、以上
十一月九日　　　　　　　　　　寺社奉行
本興寺

朝廷より別紙之通昨十日被仰出候、此段万石以上・以下
之面々江可被達候、右之通相達候間可被得其意候
十二月十一日

朝廷被仰出候書付写

辞将軍職之事被聞食候事
将軍職御辞退御聞届相成候ニ付、以来下より者　上様（徳川慶喜）与
可奉称候
右之通相達候間可被得其意候
十二月十一日

今朝　御下坂可被遊旨被仰出候間、此段御達申候
十二月十三日

別紙之通大坂御城代牧野越中守（常陸笠間藩・貞直）様より御達有之候者、
上様去ル十三日大坂御城江被為成候間、兼而相触候通
諸事相慎可致穏便候、其旨御心得可有之候、以上
十二月十五日　　　　　　　　　寺社奉行
本興寺

別紙之通大坂御城代牧野越中守様より御達有之候間、其
旨御心得可有之候、以上
十二月十五日　　　　　　　　　寺社奉行
本興寺

去ル七日薨
大楽王院宮去ニ付、一昨十五日より来ル廿一日迄鳴物・
高声・殺生御停止候、普請ハ追而被差留候、此節火之元
別而入念候様申付可有之候、以上
十二月十七日　　　　　　　　　寺社奉行
本興寺

御所より難有被仰出も有之候間、　御領分之者一同致

安心職業可相励者也
右之通被仰出候間、於寺社家も其分御心得可有之候、以
上
正月十一日　寺社奉行
本興寺

面々召仕之者用事ニ而町江差出候節、従暮六時挑灯燈可
致往来旨先達相触候処、今晩より不及其儀候、其旨御心
得可有之候、以上
正月廿四日　寺社奉行
本興寺

当節柄落人躰之者（者）より鉄炮其外何ニよらす武器類相預
り、又者貰受候向有之候ハヽ、其段早々役場へ可被申出
候、若隠置、後日相顕候ハヽ、急度曲事可被仰付候間、
心得違無之様可被致、其旨御心得可有之候、以上
正月廿九日　寺社奉行
本興寺

今度大坂人民為撫育裁判所被置、奉　勅命醍醐（忠順）大納言
殿・宇和島少将（伊予宇和島藩・伊達宗城）殿致下向候上者、一同致安心家業可相
励、尤公事訴訟之儀、右裁判所江可被出候条、大坂三郷
町々江不洩様申渡候事
二月
右之通於大坂三郷御触有之候条、於寺社家其旨御心得承
知印形御差出可有之候、以上
辰二月　佐野七郎右衛門印
本興寺

辰二月九日四ツ時寺社方附人久保田伴吾来ル、殿様桜井
ト御改名被遊候ニ付、即刻御家老中江回勤候様触来ル、
言上ニハ殿様被遊御改名候旨承之、為恐悦参上仕マシタ
ト申シ候、方丈并本壽院附添ニ而也
十日別段申来ル
此度　御所より被仰出候品も有之候ニ付、桜井御改姓
被遊候、其旨御心得可有之候、以上

二月九日　　寺社奉行

本興寺

各国公使幷商民共兵庫表より大坂江折々致往復候間、百姓・町人ニ至迄無礼法外之儀無之様可致旨伊達伊予守(伊予宇和島藩・宗城)様より御達有之候間、右異人御城下通行之節、兼而相触置候通諸町口江罷出候儀一切被差留候、此段召仕ニ到迄急度可被申付候、若心得違之者有之候ハヽ、厳敷可被及御沙汰候間、其旨御心得可有之候、以上

二月十四日　　寺社奉行

本興寺

印印印印
印印

古金銀是迄通用令停止候処、御一新之御場合未御手茂不被為届、追而被仰出方も可有之候得共、当分地下相場ヲ以無差支可致通用候、尤御新政之折柄、万一心得違致、竊ニ積置候者於有之ハ厳重之御沙汰可有之候、此旨京都大政官代より御達有之候間、於寺社家も其旨御心得可有之候、以上

本興寺　　寺社奉行

御親征　行幸明廿三日御下坂可被遊旨申来候、依之諸事相慎致穏便、此節火元別而令入(念)可申付候、其旨御心得可有之候、以上

三月廿二日　　寺社奉行

本興寺

来月朔日　清蒼院様十七回御忌ニ付、於深正院御法事有之候、依之来ル朔日殺生御停止候、普請・鳴物御構無之候、其旨御心得可有之候、以上

三月廿八日　　寺社奉行

本興寺

別紙之通大坂従裁判所御達有之候間、其旨御心得可有之

候、以上

三月晦日　寺社奉行

本興寺

銅銭之儀、当時各国相場御斟酌之上、自今壱文ヲ以鐚銭
六文ニ通用被　仰出候事
右者是迄之位ひ当を得さるを以、動すれハ奸商共異邦江
輸出致候義も有之、依之速ニ海内ニ布告被仰付候事

太政官

一、中古以来某権現、或ハ牛頭天王之類、其外仏語ヲ以
神号ニ相称候神社不少候、何れも其神社之由緒委細ニ
書付、早々可申出候事
但
勅祭之神社、　御宸翰・　勅額等有之向者是又
可伺出、其上ニ而御沙汰可有之候、其余之神社者裁
判・鎮台・領主・支配頭等江可申出候事
一、仏像ヲ以神躰与いたし候神社者以来相改可申事
附り
本地抔与唱、仏像ヲ社前ニ掛、或ハ鰐口・梵鐘・
仏具等之類差置候分ハ早々取除可申事
右之通被仰出候事

三月

一、禁裏御用、或者　禁裏御料、又者　禁裏御内抔
与会符飾示、杭・標札等江書記候義者有之間敷事ニ候
処、往々見請候付、以来法度相改、　御用・　御料与
而已書記致候様被仰出候事
但し、標札者姓名相記、又者官名・役名等記候義不
苦候事
一、提灯又者陶器、其外売物等ニ　御紋ヲ書候事共如
何之義ニ候、以来右之類御紋ヲ私ニ附候事急度禁止旨
被仰出候事
但し、御用ニ付是迄被免候分も一応可伺出申候
右之通被　仰出候条末々迄不洩様可申達事
一、元町奉行所川方掛・勘定掛・金方掛・銅座掛貸附金

銀借請罷在候者者、其旨来ル七日迄ニ裁判所江可申
出、若隠置候もの有之候ハヽ、急度可令沙汰事
右之通於大坂三郷ニ御触有之候条、於寺社家ニも其旨
被相心得致承知印形御差出可有之候、以上

辰四月　　　　　　　　　佐野七郎右衛門印

本興寺

今般朝敵ヲ除之外一切大赦与被　仰出候ハ大綱領ニ而、
其節目ニ亘候而ハ、逆罪、且人ヲ殺シ、其情罪難差免者
ハ別段之事ニ而、其余罪之軽重ヲ不分免科之処置可致
候、且又癸丑以来時躰ニ係り　　皇国之御為与相考、謬
テ矯激之所行ニ及、邦憲ニ触、狂死不祭之鬼与相成候者
も不少哉ニ相聞、右之内実々忠奮ヲ出、可憐情状有之者
ハ、跡式・再興等之義其程ニ応シ取扱、寃魂ヲ慰候様可
致、将又当時存在候而禁錮又者落魄致居候ものも有之候
ハヽ、今是又前文之趣ヲ以寛宥之可及措置　　御沙汰候
事

三月

今般　王政御一新、万機従朝廷　　朝廷被　仰出候ニ
付而者　皇国内遠邇与なく蒼生安堵致候様日夜御憂慮
被為　在、断然　御親征・行幸被　仰出候、猶海
軍整備天覧被　遊、関東平定之上ニ而速ニ還御被為在、
大ニ　列聖之神霊被為奉按度深重之思召ニ付、上下心得
違無之様銘《メイ》々相励可尽其分　御沙汰候事

三月

但、億兆之君たる天職ヲ被為尽　　御親征・行幸被仰出
候処、委キ御趣意不弁もの者唯々　　朝廷御上ヲ奉按候
故歟、或者一家之盛衰目前之栄利ヲ相考候故歟、全躰之
御危急ヲしらす、種々浮説申唱へ、彼是疑惑ヲ生シ候義
も有之哉ニ相聞候、甚以如何之事ニ候条、末々ニ至迄急
度安堵致生業ヲ可営候事
右之通大坂裁判所より御達有之候条、於寺社家も其旨御
心得承知致印形御差出可有之候、以上

辰四月　　　　　　　　　佐野七郎右衛門印

本興寺

諸国大小之神社中仏像ヲ以神体与致、又者本地抔与唱、仏像ヲ社前ニ掛、或ハ鰐口・梵鐘・仏具等差置候分者早々取除相改可申旨過日被仰出候、然ル処旧来社人・僧侶不相善、氷炭ノ如ク候ニ付、今日ニ至り社人共俄ニ威権ヲ得、陽者御趣意与称シ、実ハ私憤ヲ霽候様之所業出来候而者　御政道之妨ヲ生而已ナラス、紛擾ヲ引起可申者必然ニ候、左様相成候而者実ニ不相済儀ニ付、厚ク令顧慮緩急ヲ考、穏可取扱者勿論、僧侶共ニ至り候而者《モ》生業之道ヲ不失、益国家之御用相立候様精々可心掛候、且神社中ニ有之候仏像・仏具等取除候分たりとも、一々取計向伺出、御差図可受候、若以来心得違致粗暴之振舞等於有之而者屹度曲事ニ可被仰付候事

但

勅祭之神社

御宸翰

勅額等有之候向者

伺出候上

御沙汰可有之、其余之神社者裁判所・鎮台・領主・頭江委細可申出候事

四月

右之通於大坂三郷御触有之候条、其旨御心得承知致印形御差出可有之候、以上

辰四月　　佐野七郎右衛門印

本興寺

右本紙落字多シ、不相分候間、太政官日誌ヲ以写之

水戸中納言家来(常陸水戸藩・徳川慶篤)

鈴木石見

朝比奈弥太郎

右者従前水戸表ニおゐて奸徒・巨魁等有之候処、先達而国許致脱走行方不相分、然ル処此程当地ニ入込候風聞も有之趣、同藩留主居より届出候ニ付、右両人之者者不申及、党類等諸藩邸中、或者国許在所等潜匿為致候歟、又者諸藩士之内旧好等有之、洛内外・田舎遠近之間手引ヲ以庇隠為致置候向者無之哉、精々吟味ヲ遂、其筋相分候ハヽ、早速太政官刑法事務局江可申出、若取隠、外より相

顕れ候節者急度御外口(咎)可被仰付御沙汰候事
右之趣国許・在所等江不洩様可申通事
右之通於大坂三郷御触有之候条、於寺社家も其旨御心得
置承知致印形御差出可有之候、以上
閏四月　佐野七郎右衛門
本興寺

今七日大坂表　御出輦被遊　還幸候、尤此節柄ニ付諸事
穏便可致候、其旨御心得可有之候、以上
壬四月七日　寺社奉行
本興寺

今般　朝政御一新之折柄ニ付、大坂裁判所支配摂河播
泉四ヶ国神社・寺院等悉皆御取調ニ可相成候間、旧幕之
朱印地与唱候分、其外在来之社名・寺号幷寺社領・除地
反別坪数等之訳《ワケ》、又者社祠・堂舎《シャ》・建物等村々支配氏
神・小社・庵室ニ到迄旧在之廉々郡限《コホリカギリ》申合、不洩様壱帳
ニ相認《シタヽメ》、早々裁判所江可差出候事

附り
神主・祢宜・祝部等之有無、且《カツ》当職之名前可申出
候
四月

此度　大政御一新ニ付、石清水・宇佐・箱崎等八幡大
菩薩之称号被為止、八幡大神与奉称候様被仰出候事
四月

今般諸国大小之神社ニおゐて神仏混淆之儀者御廃止相成
候ニ付、別当・社僧之輩還俗之上社(神)主・社人等之称号ニ相
転、神道ヲ以勤仕可致候、若又無拠差支有之、且者仏教
ヲ信仰ニ而還俗之儀不得心之輩者社(神)勤相止立退可申候事
但
還俗之者者僧位僧官返上勿論ニ候、官位之儀者追而
御沙汰可有之候間、当今之処衣服者風折烏帽子・浄
衣・差貫着用勤仕可致候事
是迄神職相勤居候者之順《ジュン》席之儀者夫々伺出可申候、其上

御取調ニ而御沙汰可有之候事

閏四月

右之通被仰出候条、於寺社家も其旨御心得承知致印形御差出可有之候、以上

閏四月十日

佐野七郎右衛門印

本興寺

近来大政官ニ而日誌ヲ書版シ、広ク天下ニ御布告被遊候儀者、上下貴賤トナク　御政道筋ヲ敬承セシメ、一意ニ方嚮スル所ヲ知リ、其條理上ヲ践行セシメントノ御仁慮ニ被為在候ニ付、諸国裁判所・諸道鎮撫使・諸藩留主居等江御渡しニ相成候事ニ候間、大切ニ取計ヒ、遐邑辺陬末々ニ至迄不洩様速ニ相達シ、右之　御趣旨貫徹候様急度可相心得候事

但シ、元幕府之預所、元郡代・元代官支配所、此度取締被仰付置候藩々より可致通達、寺社領・陣屋向等へも其最寄之藩より可相達候事

右之通被　仰出候ニ付、日誌都合拾弐冊相達候間、寺社家ニおゐても末々迄不洩様拝見致、早々順達留より当役場へ御返納可有之候、以上

閏四月六日

寺社奉行

本興寺

右ハ閏四月十五日寺社方より持参、則太政官日誌九巻迄ト行在所日誌一二三トして十二冊来ル、一見、同日笹間迄返却

大政御一新ニ付、宇内貨幣之定価御吟味之上、古今通用金銀銅銭等別紙之通被仰出候間、支配末々迄不洩様可相触者也

閏四月

太政官

一、慶長金　小判　百両目方四百七拾六匁
　　　　　壱歩判　内金四百壱匁　二二六
　　　　　　　　　銀七拾四匁　七七四
　　此通貨九百五両壱歩二朱換

一、武蔵判
　　右同断

一、乾字金
百両目方弐百五拾目
内金弐百拾匁　○七三
銀三拾九匁　二七

一、元禄金
此通貨四百七拾五両弐歩換
小判
壱歩判
弐朱　百両目方
四百七拾六匁
内金弐百七拾三匁　○六三
銀弐百○弐匁　九三七

一、享保金
此通貨六百三拾五両三朱換
小判
壱歩判　百両目方
四百七拾六匁
内金四百拾三匁　○九六六
銀六拾弐匁　九三四

一、古文字金
此通貨九百三拾両壱歩二朱同
小判
壱歩判　百両目方
三百五拾目
内金二百三拾目
銀百弐拾目

一、真字弐分判　百両目方
三百五拾目
此通貨五百廿八両弐分弐朱同
内金百九拾七匁　四三五
銀百五拾弐匁　四（五カ）六五

一、文政金
此通貨四百六拾両同
小判
壱歩判　百両目方
三百五拾目
右同断

一、壱（朱）歩金　百両目方六百目
内金七拾弐匁　三二八七
銀五百弐拾七匁　六七一（二カ）三

一、草字弐分判
此通貨弐百弐拾七両壱歩三朱同

百両目方
　三百五拾目
内金百七拾壱匁　一二
銀百七拾八匁　八八九
此通貨四百〇四両弐分同

一、古弐朱金　百両目方三百五拾目
内金百弐匁　六六六六
銀弐百四拾七匁　三三三三
此通貨弐百六拾両三朱同

一、五両判
百両目方百八拾目
内金百五拾壱匁　七二四
銀弐拾八匁　二七六
此通貨三百四拾弐両壱歩二朱同

一、保字金
小判　百両目方
壱歩判　三百目
内金百七拾目　三二二六

銀百廿九匁　六七七四
此通貨三百九拾六両弐歩壱朱換

一、正字判
小判　百両目方
壱歩判　弐百九（四カ）拾目
内金百三拾六匁　二五八一
銀百〇三匁　七四一九
此通貨三百拾七両壱歩同

一、安政弐歩判
百両目方三百目
内金五拾八匁　六六六六
銀弐百四拾壱匁　（三三三三カ）
此通貨百六拾壱両三朱同

一、元禄大判
壱枚目方四拾八（四カ）匁壱分
内金廿六匁　六一五四
銀拾六匁　一四七五
銅壱匁　一三七

此通貨六拾壱両壱分三朱同

一、享保大判

壱枚目方四拾四匁壱分

内金三拾三匁《(四カ)》　六

銀七匁　　九

銅壱匁六分

此通貨七拾八両壱分同

一、慶長大判

壱枚目方四拾四匁壱分

内右同断

一、新大判

壱枚目方三拾目

内金拾壱匁

銀拾六匁

銅三匁

此通貨弐拾六両弐歩壱朱同

一、寛永鋳銭

但、当通用拾弐文代り廿四文

天保百文銭一枚ニ付四枚ヲ以同

一、寛永銅銭

但、通用六文代り十二文

同断ニ付八枚ヲ以同

一、文久銅銭

但、当通用八文代り十六文

同段ニ付六枚ヲ以同

同天保百文銭者是迄之如く通用

右之通於大坂三郷御触有之候条、寺社家ニおゐても其旨御心得承知致印形御差出可有之候、已上

閏四月　　佐野七郎右衛門印

本興寺

一、諸末寺諸山住職之義、是迄　朝廷江願出候向者勿論、其地旧幕府ニ於テ許状ヲ請来候諸寺ニ於テモ向後大政官代江可申出候事

一、諸末寺住職之義者本山より伺之上本山より可申付候事

一、諸宗本山ハ勿論、末寺ニ至迄其本山ニ而取調、宗門
国郡・寺号等巨細書付可差出候事
一、公事訴訟之儀者其国裁判所江可申出、大事許（件カ）ニ至テ
ハ総而可願出候事
一、従来藩々ニ而取扱来候分者総而是迄之通相心得、此
節別段巨細書付差出ニ不及候事
但、是迄執　奏家江伺来候向者、先執　奏家江伺之
上可任指揮之事
右之通被　仰出候ニ付夫々可触承候、無本寺之向者其
国郡裁判所、最寄之国主・諸寺より可触示候、比丘尼
寺ニ於テモ同断取計可申候事
但、執　奏有之候寺院江者其執　奏家より可触示候
事
閏四月
右之通被　仰出候条、諸寺院ニおゐて其旨御心得承知
致印形御差出可有之候、以上
辰
閏四月　　佐野七郎右衛門印

本興寺

当津切戸村
木挽渡世
山田屋太蔵事
源七
年三拾六七才

人相
一、中背中肉色黒ク
一、顔平面鼻低ク
一、眼一ト通眉毛濃ク
一、薄菊石有之、其外常躰
但
同人女房よせ幷悴安蔵召連候事
右之通外国人江手疵為負逃去候ニ付、見当次第早々可
申出候、外国御交際之儀者於　朝廷重大之御事件ニ
付厳重ニ取調可尋出候、申出候者ニ者褒美金可遣候、
万一心得違隠置候者於有之者可為曲事候、此段早々可
相触候もの也

閏四月兵庫
裁判所

右之通兵庫・大坂裁判所江触達相成候条、其地御領・私領共固ク布告被　仰付候間、其旨相心得、召捕次第、早々兵庫裁判所江可申出候もの也

太政官代

右之通於太政官代御達有之候条、於寺社家も其旨御心得承知致印形御差出可有之候、以上

閏四月

佐野七郎右衛門印

本興寺

阿片煙草之儀者人之健康ヲ損し、人命ヲ害シ候品ニ付、御條約面ニ有之候(通脱カ)外国人持渡之義も厳禁ニ候、然ル所近頃外国人之内阿片煙草密々持越候者有之哉ニ相聞、右煙草之儀者前顕生民之大害ニ相成候間、売買いたし、或ハ呑用ひ候儀堅不相成候、若御法度ヲ相犯シ、他より相顕るゝニおゐてハ厳重ニ咎可申付候、心得違無之様末々之もの迄可相守者也

閏四月

皇政更始之折柄、富国之基礎被為建度衆議ヲ尽し、一時之権法ヲ以金札御製造被仰出、世上一同之困窮ヲ救助被遊度思召ニ付、当辰年より来辰年迄十三ヶ年之間皇国一円通用可有之候、御仕法ハ左之通相心得可申もの也

但し、通用日限之義ハ追而可被仰出事

一、金札御製造之上、列藩石高ニ応し、一万石ニ付壱万両宛拝借被　仰付候間、其筋へ可願出事

一、返納方之儀ハ必其金札ヲ以毎年暮其金高より壱割宛若出(差カ)、来辰年迄拾三ヶ年ニ而上納済切之事

一、列藩拝許(借カ)之金札富国之基礎被為立度御趣意ヲ奉体認、是ヲ以産物等精々取建、其国益ヲ引起シ候様可致候

但し、其藩之役場ニおゐて猥ニ遣ひ込候儀、決而不相成候事

一、京摂及近郷之商売拝借願上度もの者金札役所へ可願

出候、金高等ハ取扱之産物高ニ応し御貸渡ニ相成候事
一、諸国裁判所始メ、諸侯領地内農商之ものとも拝借等
申出候得者、其身元厚薄之見込ヲ以金高貸し渡し、産
業相立候様可致遣候、尤返納之儀も（者カ）年々相当之元利為
差出候事
但し、遐僻（邑脱カ）陬トイヱトモ、金札取扱向ハ京摂商売
之振合ヲ以取計可致事
一、拝借金高之内、年割上納之札ハ於会計会截捨可申事
但し、正月より七月迄ニ拝借之分ハ其暮一割上
納、七月より十二月迄之拝借分ハ五分割上納可致
事
右之御趣意ヲ以即今之不融通ヲ御補ひ被為遊度　御仁
恤之　思召ニ候間、心得違有之間敷候、尤金札ヲ以返
納之御仕法ニ付、引替ハ一切無之候事
閏四月
此下ハ先日寺社方役場より来ル、諸寺諸山住職伺
之条々也、サキニアレバコレヲハブク也

大坂裁判所

摂州
川辺郡
能勢郡村々
有馬郡
寺社家江

右ハ辰五月一日夕中在家町下役持参調印の上戻ス事
一、神職之者家内ニ至迄以後神葬祭相改可申事
一、今度別当社僧還俗之上者、神職ニ立交候節も神勤順
席等先是迄之通相心得可申事
右之通被仰出候事
慶応四辰年
閏四月
裁判所
右御触書順々相廻し承知之段肩書印形之上、自分持参
不及、触留より可差戻事
辰五月

摂州川辺
能勢郡村々
有馬
元朱印地幷
其外寺社家へ

右御触書之趣承知仕奉畏候

辰五月十四日

尼ヶ崎
当番
惣代広三郎印
寺町等
連名

此度宇内貨幣之定価御吟味之上通用被仰出候所、諸上納ニ不相立候哉ニも相心得、且又私利ヲ営《イトナミ》、多分打賃等相取候趣相聞、以之外之事ニ候、右定　価被　仰出候上者、右金銀銭等者勿論、洋銀等も御定通無疑念取交通用可致候、尤太政官諸上納幷御払等も惣而御定之通り御取扱相成候間、其旨可相心得、万一異儀申立候もの於有之者、屹度可被及御沙汰候事

五月

一、今般貨幣定価御取調之上、丁銀・豆板銀之義以後通用停止被仰出候間、是迄銀名ヲ以貸借有之向者、其取引いたし候節之年月日之相場ニ寄而金銭仕切ニ相改可申候

一、旧来之丁銀・豆板銀とも所持之ものハ、近日御改製之新金銀（銭カ）を以御買上相成候間、追々其筋より会計官貨幣司江可申出もの也

五月

一、先達而被仰出候金札、来ル十五日より御発行相成候間、無滞《トヽコホリ》取交通用可致候、尤見本札五品両替屋ともへ揚置候様被　仰出候間、此旨向々不洩様可相触もの也

五月

右之通り相触候条、承知之段肩書印形之上順々相廻し、自分不及持参、触留より可差戻事

辰五月

大坂府

摂州
川辺郡
能せ郡
有馬郡
寺社家へ

右御触書之趣承知奉畏候、以上

辰五月十四日

尼ヶ崎
当番
惣代広三郎印
寺社連名連印

皇政更始之折柄、富国之基礎被為建度衆儀を尽シ、一時之権法を以金札御製造被仰出、世上一同之困窮を救助被遊度思召ニ付、当辰年より来辰年迄拾三ヶ年之間皇国一円通用可有之候、御仕法者左之通相心得可申者也

　但、通用日限之儀追而可被仰出事

一、金札御製造之上、列藩石高ニ応、万石ニ付壱万両宛拝借被仰出候間、其筋江可願出事、返納方之儀者必其金札を以毎年暮其金高より壱割宛差出、来辰年迄拾三ヶ年之間ニ上納済切之事

一、列藩拝借之金札富国之基礎被為建度御趣意を奉体認、是を以産物等精々取建、其国益を引起し候様可致候、但、其藩之役所ニ於て猥遣込候義者決而不相成候事

一、京摂及近郷売買拝借願上度者者金札役所江可願出候、金高等者取扱候産物高ニ応し御貸渡相成候事

一、諸国裁判所始メ諸侯領地内農(商カ)売之者共拝借等申出候得(者カ)共、其身元厚薄之見込を以金高貸渡、産業取立(相カ)候様可致置、尤返納之儀者年相当之元利為指出候事

　但、遐邑僻陬といゑども、金札取扱向ハ京摂売買之振合ヲ以取計可致事

一、拝借金高之内年割上納之札於会計局截捨可致事

　但、正月より七月迄拝借之分ハ其暮壱割上納、七月より十二月迄拝借之分者五分割上納可致事

右之御趣意を以即今之不融通ヲ御補ひ被為遊度　御仁恤之思召ニ候間、心得違有之間敷、尤金札ヲ以貸渡金札ヲ以返納之御仕法ニ付、引替者一切無之候事

　　閏四月

此頃新弐歩判幷壱朱銀歩増可被仰出様之無跡形茂儀流言致候者有之、右ヲ信用致し、両替屋方へ入金致有之、右金銀ヲ引替、又者買廻し候ニ付、通用金払底ニ相成、銀相庭一時引上、以之外之事ニ候、右躰歩増之儀者決而無之儀有之候間、其旨相心得、右金(銀)札通用不指滞様可致候右之趣三郷町中江不洩様早々可触知者也

辰閏四月　　　　　　　　　　　　　　　　裁判所

右之通大坂於三郷御触有之候条、於寺社家も其旨御心得承知致印形御指出可有之候、以上

辰五月　　　　　　　　　佐野七郎右衛門印

本興寺

辰五月廿九日中在家町惣代より来ル触書之写

此度通用銀被　仰出候儀者、日々銀相場相立不申より下々諸色直段定兼、其外種々差支之次第有之哉ニ相聞候間、当分当月九日仕舞の銀相場ヲ以売物価取究、取引差支無之様可致候、尤指寄之処仮ニ右之通申渡候ニ付、頓而廃し候様可相達候間、是迄之銀立直段之品ハ金立ニ直し可申、米相場之義茂以来右ニ付○両何朱何文ト立可申、其余品々右ニ准シ候様可致候事

五月

此度丁銀・豆板銀御廃止ニ付而者、是迄在来の銀子手形一時ニ取替不申候而者如何成行候哉ト致疑惑候者《モノ》モ有之、両替屋共へ差廻候趣ニ候得共、右様相成、自然両替屋共不廻之義有之、閉店等致し候節ハ却テ有来の銀手形者皆反古同様ニ相成候道理ニテ市中一統難渋ニ立至り、全ク此度被仰出候之御趣意等斗相弁さるより右様得心違之者も可有之、是迄銀立之手形者当月九日仕舞相場ヲ以金手形ニ認メ直サセ候様可致候、近日金札通用ニ相成候上者、別而融通も開候義ニ付、当分の程うろたへ、猥ニ両替屋共へ差廻候様之義無之様可致候事

五月

右之通り相触候条、承知之段肩書印形之上順々相廻し、自分不及持参、触留より可差戻候

辰五月　　　　　　　　　　大阪府

摂州河辺郡
能勢郡
有馬郡
寺社家　　凡村数三百三十三ヶ村

御裁判所
御用達大坂屋源吉
山城屋権左衛門

御触書之写　寺社方用人持廻り候

京都表より御用状至来之処、去月廿八日殿様（摂津尼崎藩・桜井忠興）御参内被遊　天顔ヲ被為拝、御懇之勅諚ヲ以御拝領物等被遊、畢竟御乗馬以天覧被　仰出候処、無御滞被遊御勤候段申来、奉恐悦候

右為御祝儀明三日麻上下着用ニ而登城可有之候、以上

六月二日　寺社奉行

今般徳川慶喜恭順之実効ヲ表するニ依り、祖宗之功労ヲ被思召、家名相続被仰出、城地・禄高等之義も追々御沙汰可相成、末々之ものニ至迄各其所ヲ得さる者無之様被為遊度与之思召ニ被為在候所、豈図や、籏下末々心得違之輩至仁之御趣意ヲ拝戴奉さる而已ならす、主人慶喜之素志ニ戻り、謹慎中之身を以恣ニ脱走ニ及ひ、所々屯集官軍ニ相抗し、無辜之民財掠奪シ、兇暴至さる所なく、万民塗炭之苦ニ陥らんとす、故今般不得止之誅伐せしむ、素より其害ヲ除キ、天下ヲ泰山之安ニ置、億兆之民をし而早く安堵之思ひヲなさしめん為なれハ、猥ニ離散する事あるへからす、篤ト御趣意ヲ体認シ奉り、末々之者ニ至迄聊心得違無之様屹度安堵いたし、各其生業ヲ営、其分ニ安すへきもの也

一、過日以来脱走之輩上野山内其外所々屯集、屢官兵ヲ暗殺し、或者官軍与偽り民財ヲ掠奪し、益兇暴ヲ逞する之条、実ニ国家之乱賊たり、以来右様之者ハ見附次第速ニ可討取、万一密ニ扶助致し、或者隠し置者有之おゐて賊徒同罪たるへき者也

右弐通江戸市中より御布令ニ相成旨大総督宮より奏聞有之候ニ付、広く被仰附候条、末々ニ至迄心得違無之様可致旨被仰出候事

五月

大政御一新之折柄、賞罰ヲ正し、節義ヲ表シ、天下之人心ヲ興起被　遊度、既ニ豊臣太閣（閤カ）・楠中将之精忠英邁御追賞被仰出候、就而者癸丑以来唱義尽忠、天下ニ魁シ而国事ニ斃れ候諸士及草莽有志之輩冤（枉カ）犯罹禍者不少、此等之所為親子之恩愛ヲ捨て世襲（之カ）天禄ニ離れ、墳墓之地ヲ去、櫛風沐雨四方ニ潜行、専旧幕府之失職憤怒し、死ヲ

以哀訴、或者搢紳家ヲ皷(鼓カ)舞シ、諸侯門ニ説得し、出役(没カ)顕
悔(晦カ)不厭万苦、竟ニ抛身命候者、全名義ヲ明し　皇運ヲ
挽回せんとの至情より尽力所、其志実ニ可嘉称、況や国家
之有労もの争カ湮滅ニ忍ふへけんやと深く被歎　思召
候、依之其志操を天下ニ表し、且忠魂ヲ被慰度、今般東
山之佳域ニ祠宇ヲ設け、右等之霊魂ヲ永く合祀可致旨被
仰出候、猶天下衆庶益節義ヲ貴ひ可致奮励様御沙汰候事

五月

当春伏見戦争以来引続キ東征各地之討伐ニおゐて忠奮戦
死候者、日夜山川ヲ難(跋カ)渉シ、風雨暴露、千辛万苦邦家之
ため終ニ殞命候段深不便ニ被思召候、最其忠敢義烈実ニ
士道之標準たるを以、叡感之余り、此度東山ニ於而新ニ
一社ヲ御建立、永く其霊魂ヲ祭祀候様被仰出候、尚向後
王事ニ身ヲ殲シ候輩速ニ合祀可致(被カ)為在候間、天下一
同此旨ヲ奉戴、益可抽忠節、且戦死之もの其藩主ニおゐ
ても厚く御趣意を可奉体認被仰出候事

五月

先般浪花より　大駕御覲(凱)旋之節、豊臣太閤(閤)之社御建立
被仰出、抑太閤ハ撥乱反正翼戴紀合、其功蹟古今ニ亘
り、加之　皇威ヲ海外ニ赫輝し、宝威ヲ振起、万世人
臣天(之カ)慕範与相成候段深く御称誉被遊、先年致敗毀候豊国
山之廟祠更ニ　御再興被仰出候、仍而ハ当時其恩顧ヲ受
候後裔ハ勿論、其英風ヲ仰欽景慕之輩、御手伝願出候も
の者御差許ニ相成候間、天下之衆庶よく此旨ヲ得候様御
沙汰ニ候事

五月

右之通相触条、順々相廻し承知之段肩書印形之上、自分
不及持参可差戻もの也

辰五月

大坂府
摂州川辺郡
能勢郡
有馬郡
村々
寺社家へ

辰六月廿一日来ル御触之写、同日写取、調印之上附人へ
遣ス

先達而被仰出候金札、来ル十五日より御発行相成候間、無滞取交通用可致候、尤見本札五品、両替屋共江掲置候様被仰出候間、此旨向々不洩様可相触もの也

五月

一、今般賃幣定価御取調之上、丁銀・豆板銀之儀、以後通用停止被仰出候間、是迄銀名を以貸借有之候向ハ、其取引致候節之年月日之相場ニよりて金銀仕切ニ相改可申候

一、旧来ニ（之カ）丁銀・豆板銀とも所持之者ハ、近日御改製之新金銭ヲ以御買上相成候間、追々其筋より会計官賃幣司《ヱ》より可申出者也

辰五月

一、府藩縣《ケン歟》各印鑑□《セイス歟》へき事、但某《ナニガシ》藩印・其縣印ト刻《コク歟》スへき

一、右府《各也》・各《カク》藩縣之所郡ニ属《ゾク》スル社家・寺院等以来其向《ムキ》ニ而可為支配事

但、府藩縣ニ而難決《ケツシカタキ》事件者其支配より印鑑ヲ遣し、弁事伝達《ダツ》所江可為差出事

伊勢両宮幷大社勅祭神社之外者以後神祇官ニ而直々社家之支配不致事

右之通被仰出事

五月九日

一、諸願事ニ付裁判所江罷出申候町人共者、当人外之もの付添之外罷出《マカリイデ》候様ニ而、扣場《バ》所群衆致平方無□《タヽズミ》相聞不相済事ニ付、向後諸願筋用ニ而罷出申候当人幷付添町役人、其外無用之者壱人も罷出不申様《ヤウ》町役人共急度相□《セイシ》可申旨組合中江可申通候

一、今般丁銀・豆板銀《ギン》御廃止ニ付而《テ》者、是迄之通在来《アリキタリノ》之銀子手形一時《時》ニ不申付而ハ、如何成行候成《哉》与疑惑致候者も有之、両替屋共へさし廻趣ニ候得共、右様相成、自然両替屋共不手廻之儀有之、閉店等いたし候節ハ却而《カヘツテ》在来之銀手形悉反古同様《ドウヤウ》相成道理《ルドウリ》ニ而市中一鈩（続カ）難《ナン》渋《ジウ》立至り可申、全此度者《之歟》被仰出候御趣意等斗相弁さるより《ヨリ》右様心得違之者も可有之候、是迄之銀《ギン》子手形者当

月九日仕舞相場ヲ以金手形ニ認直させ候様可致候、近
日金札通用ニ相成候迄者別而融通も開候儀ニ付、当分
之処うろたへ《ウロタヘ》、みたりニ両替屋共江差廻候様之儀無之
様可致事

五月

此度通用銀停止《チャウジ》被仰出候儀者、銀相場相立不申より下々
相場諸色《シキ》直段定メ兼、其外種々差支之次第有之哉ニ相聞
候間、当分当月九日仕舞之銀相場ヲ以物価取極メ、取引
差支無之様可致候、尤差掛り之処仮ニ右之通可申渡候ニ
付、頓て《ヤガテ》廃候様可相成候間、是迄之銀立直段之品々可成
丈ヶ早々金立ニ直シ可申、米相場之儀者以来《ハイライ》右ニ付何両
何歩何朱何文ニ立可申、其外諸品右准し候様可致事

五月

徳川亀之助

駿河国府中之城主《ジャウシュ》被仰付、領知高七拾万石下賜候之
旨被仰出候事

但、駿河国一円、其余者遠江・陸奥両国ニ於
て下賜候事

一橋大納言

自今藩屏之列ニ被加《クワヘラレ》候旨被仰出候事、為御礼上京可致
候事

田安中納言

右同断

高家之輩自今般《コンパンヨリ》朝臣《チヤウシン也アソン也》被仰出候ニ付、為御礼上《ヲレイトシテジャウ》京可致
事

徳川家来之《の》輩官位《イ》之儀召上候事

右之通り、去ル廿四日被仰出候ニ付為心得申達候事

一、東山八坂郷ニ有之候感神院祇[redacted]園社、今度八坂神社
与称号相改候条被仰出候事

五月

近来西洋各国与御通商被　仰出候ニ付而者、御国内商
法之儀、是迄固陋《陋》之幣(弊)習ヲ改、諸商業手広ニ可致弘通《弘通》候
御趣意《意》ヲ以、当地過書町《クワショマチ》ニ商法会《クワイ》所御取建相成候間、諸

商人共融通之為、相応之引当を以新□《セイ》之金札《サツ》御貸下相成候間、致拝借者ハ右商法会所江願出可申もの也

辰五月

先般御触達相成候通銀目廃止被仰出候ニ付、是迄銀目(取脱カ)引之もの其年月日之相場ニ相改候様被仰出候処、右ニ而者市中之もの共不便利之趣相聞候、尤貸借者元来双方相対ヲ以融通致居《ヲリ》候事、向後者御触面ニ不抱《カヽワラ》、相対相場ヲ以速□□手形与相改メ取引致可申候、其中理悲《非》難決《決》之筋《のすじ》有之候節ハ当役所江《トウヤクショヘ》可申出候

辰五月

定サダメ○ヒトツ○キウトウ○ト○ツヾイテ○ヨムベシ

一、宮堂《上》三家幷地下官人等以来自分印鑑を相止メ、御用発《足》足之節者《一一》一々当御役所江被相届、人馬帳ニ御印鑑を請、自分先触ニ而可被致通行候事

(一脱カ)以来征討之将軍京都発向《ハッコウ》之節者、是《コレ》又当役所之御印鑑被受候節《ウケラレソロセツ》、他国滞陣中幕下之士諸方江往来之節者、其将軍府之印鑑を人馬帳ニ押《ニンバチヤウニヲシ》、持参可致通行事

一、諸商官吏幷用達町人等　御用ニ付出京之節ハ、大政官始局々《キヨク〱ドモ》共　御用次第柄添簡ヲ以人馬帳を当御役所江相達、御印鑑を受、当人先触ヲ以通行之事

一、諸国府県幷諸侯《侯、》其余大地之神社・仏寺等夫々自分印鑑相用候分者印鑑御役所江相届、駅々《エキ〱》趣差《ヘモサシ》出置、家来往来之往来節右印鑑人馬帳ニ押、持参可致通行之事

但、京都府之分ハ当　御役所御印鑑ニて通行之事

一、諸侯御定人馬遣ひ高　御制限被為立候迄《タテサセラレソロマデ》、先是迄之振合を以諸海道可為致通行之事

一、京都神社・仏寺大地之分ハ、御用通行之節直々御役所江相届、御印鑑を請、小地之分者其支配より之添簡を以御役所江可願出事

一、諸国小地之神官・僧徒・修験・普化僧《普化僧也》・検校・百姓・町人等、御用、或者領主用ニて通行之節者夫々支配江願出、支配印鑑を受通行之事

一、京都持出人足之義、是迄相対雇人ニ付、御用通行之節ハ宮・堂上家家領有之面々ハ自分領民用ひ被成御処《ソロトコロ》、

今般宿々江助郷組込候ニ付而ハ、以来伝馬所々人足を
も為差置、御用之節当御役所より差印鑑差出候分ハ定
賃銭ニて為持出候、伝馬附属之助郷洛外模〔模〕寄々ニ於て
組立候事

一、近来物価騰貴、駅郷一般ニ及疲弊候ニ付、諸街道共
人馬賃銭当辰年五月より来巳年五月迄中壱ヶ年の間在
来割増シ分相除キ、前々定有之候元賃銭之上へ六倍五
割増被仰出候事

一、諸藩国産蔵物其余町人請負之《ヲイノ》用《ヨウニ》荷物、当御役所へ届
纉《クワイ》細し クミヒホ クミタテ也、大ニ僻見也、ツギタテ也、継也ト覚候
済之上、元賃銭之上へ八倍五割増ニテ継立為致候事
但シ、右荷物之内町人売物類用物ニ仕立、或《アルヒ》ハ密
ニ取交荷物ヲ普往来之向茂有之、怪敷荷物等見受候
ハヽ、其宿方ニ於テ切解《トキ》、吟味為致候筈ニ候事

右之通被仰出候事

辰五月　　　　　　　　駅逓司

一、此度格別之　　御趣意ニ依リ、無賃人馬、木銭・米
代之休泊等一切不相成筈ニ付、宿駅おゐて其意ヲ体
シ、雇賃銭・宿料等時之相場ニ応ジ可成丈相減シ、区
ニ不相成候様宿々家毎ニ張紙認置可申、万一過《クワ》分の取
方、見掛取等之儀有之候ハヽ、急度其咎可申付候事
但シ、是迄相対与申候へ共、一概ニ定賃銭ヱ倍増与
相心得居候趣心得違之義ニ候、已来過分之取方等致
申間敷候事

一、遠見杖払・高張持等之儀　　勅使始是迄差出候分茂
以来不及其儀候事

一、御用通行之諸家休泊之節、宿役人之内心得候者両三
「入口江罷出、其場所ニ」脱カ
人宿々旅宿名前書顕シ張紙可致置《ヲク》、夫々差図可致候事
但、旅宿迄附添案内不及候事

一、御用通行之面々旅宿於テ人馬帳為記候節、宿役人共
一々其方江相越居候テハ伝馬所手明キニモ相成、御用
弁難致候付、以来ハ旅宿亭主より伝馬所ヱ持参附記可
申事

一、是迄幕吏通行之節而已壱人持七、八貫目迄為致用捨

候、諸家之向者五貫目ニ限り候条、不條理之至ニ付、
以来(御用脱カ)私用共壱人持七貫目ニ相立候事
　但シ、馬荷ノ分ハ先可為是迄之通事
一、貫目改所之儀、別段被取置候へ共、尚又不正の義吟味之為宿毎に■千木《チギ》秤御免相成候ニ付、如何与存候荷物者目方相改、貫目過候分ハ御定賃銭之割ヲ以可請取候事
一、京都局々幷諸国府縣共被差出候御用状、以来一々賃銭被下候筈ニ付、万一無賃之向有之候ハヽ、継《ツギ》立申間敷候事
一、御用物無才領之分ハ、着所迄之賃銭凡積ヲ以相添被遣候ニ付、宿々おゐて請取之、追テ留候宿より過《クワ》不足相(可カ)申出候事
右之條々被仰出候ニ付、向後旅人之内万一無法成義有之候ハヽ、御料者府知事・縣知事、私領ハ領主へ訴出、其上及異義候ハヽ、其所ニ差留置、早々当御役所へ可訴出者也
右之通駅々へ触渡候間、領主幷通行之面々ニ於テ可被得其意候もの也

　辰五月　　駅逓司《エキテイシ》
（逓　増韻ニ同ク伝―駅逓《ムマツギ》也）

一、伏見宿是迄助郷無之ニ付、継立人馬附出し賃センノトナへ多分請取候由ニ候へ共、此度助郷附置候上者已来定賃銭ニテ継立申付候事
一、守口宿是迄人足而已継立居候所、以来助郷附置候上ハ他宿同様継立申付候事
右之通両宿へ申渡候間、於通行之面々も可被得其意候もの也

　辰五月　　駅逓司

右之通被仰出候条、於寺社家も其旨心得承知致印形御差出可有之候、以上

　辰六月　　佐野七郎右衛門
　　本興寺印

辰六月廿三日中在家町より来候御触大躰右同断、欠名所計写ス也

徳川亀之助

今般家名相続被仰出候ニ付為御礼上京可致事

大坂府裁判所内向破損所出来候ニ付、修復中公事訴訟之事等来ル七日より当分元東町奉行所ニおゐて取調候間、追而沙汰ニ及候迄之所、都而同所へ可罷出候事

辰六月

醍醐大納言（忠順）

右大坂府知事被免候事

参与
小松帯刀
後藤象次郎

右当官ヲ以大坂府在勤被仰出候事

今度大坂府江会計官・外国官合局被仰出候事

岩下佐右衛門
長谷川仁右衛門

右転官被仰付候ニ付、大坂府在勤被免候事

五代才助
西園寺雪江

右大坂府権判事被仰付候事

会計官判事
陸奥陽之助

右当官を以大坂府在勤被仰候事

六月

徳川旗下之臣共会津其外賊徒ニ与し候侯伯之家来共、医師、或者出家・社人・奴僕等ニ姿ヲ替、京摂向ハ勿論諸所へ手寄ヲ以密々入込潜伏いたし居候趣相聞候間、不審成者見受次第早々可訴《ウツタヘ》出候、左候ハヽ、訴訟人ニ者士分ハ金百両、其以下者金五拾両褒美可為取之、若隠し候て脇より顕ニおゐてハ町役・村役迄屹度可被処厳科候条、此旨三郷町中ハ勿論管轄地附へ不洩様早々可触達もの也

六月

当地より外国船へ乗組、横浜表へ参候もの、士分者勿論、商人タリトモ兼而当府江願出、得　官許免状持参不致ものハ於彼地上陸差留候間、此段不洩様早々可触知事

辰六月

総而諸港より士商人ヲ論せす外国船へ乗組候節者、必其地府県之証書ヲ相受可申、証書持参無之分ハ到着之上、其府県ニ而上陸不被許候事

六月

辰七月十八日寺社方より来ル触ニ云

従江戸表御用状到来之処、村□鍵次□□御養父御隠居　顧翁様御病気□□養生不被為叶、去ル四日被成御卒去候段申来候、右者殿様御養母方御叔父御儀、奥様御弟之御続候得共、日数相立候ニ付今一日鳴物・高声・殺生御停止候、普請者御構無之候、其旨御心得可有之候、以上

七月十七日　　寺社方

本興寺

辰八月十四日来ル御触ニ云ク

通用停止之丁銀・豆板銀共御改製之新金銀銭ヲ以御買上可相成候、兼而御布告之御趣意茂有之候処、未タ御改製之場合ニも不立至候間、所持之者者先ツ可差出候、右代り金之儀者銀位相当之価ヲ以、新金銀ニ而追々御下ケ可相成、尤代金御下ケ候迄、難渋之者ニ者金札御下ケ被置候而も、又者金札ニ而御買上相成候而も銘々望ニ任可申候、右之趣御心得、来ル八月五日迄ニ員数幷望之次第等会計官江可申出候事

七月

今般大坂銅会所鉱山局与改称相成候間、山出金銀銅共出高之多少ニよらす総而右局江御買上相成候間、差出不（可カ）申、且金銀銅入用之儀有之候ハヽ、同局江可伺出候、尤銅之儀ハ当四月御布令相成候通、国々所々ニ於屹度相

守可申旨被仰出候
　　七月
北野天神宮神饌一社之願、神祇官より言上之通り供魚味
　　（満）
被仰出候事
　　七月
右之通被仰出候条、於寺社家も其旨御心得承知致印形御
差出可有之候、以上
　　辰七月　　　　　　　　　佐野七郎右衛門印
　　　　本興寺

近来寺々江尼僧、或者親族之名義ヲ以女ヲ差置候儀致
増長、出家ニ有之間敷所為、仮令親族たり共向後女義
ヲ寺内ニ差置候儀決而不相成候
一、檀頭共ニおゐても右躰惰弱無之様精々可取締候
一、市中之内大黒与唱、内々出家之囲ものニ相成、身売
同然之業いたし候もの有之趣不埒之事ニ候、向後右躰
之儀決而不相成候、若右両条不相用者於有之ハ厳重ニ
可及所置、尤所役人迄可為越度条、其旨可相守事
右之趣三郷町中不残様可相触もの也
　　九月　　　　　　　　　　　大坂府
右之通於大坂三郷御触有之候条為触知候間、諸寺院ニ
おゐて急度可被相心得候、向後右触面之趣相背候もの
有之候ハヽ、厳敷御沙汰可被及候条、心得違無之様可被
致候、尤触書承知致印形御差出可有之候、以上
　　九月　　　　　　　　　佐野七郎右衛門印
　　　　本興寺

東京　行幸御出輦、来ル廿日御治定之事
　　九月　　　　　　　　　　　行政官
右之通被仰出候間、相達候事
　　九月　　　　　　　　　　　大坂府
一、外国人より金銀其外相対ニ而借請、自分所持之家屋
敷ヲ以引当之約定いたし候者可有之哉ニ相聞、以之外
之事ニ候、以後右様家屋敷ヲ以引当与いたし金銀其外

借用いたし候義一切不相成候事
右之趣三郷町中不洩様可相触もの也
　九月　　　　　　　　大坂府
右之通於大坂三郷御触有之候条、於寺社家其旨被相心
得承知致印形御差出可有之候、以上
　九月　　　　　　　佐野七郎右衛門印
　　本興寺

辰十月廿五日夕来御触ニ云
松平肥後守(陸奥会津藩・容保)父子軍門ニ降伏、会津表全平定之段報告有
之候、勿論肥後父子所置之儀者追而御沙汰可有之候得
共、不取敢此条可相触もの也
一、旧冬曲者共神符・仏札ヲ降下為致、下民迷シ候処、
此頃又々右同様之儀有之哉相聞、以之外之事ニ候、右
者全曲者共之仕業幷訳而(二而カ)可信用訳ニ無之、勿論右仕業
致候者者急々召捕厳科可処候得共、自然右ニ被欺迷、
祭礼等致候者有之候得者、屹度取糺之上、右仕業致候
者ト同様可為曲事候

右之趣三郷町中江不洩様早々可相触者也
　恵○統○睦　　○睦　○統
右三字、兼而古先今帝之御諱字ニ付、実名・俗名等ニ
相用ひ候儀ニ不相成候儀者勿論ニ候得共、文書中ニ相
用候節ハ
　恵○紆　睟　○紡
右之通欠書可致候様被仰出候間、其旨可被相心得候
右之通被仰出候条、於寺社家其旨御心得承知致印形御
差出可被有之候、以上
　辰十月　　　　　　佐野七郎右衛門印
　　本興寺
先般京都行政官より諸侯隠嫡子叙爵年月之義、書出候
様御達有之候処、右御差振之義、京詰之者不束之申上
方有之恐入思召候、依之御差扣被遊御伺候ニ付、左之
通相慎候様被仰出候
一、鳴物・高声・普請幷都而人集等之事

一、賑之義勿論、湯立・百燈・釣挑灯等被差出候事
右之通追而相触候迄被差留候、尤此節柄別而火之下御
入念可被申候、其旨御心得可有之候、以上
十二月八日　　寺社奉行
本興寺

先達而相触候御差扣御伺之儀、京都表弁事御役所江御
差出被成候所、御附札ヲ以不及其儀候旨被仰出候、依
之兼而被仰付置候慎之儀、従今日被成御免候、其旨御
心得可有之候、以上
十二月九日　　寺社奉行
本興寺

日蓮宗江
王政御復古更始維新之折柄、神仏混淆之儀御廃止被仰
出候処○願書帳ニ扣ヘル如く同じゅへ不写
右之通被仰出候間、相達候事
十二月　　行政官

今般従　朝廷被仰出候品も有之候ニ付、是迄寺社支
配与相唱候処、向後社寺所与御改相成候間、其旨御心
得可有之候、以上
但し、諸願面等宛、以来社寺御役所与御認可有之候
十二月十九日　　社寺所
本興寺

来年始御礼正月五日被為　請候間、五ツ時登　城可有
之候、尤差上物書付可被差出、自然病気差合等之儀有
之候ハヽ、早速御断可有之候、以上
十二月廿四日　　佐野七郎右衛門
本興寺

今晩より所々町口木戸を〆、暮六ツ時より灯レ燈燈可
致往来旨従民政副長申付候、依之寺院召仕之もの共暮
六ツ時より町江用事ニ而出候ハヽ、挑灯燈罷越候様御申
付可有之候、挑灯無之致往来候もの者上下之無差別相

改、夜番之者可致町送旨町方江被仰付置候、其旨御心得かさつなる儀無之様御申付可有之候、以上

十二月廿六日　佐野七郎右衛門

本興寺

来年始御礼正月五日可被為　請段、先達而相触候、殿様御儀御在京ニ付御礼不被為　請候、其旨御心得可有之候、以上

十二月廿七日　佐野七郎右衛門

本興寺

社寺家之面々召仕之者用事ニ而町江罷出候節、暮六時より挑灯燈可致往来旨旧臘相触候所、今晩より不及其儀候、其旨御心得可有之候、以上

正月十日　佐野七郎右衛門

本興寺

富興行之儀者兼而御制禁ニ有之候処、近年諸国ニおゐて金銭融通を名とし、或者社寺再建等ニ託し致興行候向茂有之趣、元来澆季之弊風、僥倖之利ヲ以民心ヲ誘惑スルヨリ、自然農工商ヲ懈リ、往々之為ニ家産ヲ破リ候者モ不少哉ニ相聞候、以ヲ外之事ニ候、斯御一新之折柄、右様之所業、殊御意相戻リ候儀ニ付、更《アラタ》ニ厳禁被仰出候事

辰十二月　行政官

右之通被仰出候条、其旨御心得承知致印形御差出可有之候、以上

巳正月　佐野七郎右衛門

本興寺

正月廿三日来ル御触

人相書
元備前藩
上田立男
又立夫共

一、年齢廿七、八才斗　一、面躰痩、顔色黒キ方
一、中背　一、中肉

一、半髪中髷　　一、耳小ク薄キ方
一、鼻低キ方　　一、目クホミ
一、頬骨高し　　一、眉濃セマキ方
一、眉間新しキ刀疵アリ
生所不分　土屋信男延雄トモ、承夫トモ
一、年齢廿四、五才斗　　一、背一ト通より高ク
一、総身肥満　　一、猫背
一、顔丸ク平タキ方、黄色、但ソハカスアリ
一、涙眼　　一、眉濃キ方
一、口小ク　　一、唇厚し
一、中髪中髷　　一、中国言葉
十津川郷士
中井力彌尾
一、年齢廿五、六才斗　　一、中背
一、中肉　　一、頬スボリ
一、目細キ方　　一、半髪中髷

十津川郷士
前岡力雄
一、年齢廿七、八才斗　　一、丸顔色白ク、大キ方
一、太り肉　　一、惣髪大髷
右之手親指ニ新しキ刀疵アリ
元尾州産之僧ニ而一時大坂住居、其後京地檀
本法林寺塔頭清光寺ニ住職　当時無宿
鹿嶋又之允
一、年齢廿四才　　一、背到而高ク
一、中肉上眼丸キ方　　一、髪弐寸斗ノヒ
右之腕ニ新しキ刀疵アリ、其節着用之衣類
一、沢江呉呂服連無紋割羽織
一、萌黄糸入襠高袴、高足駄着
右之者去ル五日横井平四郎（小楠）ヲ殺害ニ及ひ逃去候ニ付、府
藩県厳密捜索ヲ遂ヶ、見当リ次第官へ差出可申、万一心
得違隠し置候而、外より相顕候ハ、屹度可被所厳科事
刑法官

右之通相達候事

正月　　行政官

右之通被仰出候条、其旨被心得承知致印形御差出可有之候、以上

巳正月　　佐野七郎右衛門印

本興寺

覚

一、在家之者銘々其檀那寺江宗旨人数申出、証拠之書付申請、村役人江差出候事

一、右在家之者差出候書付ヲ以村々役人手元ニ帳面取立候事

一、右帳面出来候上、於村々在家之者調印之儀者其村寺院ニおいて村役人取立候事、尤其節寺住持立会、村役人御條目読聞候事

但し、寺院無之村方ハ隣村へ附属之事

一、寺院中判・奥印共、三月中何日より何日まて十日之間、其組大庄屋衆江罷出調印之事、尤村役人同様之事

但し、右日限之内自然病気等ニ而難罷出寺ハ其組合寺、村役人ハ同役ヲ以調印之事

一、右何れ茂調印相揃候上、帳面出来次第組々大庄屋より社寺所へ差出候事

但し、向後落印[redacted]相改無之候間、落印願ニ不相成候事

右巳二月九日御奉行被申聞覚

今般笹間碌次義、生産商法御用相勤候様被仰付、尤社寺所ニ所附、当分是迄之通兼相勤候様被仰付、佐々木増八社寺所附人被仰付候、拙者義是迄之通相勤罷在候、右之段及御通達候、以上

二月十一日　　久保田伴吾

本興寺

官家諸藩士幷小者輩之内、劇場小見セ所等無銭ニ而見物いたし候向有之、興行人共難渋之趣相聞江、御趣意ニも相反シ候間、向後堅ク禁止之候、当表在鄙《ざいほう》之官武

等取締有之事
巳二月

御触之写

一、十二月廿七日東京昌平学校幷開成学校、来巳年正月正月十七日より御開黌相成候間、有志之輩者黌江願出、入学可致候事

入学規制

一、入学之儀毎月二、七相改候事
入学願出之節、当人生国・住所・年齢・姓名幷支配・主人等姓名巨細相認メ学校差出申候事
右之通被　仰出候事
十二月　行政官
右之通於東京府・大坂府御触達有之候条、其旨御心得承知致印形御差出可有之候、以上
巳二月　佐野七郎右衛門印
本興寺

四　願書留

宝暦九（一七五九）・三～安永七（一七七八）・二　六七九

（表紙）

願書控

口上之覚

一、桂林院与申僧、今般阿刕徳嶋妙法寺内後住差下シ申候、依之渡海幷居切手共被仰付被下候様奉願候、以上
午（ママ）五月六日
摂刕尼崎
本興寺印
阿刕徳嶋御蔵屋敷
御留守居

一、拙者共三人寺社支配兼役今日被成御免、高木大弐江寺社支配被　仰付候、其旨御心得可有之候、已上

三月六日

平野蔦右衛門
堀弥次右衛門
大嶋長右衛門

月番
全昌寺
本興寺

只今如是申来候間、御承知可被成候、序ニ御尋承候、先年堀弥次右衛門殿寺社本役之節記録相考候処、寺町中為御祝義延紙拾束昆布相添月番致持参候、此度茂右之通ニ可仕候歟、思召も御座候ハヽ、又者御会談申へく候、是又寺号之下ニ御書記可被仰聞候、以上

三月六日

月番
全昌寺
本興寺

寺町
諸寺院
列名

一、只今又松沢糸八被参候、新奉行被申今日役義被申付候ニ付可得御意候間、寺町中被請合明日御越可被成候、右之通り申来り候間、明七日九ツ時ニ仕向可申由相定遣候間、四ツ過より当寺迄御集来可被成、於席上祝儀相談茂可仕候、以上

三月六日

全昌寺
本興寺

寺町
諸寺院
列名

一、卯四月十三日大目付中様より到来御廻状之写、大目付江借金銀返金相滞金主及公訴、奉行所より裁許申渡候上者右裁許之通可相守之処、近来切金員数甚不足ニ差出、又者武士方へ懸合、御家来幷寺社町方借方之者江奉行より指紙遣候而も其之節之評定所家来不指出義も有之由、不埒之之(衍)趣相聞候、只今近切員数等之義甚寛ヶ成申付方候処、右裁許之通不相用、猶不埒之取計有之間敷事ニ候処、旁不埒之候得共、先只今迄之義者不被及御沙汰候、向後奉行所ニ而厳敷取扱、其上ニ而

も不埒之輩有之候ハ、武士方ハ奉行より老中江申達筈
候之間、其之節遂吟味候条、以来急度可相心得候、尤
寺社在町方ハ奉行所ニ而急度可被申付候、右之通可被
相触候

四月

右之通於江戸被仰出候間、寺社家ニ而其旨御心得可有
之候、以上

卯四月廿七日　寺社奉行

月番
廣徳寺
正福寺

奉願口上覚

一、塚口村勘四郎後家忰男子年四ツ亥之吉儀、当寺門守
与左衛門養子ニ仕度奉願候、尤寺町人別御帳面ニ御書
加奉願候、右願之通被為仰付候様奉願上候、以上

五月廿六日　本興寺役者
恵運院印

寺社御奉行所　信教院印

大坂鍵屋吉兵衛銀札此度不残引取候ニ付、明廿日より来
晦日迄初嶋新田鍵屋大吉宅ニ而相対之上引替候、右日限
過候ハ、引替無之候間、於寺社家茂其旨御心得可有之
候、以上

七月十九日　寺社奉行

月番
大覺寺
常樂寺

先月廿七日万次郎殿御事　元服官位被仰出之、称徳川
宮内卿殿(重好)与候旨江戸より被仰下候、右之趣三郷町中可触
知者也

卯十月

右之趣御触有之候間、猶寺社家茂其旨御心得可有之候

十月十一日　寺社奉行

月番
栖賢寺
長遠寺

織部・内記・左門与申名御差合在之間、右同様之名前有
之者可相断旨被仰出候間、其旨御心得可有之候、以上
卯十月　　　　　　　　寺社奉行
月番
栖賢寺

来廿七日　新善院様十七回御忌ニ付、於江戸表御法事
御執行之事候、依之廿七日より廿八日迄殺生停止候、普
請・鳴物御構無之候、右之通被仰出候間、於寺社家も其
旨御心得可有之候
十一月廿五日　　　　　寺社奉行
月番
甘露寺
法園寺

（摂津尼崎藩・松平忠告）
大膳亮様御縁組首尾克罷越御調候、為御嘉儀両寺御家老
中・寺社司へ可罷越候、右為御念如斯御座候、以上
十二月十一日
月番
大覺寺
常樂寺
表寺町七ヶ寺

奉願口上覚
一、当寺塔頭堯運院跡無住ニ付、阿州中宮眞浄寺ニ罷有
候祐存与申僧後住ニ仕度奉存候、右願之通被為仰付被
下候ハヽ、忝奉存候、以上
宝暦十辰二月日　　本興寺役者
恵運院
同
信敎院
寺社御奉行所

（遠江横須賀藩・忠尚）
西尾隠岐守様去十日就御卒去、今十七日より明後十九日
迄鳴物・高声・殺生御停止候、普請御構無之候

右之通被　仰出候間、於寺社家茂其旨御心得可有之候、
以上

三月十七日　　寺社奉行

月番
全昌寺
本興寺

差上申由緒之事

一、拙僧儀、本国生国播州伊丹石黒治郎兵衛忰借や源次郎、宗旨之儀者代々法花宗大鹿村妙宣寺旦那ニ而御座候、私義出家之望御座候ニ付、則妙宣寺弟子ニ罷成、拾壱才ニ而致剃髪、僧名祐存与相改、享保七寅年秋本興寺へ修学仕、拾五年已前阿州中宮眞浄寺致住職罷在候、堯運院跡無住ニ付、今般役者より後住仕度旨御願申上候処、被為　聞召届願之通被為　仰付難有奉存候、兼而被為仰付候御制法之趣聊無相違急度相守、邪法受用仕間敷候、為後日如件

本興寺塔頭
堯運院祐存印

宝暦十庚辰年
三月日

寺社御奉行所

前書之通相違無御座、祐存義大鹿妙宣寺弟子ニ紛無御座候、今般堯運院跡無住ニ付後住仕度旨役者より相伺申候処、願之通被為　仰付忝奉存候、兼而被為仰付候御制法急度相守、邪法受用不仕候様申付候、為後日之奥書印形仕差上申候、如件

本興寺
日憲印

一、右大将様(徳川家治)御政務被為譲《ユツラ》御本丸江被為移
一、公方様(徳川家重)御隠居被遊候而西丸江被為移候
右之趣御触有之候

辰卯月十一日　　寺社奉行

月番
廣德寺

同
　正福寺

当辰四月廿一日、元主人浅草山之宿町三郎兵衛店太郎兵衛をさすが（刺刀）ニ而突殺逃去候喜兵衛人相書　一、年三拾四五才ニ相見候　一、生国大坂天満筋之者之由　一、せい中せいふとり肉　一、面躰鼻筋鼻之先赤く色白くきれひ成ル生附　一、髭者無之候　一、鬢者中鬢月代幷髪毛共ニ薄キ方　一、眉毛厚キ方　一、服並より大キ成ル方　一、言舌早く少しつかへ候気味有之候　一、衣類木綿御納戸茶洗之様成ル袷を着し候、帯ハ不相知候

右之通之者於有之者其所ニ留置、御料ハ御代官、私領ハ領主・地頭へ申出、夫より於江戸依田和泉守（江戸町奉行・政次）番所へ可申出候、右人相書之者見及聞及候ハヽ、其段可申出候、尤家来又者等を念入可届吟味候、若隠置脇より相知候ハヽ、可為曲事候

　辰五月

右御書付松平右近将監（陸奥棚倉藩・武元・老中）様於御宅御渡被成候、於寺社家も御承知之上、下々迄逐《チク》一遂吟味、疑敷者有之候者早々可被相達候

　辰五月　高木大弐

　月番
　栖賢寺
　長遠寺

被　仰渡候御書付之趣承知仕候、致吟味候処疑敷者無御座候、万一追而疑敷者見及聞及候者可申上候、為其承知印形仕候、以上

去十三日右大将（徳川家治）様御本丸江被為移上様与奉称

一、右御同日　公方（徳川家重）様西丸江被遊　御移替、大御所様与奉称候事

一、御簾中（徳川倫子）様　御台様与奉称候事

右之通従江戸被　仰下候条、三郷町中可相触者也

　辰五月

右之通御触有之候間、於寺社家ニも御承知可有之候

　辰五月　寺社奉行

栖賢寺
長遠寺

一、本敎房代判堯運院願書出ス、文書如常、五月九日

当月二日

公方様(徳川家治)将軍　宣下御作法無残処相済候事、御台様(徳川倫子)従三位　勅許首尾好相済候旨、従江戸被仰下候条、三郷町中可相触也

辰九月

右御触之趣於寺社家茂御承知可有之候

九月十一日　寺社奉行

月番
専念寺
善通寺

差上申一札之事

摂刕河辺郡尼崎本興寺門守
与左衛門

一、昨四日暮時前、私義墓所入口之木戸〆可申与奉存候而罷越候所、墓所前井戸之脇ニ古藁草履壱足ぬき捨有之、幷古染小風呂敷包壱、召椀三、箸壱膳、はな紙少シ、合羽古多葉粉入壱ツ、右之品御座候ニ付、恠(怪)敷義と奉存候而早速当寺行司養壽院へ相達候所、役僧中始其場所へ御出、井之内被成御覧候所、上より者何茂相見へ不申候ニ付、竿竹を入込探シ申候所ニ、入水之ものも有之躰ニ相見へ申候ニ付、役僧中より御届被申候、依之同夜松沢金八様御出被成候而、役僧中御立合之上、井之内より入水之者揚ヶ申候所、年頃五十斗成非人躰之男坊主相果居申候、右ニ付為御見届各様御出委細被成御覧候通、惣身疵茂無御座、非人躰之ものニ而御座候、右之者寺内へ入込候様子其外疑敷義茂無御座候哉と御尋被成候、右之者四五日以前ニ寺内江罷越、所々ニ而飯等袖乞仕給可申候様子見受申候、其後ハ見懸不申候、其外之義ハ何ニ而も不奉存候、入水仕相果候ニ相違無御座候、以上

宝暦十辰年
十一月五日　　　　本興寺門守
　　　　　　　　　与左衛門
小平羽右衛門殿
松井甚七殿
松沢金八殿

右門守与左衛門申上候通相違無御座候、以上
　　　　　　　　　本興寺役者
　　　　　　　　　　信教院
　　　　　　　　　　恵運院

差上申一札

一、摂刕河辺郡尼崎本興寺境内墓所前ニ井戸御座候、昨四日暮時前、当寺門守与左衛門墓所入口木戸〆ニ罷越申候所、井之脇ニ古藁草履壱足ぬき捨御座候、并古染小風呂敷包壱ツ、古黒椀三ツ、箸壱膳御座候ニ付、惺（怪）敷儀与存拙僧共江為相知申候ニ付、早速罷越見申候得共、上より何茂相見へ不申候ニ付、竿竹を入レ探シ見申候所、入水之もの茂有之躰ニ相見へ申候付、早速寺社御奉行所江御届申上候所、同夜松沢金八殿当寺へ御越被成、拙僧共立合之上井戸より入水之者揚ヶ申候所、年頃五十計之非人躰之男坊主ニ而御座候、依之各様為御身届御出委細被成御覧候通り、惣身ニ疵も無御座候、併瘡毒ニ而茂相煩申候哉、古種物之跡所々ニ有之候、陰茎無御座候、其外何之疑敷儀茂無御座候、右之者寺内ニ而及見候ものニ而も無御座哉与御尋被成候、十六七年已前ニ方丈ニ暫下男ニ召仕、名者甚九郎与申者ニ而御座候得共、此もの慥成請人等茂無御座候ニ付暇差出被申候、其後五六年已前ニ非人躰ニ而当寺江罷越申候節、身之上之義咄申候者、難病永々相煩可行方茂無御座候趣歎キ申候ニ付、少し鳥目等遣シ差戻し申候、其後ハ相見へ不申候所ニ、又候四五日已前ニ非人躰之坊主と成罷越、寺内所々ニ而及袖乞候故、信教院家来吉右衛門与申者あまり不便ニ存、古手拭・飯等遣候由ニ御座候、尤方丈より茂鳥目等少々遣被申候、其後者沙汰茂承不申候、入水いたし相果居申候ニ相違無御座候

着物

上着
一、木綿古袷、花色小紋
裏木綿もへぎ
中着
一、木綿古袷、染色黒
但シ、所々ニ破れ有之
裏黒古木綿継々
一、木綿古繻袢、染色浅黄
一、古綿付キ麻切れ、緋まく
一、上帯古黒木綿、破れ有之
一、下帯無御座候
〆
雑物
一、木綿古頭巾壱ツ、染色茶、裏同
但、井戸より揚ル
一、古染小風呂敷包　壱ツ
内一
古黒紗綾さんとく壱ツ
中ニ
絹かいき切れ少シ
古黒さや切れ少シ
五歩櫛　壱
手鏡　壱面
鼻毛抜　壱
〆
一、古黒椀　三ツ
一、箸　壱膳
一、合羽古多葉粉入　壱
但、多葉粉少シ有り
一、半紙はな紙五六枚
一、法花宗珠数　一れん
一、古染手拭　壱筋
一、古藁草履　壱足
〆
相果候井戸
一、井筒さし渡シ弐尺四五寸程

但井筒石

一、井深さ水下九尺程

右非人躰之者致入水相果候ニ相違無御座候、此上御差図御座候迄者昼夜番人付置大切ニ為仕可申候、以上

本興寺役者
信教院
恵運院

宝暦十辰年
十一月五日

小平羽右衛門殿
松井甚七殿
松沢金八殿

最初之訴書
申上候口上覚

一、当寺墓之入口ニ井戸御座候、此辺りニ恠（怪）敷手拭・古椀等捨置有之、先刻墓守之者見付之、吟味仕候処、右捨置候二品少々見知り茂御座候故、井戸之内へ竿差入見申候処、内ニ□□之者茂有之躰ニ相見申候、依之御届申上候、尤今夕御見分を受取揚ヶ申度奉存候、以上

辰
十一月四日

本興寺役者
恵運院
信教院

寺社御奉行所

（尾張藩・徳川宗勝）
尾張中納言様去月廿四日被成御逝去候ニ付、鳴物・高声・殺生者明八日迄、普請者今日中差留候、火之元入念可被仰付候、此節御穏便中故不被及其義ニ、其旨可被相心得候、以上

巳
七月七日

寺社奉行

栖賢寺
長遠寺

一、先達而相触候通慎之内普請今十一日より御免被仰付候、其旨可被相心得候、以上

七月十二日

寺社奉行

栖賢寺

長遠寺

七月十二日より十六日迄盆中門出入六ツ時切

一、例年之通明十三日より十六日迄暮六ツ時より町江出入御停止候、棚経之僧・供下男江者兼而手札差出置候、此外者堅ク出入難成候、暮六ツ以前ニ諸用相仕廻候様ニ可被致事

一、棚経之僧・供下男江出置候以手札家来等出候事、曽而難成候事

一、無拠用事有之、夜ニ入家来差出度事有之候ハヽ、此義者別書附を以御断可有之候、其上ニ而御門断可申達候事

一、盆中町檀那寺々江墓参来候ハヽ、暮六ツ已前ニ早々罷帰り可申旨、銘々江可被申談候、万一心得違ニ而御門とめられ候類有之候者、其町并家主何与申もの委細書付可被差出候、其上ニ而御門断可申達事

巳七月十二日　　高木大弐

寺町
諸寺院中

八月六日

一、高木大弐四拾石之役料ニ而郡代兼役被仰付由、尤寺社兼役月番より申来ル

八月七日

一、文字金銀并古金銀質物ニ入候事堅御停止之由、西御番所能登守殿(大坂町奉行・興津忠道)より触来ル、承知印形被遣候

一、八月十四日より鳴物・音曲御停止御免之御触来ル

書付を以奉願口上之覚

本興寺印

一、当寺塔頭之内眞如庵、境内表口三間半弐尺・裏行拾四間除地ニ而、当所西町壱丁目宮町ニ在候所、寺外殊ニ市中ニ御座候故、法用万事甚不勝手ニ而難儀仕候ニ付、今般当寺裏手ニ本興寺寺附之田地九反四歩御座候、尤御年貢地ニ而御座候、此所へ右眞如庵是迄之境

内程引地仕度奉願候、勿論引候跡者是迄在来候建物其侭ニ差置、境内共町人共へ相譲り寺庵社ヶ間敷儀仕間敷候、右之段御免被為　仰付候ハヽ、難有可奉存候、以上

宝暦十一年
巳八月廿一日
本興寺役者
信教院印
本成院印

寺社御奉行所
是者当所之願

書付を以奉願口上之覚
松平遠江守(尼崎藩・忠名)殿領分摂州尼崎法花宗本寺
本興寺

一、当寺塔頭之内眞如庵、境内表口三間半弐尺・裏行十四間除地ニ而、当所西町壱丁目宮町ニ在之候処、寺外殊ニ市中ニ御座候故、法用万事甚不勝手ニ而難儀仕候ニ付、今般当寺裏手ニ本興寺寺附之田地九反四歩御座候、尤御年貢地ニ而御座候、此所へ右眞如庵是迄之境内程引地仕度奉願候、勿論引候跡者町人共へ相譲り寺庵社ヶ間敷義仕間敷候、右之段御免被為　仰付候ハヽ、難有可奉存候、以上

宝暦十一年
巳八月廿七日
摂州尼崎
本興寺印
住持日憲
本成院印
惠了
信教院印
信成

御奉行所

右之通相違無御座候間、奥判仕候、以上
松平遠江守(忠名)内
中嶋甚兵衛印

一、主計様御事、加藤佐渡守(近江水口藩・明熈)様江御養子御願之通今般無滞被為蒙　仰、孫五郎様与奉称候、其旨被相心得、御同名之分相改可被申候、以上

巳十二月三日
寺社奉行
廣徳寺
正福寺

一、拙者儀、寺社支配兼役今日御免被成、家木長右衛門
寺社支配被仰付候、其旨御心得可有之候、以上
三月廿二日　　　　　　　　高木大弐
月番
甘露寺
法園寺
別紙之通高木大弐殿より只今申来候、尤為寺町惣代家木
長右衛門殿へ月番御祝義申入候
一、家木殿へ御祝義音物之義ハ去年八月高木氏兼役被仰
付候節之通り、従寺町中小半紙十束幷昆布令進上可申
候哉と存候、各寺思召も御座候ハヽ、寺号之下へ御書付
可被下候、以上
三月廿二日　　　　　　月番
甘露寺
法園寺
寺町
連名
口上之覚
一、当寺塔頭信敎院義、就病気大坂表江出養生仕度旨先
達而御願申上候、然所病気追々快御座候所、何方へ参
候哉、行方相知れ不申候、依之御届申上候、此段御聞
済被下度奉存候、以上
午
四月二日　　　　　　本興寺役者
本成院
寺社御奉行所
奉願口上之覚
一、当寺塔頭信敎院無住ニ付、所々宗門御改印形拙僧代
判被為　仰付被下候ハヽ、忝奉存候、以上
午
四月三日　　　　　　本興寺塔頭
連成院
上
右之願之通相違無御座候間、被為　仰付可被下候、以
本興寺役者
本成院
寺社御奉行所

奉願口上之覚

一、当寺塔頭實成院義此度役者ニ仕度候、願之通被為
　仰付被下候ハヽ、忝可奉存候、以上

　午
　四月四日　本興寺役者
　　　　　　本成院

寺社御奉行所

五月朔日晴天、二日同、三日同、四五日、六日晴天、芳
墨令披見候、先以徳境安寧之旨珍重不浅候、然ハ御開山
御遠忌為灯明料惣旦中より両山江銀壱枚宛、末寺より銀
一封被差上之、奇特之至慥令寺納候、旦中へ茂宜挨拶頼
入存候、右為報酬如此候、不備

五月二日　両寺
　　　　　役者

普門寺

三月四日御状相達致披見候、先以其御院御寺旦御堅固之
旨珍重不斜存候、然者貴僧様退院御免之書状御両山より
御差下之所、去冬押詰而相達候ニ付貴院御公辺江ハ難願
出、三月初願御差出無滞相済候由被仰聞珍重存候、且後
住之儀兼而御存寄も有之、登山之上御願可被申趣御座候
所、柏原氏江御両山より之返書之趣ニ付、後住仁躰に御
両山粗御極有之趣御承知ニ付、登山之義御止可被成之旨
委細被仰越致承知候、如來命両山ニ而も先達而早速後住
仁躰も粗相極居申、依而今般大亀谷談林化主廣宣院師頼
置候、尤当月下旬歟来月上旬迄之内当方出達之積ニ御座
候、兼而左様御承知可被成候、尚委細廣宣院師下向之砌
可得御意候、此段柏原氏幷惣旦方中へも御通達可被成
候、右為報酬如此御座候、恐惶謹言

五月二日　本能寺
　　　　　本樹院
　　　　　本興寺
　　　　　養壽院

久本寺
義観院様

五月九日
一、信敎院跡後住大坂久本寺弟子堅能
同日
一、本敎院跡後住広嶋日通寺弟子玉峯
　願書文言常之通各通ニして差出ス

差上申由緒書

一、拙僧儀、本国生国芸州広嶋城下渡部庄右衛門悴ニ而、俗名才次郎与申候、宗旨法花宗、同所本逕寺旦那、父ハ浄土宗同所清住寺旦那、母ハ法花宗本逕寺旦那ニ而御座候、私義出家之望御座候ニ付、同所日通寺弟子ニ罷成、十四才ニて致剃髪、僧号玉峯与相改、宝暦三酉年於本興寺修学仕罷在候処、今般本敎院跡無住ニ付、拙僧義坊跡へ居(据)江申度旨先達而役者御窺申上候所、被為　聞召届願之通被為　仰付難有奉存候、兼而被為仰付候御制法聊無相違急度相守、邪法受用仕間敷候、為後日仍而如件

宝暦十二壬午
五月
本興寺
本敎院玉峯

寺社御奉行所

前書之通相違無御座候、玉峯儀芸州広嶋日通寺弟子ニ紛無御座候、此度本敎院跡無住ニ付後住ニ仕度旨役者より相願候通被　仰付忝奉存候、兼而被仰付候御制法急度相守、邪法受用不仕候様申付候、為後日奥書・印形仕差上申候処、如件

本興寺
日憲印

差上申由緒書

一、拙僧義、本国生国駿州岡宮渡部八内悴ニ而、俗名右門与申候、代々法花宗同国同所光長寺旦那、父母も同宗同寺旦那ニて御座候、則岡宮ニ罷在候、私義出家之望御座候ニ付、摂州大坂久本寺弟子罷成、七才ニて剃髪仕、僧号堅能と相改、宝暦五亥年より於本興寺修学仕罷在候、然所今般信敎院跡無住ニ付、拙僧義坊跡へ居(据)江申度旨先達而役者御窺申上候所、被為聞召届願之通被為　仰付難有奉存候、兼而被為仰付候御制法急度聊無相違急度相守、邪法受用仕間布候、為後日仍如件

宝暦十二壬午年
五月十三日
本興寺
信敎院堅能

寺社御奉行所

前書之通〻〻

本興寺
日憲印

一、来未秋就朝鮮信使来聘、於兵庫御馳走被蒙　仰付、
其節茶道方入用之所、延享年中来聘之節茂従各寺被指
出候、此度茂御借り被成度候、追而従茶道方被集候節
無滞可被差出候、以上

五月十四日　　家木長右衛門

尼崎
寺町中

一、燭台　弐本
小道具共　一、手燭壱本　本興寺より

一、拙僧義、就寺役ニ明十三日より大坂表へ罷出、来廿
四日迄逗留仕候間、右御聞届可被下候、依之御公用等
御座候ハ、、同塔頭養壽院へ被為仰付候様奉頼候、右
之通為可申上如斯御座候、以上

九月十二日　　本興寺役者
實成院

寺社
御奉行所

（全文抹消）「
御断申上候口上覚

一、当寺塔頭本成院恵了義、一昨日致出奔候ニ付、近辺
相尋候得共、住所相知不申候、以上

右之通り御聞届奉願候、以上

九月十二日　　本興寺役者
實成院

寺社
御奉行所」

御断申上候口上覚

一、当寺塔頭本成院恵了儀、此度寺法相背品有之候故、
出寺申付候、依之御断奉申上候

右御聞済奉願上候、以上

午九月十六日　　本興寺役者代
養壽院

寺社
御奉行所

御断申上候口上覚

一、従十八日夜当月中於方丈座敷内々講談仕候ニ付、町方檀那共少々参詣仕候、尤暮六時より初夜過候迄ニ相済申候、夜分之義故、右之段御届奉申上候、以上

午九月十七日　本興寺役者代
養壽院

寺社
御奉行所

一、先達御断申上候夜分講談之義、旦方共相望候ニ付、十月・十一月両月之内時々相勤申候、尤刻限等先達而申上候通御座候、此段御届ヶ申上候、以上

午九月廿八日　本興寺役者
實成院印

寺社御奉行所

口演

只今従寺社司御触状致到来候、各寺御順達可被成候、以上

十一月廿八日　月番
如來院
海岸寺

一、来月三日雲鏡院様三十三回御忌ニ付、於江戸表ニ御廻向在之候、依之従来月二日・三日迄鳴物・高声・殺生御停止候、普請者御構無之候、此節別而火之元念入御申付可在之候、以上

十一月廿八日　寺社奉行

月番
如來院
海岸寺

御断申上候口上覚

一、当寺塔中堯運院役者仕度奉願候、右願之通被為仰付被下候ハ、忝奉存候、以上

宝暦十二年
午十二月八日　本興寺役者
實成院

寺社御奉行所

奉願口上覚

一、当寺塔頭本成院無住ニ付、学室ニ罷在候智光と申僧後住ニ仕度奉存候、右願之通被為仰付被下候ハヽ、忝奉存候

宝暦十二年
午十二月廿四日

本興寺役者
實成院
堯運院

寺社御奉行所

御断申上候口上覚

一、当寺塔頭信敎院義、先年通号ニ御断申上候処、無拠差問御座候付、今般通号一乘院と相改度奉存候、右之通御聞済被下候ハヽ、忝可奉存候、以上

宝暦十二年
午十二月廿四日

本興寺役者
實成院
堯運院

寺社御奉行所

差上申由緒書

一、拙僧義、本国生国泉州堺青木嘉兵衛悴俗名吉之助と申候、法花宗同国同所顕本寺旦那、父母共同宗同寺旦那ニ而御座候、私義出家之望御座候ニ付、摂州大坂萬堯寺弟子ニ罷成、九歳ニ而致剃髪、僧名智光と相改、元文四未之年摂州尼崎本興寺談林ニて修学仕候処、今般本成院跡無住ニ付、先達而役者後住之御願申上候処、被為聞召届願之通被為仰付難有奉存候、兼而被為仰付候御制法之趣聊無相違急度相守、邪法受用仕間敷候、為後日如件

宝暦十二年
午十二月廿六日

本興寺
本成院智光印

寺社御奉行所

前書之通相違無御座候、智光義摂州大坂萬堯寺弟子紛無

御座候、此度本成院跡無住ニ付後住ニ仕度旨役者より相
願候通被為仰付忝奉存候、兼而被仰付候御制法急度相
守、邪法受用不仕候様申付候、為後日奥書印形仕差上候
所、如件

本興寺
日憲印

一、御触状来、其趣ハ流在者・追放者等来晦日迄ニ御免
願指出可申与之事ニ候
未正月十四日

奉願口上之覚

一、先達而御願申上候二月法事之節本堂東西両側長拾
間・幅弐間之張出シ仕、尤竹床苫葺ニ仕、法事過早速
取払申候事
一、開山堂西側長五間・幅弐間半張出シ、右同様ニ仕候
事
右之通被　仰付被下候様奉願候、以上

未正月廿七日　本興寺役者
實成院
堯運院
寺社
御奉行所

御断申上候口上覚

一、拙僧義、寺用ニ付、来ル十七日より京都本能寺へ罷
登申候間、留主之内宗門御改印形恵本教院江代判願仰
付被下度奉願候、尤本壽院幷ニ小路村要玄寺代判拙僧
相勤罷有候、是又本教院江被為仰付被下候様奉願候、
以上

三月十四日　恵運院印
御奉行所

右之通相違無御座候、願之通被為仰付可被下候
本興寺役者
堯運院
實成院

当月十六日　松平貞次郎様御逝去被成候ニ付、今廿二

日より来廿四日迄鳴物・高声・殺生御停止候、普請ハ御
構無之候、此節火之元別而入念御申付可有之候、以上

寺社奉行

三月廿二日

月番
栖賢寺
長遠寺

諸国銅山是迄不相稼場処幷前々出銅有之当時休山ニ相成
候場所可有之候間、御料者御代官、私領ハ領主・地頭よ
り遂吟味、相稼出銅在之様ニ可取計候、尤出銅有無共吟
味之趣御勘定所江書附可差出候
右之趣従（ママ）被　仰下候条、猶又心得違無之様可相心得候

未四月

右之通触知せ候間、寺社家・庄屋・年寄承知之段令印
形、郡切・村次順々相廻シ、触留村より能登守（大坂町奉行・興津忠通）番所へ可
持参者也

宝暦十三年

未四月
出雲印（大坂町奉行・鵜殿長逵）
能登印（同右・興津忠通）

近来五海道宿々之内数度出火有之候、火之元之義者前々
より度々相触候義ニ候間、別而以来入念可申候、度々出
火之内ニハ自あやまち計ニ而も無之、附火等茂可有之
処、是迄何れ之宿より茂怪敷者召捕訴出茂無之、宿役人
を初宿中油断之至ニ候、尤捕違者不苦間、以来昼夜心掛
怪敷もの見請候ハヽ召捕、其所之奉行所或ハ御代官陣屋
又者最寄之領主役処江引渡、勿論早々宿送を以我等共方
江可致注進候、若物入を厭い等閑ニ致置段相聞ニおゐて
ハ可為曲事者也

未二月

右之通五海道宿々江申触置候間、宿々之者怪敷者を捕召
連出候ハヽ、請取之入牢申付置、早々可被申聞事

未二月

右之趣道中奉行より五海道へ相触候事ニ付触知せ候間、

村々庄屋・年寄・寺社家令承知候段、致印形郡切・村次順々無遅滞相廻シ、触留村より出雲番処へ可持参者也
宝暦十三年
未四月
出雲印
能登印
月番
大覺寺
常樂寺

口上
一、殿様《（松平忠名）》御帰国御暇被蒙仰、依之右御祝義御家老中幷寺社司へ月番両寺相勤候、右御順達之上月番へ御返却可被成候、以上
七月朔日
月番
専念寺
善通寺

口上之覚
一、当寺方丈法用ニ付多田延命寺罷越候、二、三日逗留仕候故御届申上候、以上
卯月廿七日
本興寺役者
實成院
堯運院
寺社御奉行所

覚
一、従来十三日十六日迄酉之刻より町口御門出入御停止候、然共棚経僧幷供僕者渡置候通札を以可在通行候、此外ハ一切難成出入候間、町用事在之候ハ、酉之刻已前相済候様可被致事
附り、棚経僧幷供僕之通札を以為外用出入之義不相成候

奥様御病気御養生不被成御叶、去十二日被成御卒去候、依之七月二日迄鳴物・高声・殺生停止候、普請者来廿一日迄可相止候、此節火之元入念御申付可有之候、以上
五月十八日
寺社奉行

一、無拠用義在之右刻限已後家来町方へ不差出而難成義
者、其段書付以可被申達事
一、町在旦家盆中墓参候ハヽ、酉之刻已前ニ相仕舞罷帰候
様参詣之者へ可被申聞候、万一右刻限より及延引候
ハヽ、其先名所下男下女ニ至迄人数委相記、印形書付
を以其者共自分方へ可被差越候、吟味之上御門罷出断
可指出候事
右之通被相心得承知印形候而順達、触留より可被相戻
候、以上
七月十一日　家木長右衛門印

口上
一、当寺方丈就無住京都本能寺与相談仕、駿刕岡宮光長
寺住職相勤、其後摂刕中嶋之内蒲田村大願寺ニ退休仕
罷有候能化尚光院日泰後職ニ相究申候、来ル八月上旬
迄ニ入院有之様ニ仕度候、願之通被為仰付被下候ハヽ、
忝奉存候、已上
未七月　本興寺役者
實成院
堯運院
寺社御奉行所

御届申上候口上之覚
一、京都本能寺より急用申来候ニ付今晩上京仕候、滞留
之内御用之義御座候ハヽ、本成院・養壽院江被仰付被
下度奉願候、以上
七月十四日　本興寺役者
堯運院
寺社御奉行所

奉願口上之覚
一、去ル十四日御届申上候堯運院義、京都本能寺より急
用申越候ニ付罷登候処、先達而御願申上置候当寺後職
日泰儀、願書ニ申上候通駿刕岡宮光長寺住職相勤罷有
候、然ル処右光長寺義　有栖川宮様由緒有之候事
故、今般当寺江入院之義御断被申上候処、右光長寺因

を以本興寺江
一、浄圓覺院一品弾正尹兼常陸太守宮尊儀御位牌被為遊
御安置、幷浄圓覺院宮御在世中被為遊御用候
一、御紋附御挟箱
一、御紋附御幕
一、御紋附御桃灯
右之通被為遊　御寄附、尤御菩提所同様ニ被為　思
召、御門内下乗之旨被為　仰渡候、併於　当御領
主様者　先々より相勤来候格ニ相違無御座候
一、金紋御挟箱之儀者従入院之節蒙御免持せ度奉存候、
右之趣被為聞召届御許容被成下候ハヽ、忝可奉存候、已
上

未
七月廿日
本興寺役者
實成院
堯運院
寺社御奉行所

御断申上候口上覚
一、当寺塔頭本成院役者仕度奉願候
右願之通り被為仰付被下候ハヽ、辱奉存候、以上
未七月廿四日
本興寺役者
實成院
堯運院
寺社
御奉行所

御断申上候口上覚
一、先達而御断申上候日泰、来ル六日ニ入寺仕候
右御断申上度如斯御座候、以上
未八月二日
本成院
堯運院
寺社
御奉行所

一、当冬朝鮮人来聘兵庫御馳走就御用、先達而茶道方入
用道具可被成御借り旨触置候、猶又火鉢入用ニ付、享
保四年被成御借り候掛りを以相触候、追而御茶道方よ

り取集候之節、有合候品可被指出候、以上

未
八月十二日　　家木長右衛門印

尼崎
寺町中

一、来ル廿二日　清泰院様就御百ヶ日於江戸表御法事
有之候間、従廿一日廿二日迄殺生御停止候、此節別而
火之元入念御申付可有之候、以上

未八月十九日　　寺社奉行

月番
全昌寺
本興寺

一、広東人参商売之儀向後堅停止候間、此旨急度可相守
候

八月

右之通今度従江戸被仰下候間、此旨三郷町中可触知者
也

未八月

右之趣於大坂御触有之候間、於寺社家茂御承知可有之
候、以上

未八月廿六日　　寺社奉行

月番
全昌寺
本興寺

一、家木長右衛門殿昨日兵庫津江御出被成候、右留主中
ハ松本平左衛門殿寺社支配兼帯被成候由申来候
一、未八月廿二日大御目付中様より至(到)来御触書

大目付江

広東人参商売之儀向後御停止候間、此旨急度可相守候

八月

右之趣従江戸被仰下候間、其旨被相心得承知印形候而
可被指出候、以上

未九月十四日　　松本平左衛門印

一、来十七日良泰院様二十七回御忌ニ付、於深正院御回向有之候、依之従明十六日十七日迄殺生御停止候、普請・鳴物御構無之候、此節別而火之元入念御申付可有之候、以上

九月十五日　　寺社奉行

月番
廣徳寺
正福寺

一、当月六日若君様（徳川家基）紅葉山御宮且山王社被遊御宮参、帰御之節井伊掃部頭（近江彦根藩・直幸）亭江被為入、御機嫌能被遊還御候段、江戸より被仰下条、恐悦可奉存候

右之趣三郷町中へ可触知者也

未九月十五日

右之通於大坂御触有之候間、其旨可有之候、以上

未九月十五日　　寺社奉行

月番
廣徳寺
正福寺

一、於冨様（松平忠名女）水野日向守様（下総結城藩・勝起）へ御縁組首尾能相済申候、依之御家老中・寺社司へ月番両寺為御祝儀今日致伺公候間、左様御心へ（ママ）可被下候、以上

月番　廣徳寺
正福寺

一、大膳亮様（尼崎藩・松平忠告）御結納相済候、依之為御祝義月番両寺御家老中幷寺社司江致参上候、左様御心得可被成候

一、松本本左衛門殿此節不快ニ付、堀百助殿寺社兼役被成候、左様御心得可被成候

十月二日

月番
甘露寺
法園寺

寺町中

一、来ル五日智明院様十七回忌御忌ニ付於京都御法事有之候、因是来四日より五日迄殺生御停止候、普請・鳴物御構無之、此節別而火之元入念御申付可有之候、以上

未十月二日　寺社奉行

月番
甘露寺
法園寺

乍恐口上之覚

松平遠江守（尼崎藩・忠名）殿城下
摂刕尼崎
法花宗一派本寺
本興寺

一、当寺之儀者、人王百弐代称光院御宇、応永廿七年之建立ニ而、京都本能寺与同様日隆上人開基、両寺一寺之本山ニ而御座候、右開山より十二世長禄（享）年中之住持日承上人者、伏見親王之宮様御連枝ニ而、本能寺・本興寺両寺之住職被致兼帯候故、此代より菊之御紋付法衣幷御幕御桃灯・金紋御挟箱等用来候、尤御挟箱之儀者洛中之事故本能寺へ差置、住持往来之節為持来、本興寺も両寺一寺之儀ニ御座候故、当住参内之節者右金紋御挟箱為持御礼相勤来候、右参内之儀者人王百六代後奈良院御宇、弘治三年二月廿五日、勅願所之綸旨頂戴仕罷在候、依之御祈禱巻数箱幷十帖壱本、長橋御局御取次を以住持替り之節是差上来候、然上此度之住持日泰儀、有栖川一品宮様御払（帰）依与御座候而、御嫡男浄圓覺院宮様御位牌被為遊御安置、幷御在世中被為遊御用候御紋附御挟箱被下置候ニ付、自今者右之御挟箱住持往来之節為持度奉存候間、此段御聞届被為成下候ハヽ、難有奉存候、以上

宝暦十四申二月　本興寺役者
實成院
本成院

御奉行所

奉願口上之覚

一、先達而御窺申上候有栖川宮様より被下置御紋付御挟箱、住持往来之節為持申度奉存候ニ付、別氏（ママ）之通口上書を以右御奉行所へ御届申上度奉存候、右之段宜敷被為　仰付被下候ハヽ、忝奉存候、以上

宝暦十四申二月

本興寺役者
実成院
本成院
堯運院

寺社
御奉行所

口上之覚

一、当寺所化判明日御取被下候ニ付、明日西宮宗門御改印形落印ニ被為　仰付被下度奉願候、已上

申三月十六日

本興寺役者
本成院印

寺社
御奉行所

御届申上候口上之覚

一、当寺南側全昌寺裏之塀致破損候ニ付修覆仕度候、右御届申上度如此御座候、以上

申
五月三日

本興寺役者
実成院
本成院
堯運院

寺社
御奉行所

乍恐以書付御届申上候

一、摂州尼ヶ崎本興寺之儀者法花宗一派之惣本寺ニ而、開山日隆大上人、同十二世享禄年中之住持日承上人ハ伏見之親王依御連枝ニ、菊之御紋附法衣幷御幕御挑燈・金紋御挟箱等是より用ひ来候所、年来之儀ニ付、只今者住持入院　参内之砌本寺格式を以往来之節斗用ひ、平生者為持不申候、然所此渡(度)有栖川一品之宮様御帰依を以御嫡男浄圓覺院殿御位牌被遊御安置、幷御在世中御用ひ之金紋御挟箱被下置、古格之通住持往来之節為持候様被仰下候、自今右御挟箱用ひ申度乍恐御届申上候、尤本興寺往古より之寺格由緒明細書別紙相添奉差上候、以上

明和元年申十月

摂州尼崎
本興寺

御奉行所

乍惶奉願候口上覚

一、金紋挟箱本寺格式を以往来之節古格之通相用ひ申度趣、先達而御願申上候、其節大坂御番所表へ罷出候ニ付、御蔵屋敷奥印迄被為仰付被下候処、其砌大坂御番所御多用ニ付指控居申候、依之今般前書之通御届申上度奉存候間、乍恐御当地御役所迄有栖川一品之宮様諸太夫中様より右寄附之品御届御座候趣、御御(衍)奥書ニ而御蔵屋敷御印被為仰付被下候ハヽ、難有可奉存候、右御願申上度如斯御座候、以上

申十月六日　　本興寺役者

寺社御奉行所

乍恐奉願口上之覚

松平遠江(尼崎藩・忠名)守殿城下
摂刕尼崎法花宗一派本寺
本興寺

一、当寺之儀ハ人王百弐代称光院御宇、応永廿七年之建立ニ而、京都本能寺与同様日隆上人開基両寺一寺之本山ニ而御座候、右開山より十弐世享禄年中之住持日承上人者伏見親王之宮様御連枝ニ而、本能寺・本興寺両寺之住職被致兼帯候故、此代より菊之御紋附法衣幷御幕御桃灯・金紋御挟箱等用来候、尤御挟箱之儀者洛中之事故本能寺ニ差置、住持往来之節持せ来、本興寺茂両寺一寺之儀ニ御座候故、当住参　内之節者右金紋御挟箱持せ御礼相勤来候、右参　内之儀者人王百六代後奈良院御宇、弘治三年二月廿五日、勅願所之綸旨頂戴仕罷在候、依之御祈禱巻数箱幷十帖壱本長橋御局御取次を以住持替り之節差上来候、然ル上此度之住持日泰儀　有栖川一品宮様御帰依与御座候而、御嫡男浄圓覚院宮様御位牌被為遊御安置、幷御在世中被為遊御用候菊之金紋附御挟箱被下置候、右御挟箱住持往来之節持

せ度旨　当御奉行江御届申上、相用候様被　仰下候、依之自今者右御挟箱住持往来之節持せ度奉願上候、此段御聞届被為　成下候ハヽ、難有奉存候、已上

明和元年
十月
本興寺役者
實成院
同
本成院

右之通相違無御座候間奥判仕候、以上
松平遠江守（忠名）内
佐久間大右衛門
御奉行所

奉願口上之覚

一、先達而御届申上候有栖川宮様より被下置候金紋御挟箱住持往来之節持せ度奉存候付、当春御窺之上大坂御奉行所江別紙之通願書差出度、大坂御蔵屋敷御印形迄被仰付被成候処、折節朝鮮人来朝ニ付殊外御多用之中故、追而可差出旨被仰聞是迄延引仕候、依之此度又候右之願書別紙当春之通相認大坂御奉行所江御願申上度奉存候間、御蔵屋敷奥書御印形被成下候様奉願上候、以上

申十月廿日
本興寺役者
實成院
本成院
堯運院
寺社御奉行所

御届申上候口上之覚

拙僧義、京都本能寺江用事ニ付今晩上京仕候、尤暫時滞留仕候故、右御届申上度如斯御座候、已上

申十一月十三日
本興寺役者
實成院
寺社
御奉行所

大坂御番所より御召之砌口上書写

口上

一、只今宗旨御役所江御召被　仰付候尼崎本成院・實成

院役者共、先達而書付差上候ニ付御用有之候ニ付、明
七日五ツ時罷出候様被　仰渡候、右之段早々被仰聞可
被下候、以上

申十一月六日　　　小橋屋長兵衛

佐久間大右衛門様

別紙之通大坂用聞小橋屋長兵衛書付致到来候、剋限等無
間違可被罷出者也

十一月六日　　　堀百助

本興寺役者
實成院
本成院

此紙面承知之旨印形可有之候、以上

大坂願書十月之通
奉願上候口上之覚

一、先達而大坂御奉行所江金紋挟箱当寺住持往来之節用
度旨御願申上候所、右願之儀者有栖川宮様より御届有
之候上ニ而相願候様被仰付、頃日有栖川宮様より大坂
御奉行所江御届被下候ニ付、別紙之通御願申上度奉存
候間、御蔵屋敷御添書被成下候様奉願上候、以上

閏十二月六日　　　本興寺役者
實成院
本成院
堯運院

寺社
御奉行所

奉願口上覚

一、淡州釜口妙勝寺弟子啓学与申僧、此度当寺塔頭養壽
院弟子ニ〔貰受自今〕仕度奉存候養壽院弟子ニ仕度奉存候、尤右妙
勝寺方より証文取置候、願之通被為仰付被下候ハヽ忝
可奉存候、以上

酉六月　　　本興寺役者
實成院
同　本成院
同　堯運院

寺社
御奉行所

一札

拙僧弟子啓学与申者、此度貴僧様弟子ニ進候上者、向後不寄何事一切構無御座候、尤此之帳面等茂相除候間、左様御心得可被成候、為其一札如件

明和二乙酉
五月

淡州釜口
妙勝寺　出ス

本興寺
養壽院様

差上申由緒書之事

一、拙僧本国生国淡刕須本岡本善兵衛忰、俗名貫蔵と申候、宗旨者代々法花宗、同国釜口妙勝寺檀那、父母共同宗同寺旦那ニ而存命罷在候、切支丹宗門者不及申上、転之類族ニ而も無御座候、私義出家之望御座候而、十二才ニ而右妙勝寺弟子ニ罷成致剃髪、僧名啓学与相改居申候処、此度摂州尼崎本興寺塔頭養壽院弟子ニ罷成度旨奉願候処、願之通被為仰付難有奉存候、尤自今者於当寺修学仕候、兼而被為仰付候御法式堅相守、邪法受用仕間敷候、為後証由緒書仍如件

明和二乙酉六月

養壽院弟子
啓学

寺社御奉行所

前書之通相違無御座候、啓学由緒宗門遂吟味慥成者ニ御座候ニ付、拙僧弟子ニ仕度旨奉伺候処、願之通被為仰付難有奉存候、尤前々被為仰付候御制法之通急度相守、邪法受用為仕間敷候、為後日奥書印形仕差上申候、以上

本興寺塔頭
養壽院
智教印

奉願口上覚

一、当寺塔頭養壽院義、当学室役人不足仕候ニ付、為致退院学室江差出候而役儀為勤申度奉存候、右願之通被為　仰付被下候ハヽ、忝奉存候、以上

明和弐歳
酉九月
本興寺役者
實成院
本成院
堯運院

寺社
御奉行所

差上申一札之事

一、拙僧義、当寺学室役人無人ニ付学室江罷出候義、先達而役者より御願申上候処、願之通被為　仰付難有奉存候、尤拙僧在坊之内檀方宗門疑敷義無御座、邪法受用不仕候、若是等之義ニ付故障之品御座候ハヽ、何時ニ而も吟味之上急度可申披候、為其一札如件

明和弐歳
酉九月
本興寺塔頭
養壽院智教印

右之通相違無御座候、已上

本興寺
日泰丸印

寺社
御奉行所

奉願口上覚

一、当寺塔頭養壽院後住之義、弟子啓学与申僧後住ニ仕度奉存候、願之通被為　仰付被下候ハヽ、忝可奉存候、已上

明和弐歳酉九月
本興寺役者
實成院
本成院
堯運院

寺社
御奉行所

差上申由緒書

一、拙僧義、本国生国淡州須本岡本善兵衛忰、俗名貫蔵与申候、宗旨者代々法花宗、同国釜口妙勝寺檀那、父母とも同宗同寺檀那ニ而御座候、私義出家之望御座候

ニ付、拾弐才ニ而右妙勝寺弟子ニ罷成致剃髪、僧名啓学与相改居申候処、去ル六月ニ御願申上、本興寺塔頭養壽院智教弟子ニ罷成候処、此度養壽院跡無住ニ付拙僧義後住ニ仕度旨御願申上候処、被為聞召届願之通被為　仰付難有奉存候、兼而被為　仰付候御制法之趣聊無相違急度相守、邪法受用仕間敷候、為後日如件

本興寺塔頭
養壽院啓学印

明和弐乙酉歳十月

寺社
御奉行所

前書之通相違無御座候、啓学義養壽院智教弟子ニ紛無御座候、今般養壽院跡無住ニ付後住ニ仕度旨役者より相伺申候処、願之通被為　仰付忝奉存候、兼而被為　仰付候御制法急度相守、邪法受用不仕候様申付候、為後日奥書印形仕差上候処、如件

本興寺
日泰丸印

奉願上候口上

一、当寺塔頭本成院義、大坂妙堯寺江末寺へ為致転住度奉存候、右願之通被仰付被為下候ハヽ、難有奉存候、以上

本興寺役者
實成院
堯運院

戌七月廿三日

寺社御奉行所

差上申一札之事

一、拙僧義、大坂生玉筋中寺町妙堯寺江転住之義御願申上候所、願之通被為　仰付難有奉存候、尤拙僧在坊之内宗門疑敷儀無御座、邪法受用不仕、若是等之義ニ付故障之品御座候ハヽ、何時ニ而も吟味之上急度可申披候、為其一札如件

本興寺塔頭
本成院

明和三年戌七月

寺社
御奉行所

右之通相違無御座候、已上

本興寺
日泰印

寺社
御奉行所

堯運院

本寺証文之事

一、摂州東生郡深江村藥蓮寺之儀者法花宗、此方両寺末寺紛無御座候、若宗門之儀ニ付違乱於有之者、従両寺急度埒明可申候、為後証仍如件

明和三丙戌八月

城州京都
本能寺印
摂州尼崎
本興寺印

小堀数馬殿（京都代官・邦直）

奉願候口上

一、当寺塔頭本敎院役者仕度奉存候間、右願之通被仰付被下度奉願候、以上

戌八月

本興寺役者
實成院

御願申上候口上覚

一、当寺塔中本壽院隠居聞定弟子胤了、此度京都本能寺へ指出度候、宗門御帳面御除可被下度、右御断為ニ申上如此御座候、以上

亥正月十一日

本敎院
實成院
堯運院

寺社御奉行所

奉願口上之覚

一、当寺塔中本成院無住ニ付、所々宗門御改印形拙僧代判被為　仰付被下候ハヽ、忝奉存候、以上

亥正月十一日

本興寺塔中
實成院

右願之通相違無御座候間、被為　仰付可被下候、以上

本興寺役者
本敎院
堯運院

寺社
御奉行所

奉願口上覚

一、当寺末寺小路村要玄寺無住ニ付、所々宗門御改印形拙僧へ被為仰付被下候ハヽ、忝奉存候、以上

本興寺塔頭
惠運院

亥三月日

右願之通被為仰付可被下候、以上

本敎院
實成院
堯運院

寺社御奉行所

奉願口上覚

一、当寺塔頭本敎院義、生国芸刕広嶋日通寺当住病身ニ付下向仕候様申来、依之為致退院、右日通寺へ指遣申度奉存候、右願之通被仰付被下候ハヽ、忝奉存候、以上

本興寺役者
實成院
堯運院

明和四亥四月廿日

寺社御奉行所

奉願口上覚

一、当寺塔頭本壽院義、淡州隆泉寺へ為致転住度奉存候、右願之通被仰付被為下候ハヽ、難有奉存候、以上

本興寺役者
實成院
堯運院

同四月廿日

寺社御奉行所

指上申一札之事

一、拙僧義、芸州広嶋日通寺病身ニ付下向仕候様申来

候、依之致退院、日通寺へ罷越申度義、先達而役者より御願申上候所、願之通被為仰付難有奉存候、尤拙僧在院之内檀方宗門疑敷義無御座候、邪法受用不仕候、若是等之義ニ付故障之品御座候ハヽ、何時ニ而も吟味之之(衍)上急度可申披候、為其一札如件

明和四亥年四月

本興寺塔頭
本教院玉峯

右之通相違無御座候、以上

本興寺
日泰印

寺社御奉行所

指上申一札之事

一、拙僧義、淡刕津井村隆泉寺へ転住之義御願申上候所、願之通被為仰付難有奉存候、尤拙僧在院之内宗門疑敷義無御座候、邪法受用不仕候、若是等之義ニ付故障之品御座候ハヽ、何時ニ而も吟味之上急度可申披候、為其一札如件

本興寺塔頭本壽院寛光

明和四亥四月

右之通相違無御座候、以上

本興寺
日泰

寺社御奉行所

奉願候口上

一、当寺塔中惠運院役者ニ仕度奉存候、右願之通被仰聞(付)被下候ハヽ、忝奉存候、以上

亥
六月二日

本興寺役者
實成院
堯運院

寺社
御奉行所

奉願候口上

一、当寺塔中惠運院今般役者御願申上候ニ付、御城内三方御門通入無滞被仰付被下度奉願候、以上

亥
六月二日　　本興寺役者
實成院
堯運院
寺社
御奉行所

奉願口上覚

一、当寺塔頭本成院後住之儀、当寺学室ニ罷在候恵運与
申僧後住ニ仕度奉存候、願之通被為仰付被下候ハヽ、忝
可奉存候、以上
明和四年
八月　　本興寺役者
恵運院
實成院
堯運院
寺社
御奉行所

差上申由緒書

一、拙僧儀、本国生国備前牛窓那須八郎左衛門悴ニ而、
俗名春吉与申候、代々法花宗、同国同処本蓮寺旦那ニ
而御座候、私義出家之望御座候ニ付、則本蓮寺弟子ニ
罷成、十才ニ而剃髪ゐたし、僧号恵運与相改、宝暦四
戌年より於本興寺修学仕罷在候処、今般本成院跡無住
ニ付拙僧儀坊跡へ居(据)へ申度旨、先達而役者御窺申上候
処被為聞召届、願之通被為仰付難有奉存候、兼而被為
仰付候御制法聊無相違急度相守、邪法受用仕間敷候、
為後日仍而如件
明和四年丁亥
八月

前書之通相違無御座候、恵運儀備前牛窓本蓮寺弟子ニ
相違無御座候、今般本成院跡無住ニ付後住ニ仕度旨役
者より相伺申候処、願之通被為仰付忝奉存候、兼而被
為仰付候御制法急度相守、邪法受用仕間敷候様申付
候、為後日奥書印形仕差上候処如件
本興寺
日泰

奉願口上覚

一、当寺塔頭本敎院就無住、兵庫津久遠寺隠居寶樹院引取本敎院後住ニ仕度候間、願之通被為仰付被下候ハ、忝可奉存候、已上

明和四年
亥十一月廿七日　　　本興寺役者
　　　　　　　　　　　惠運院
　　　　　　　　同　　實成院
　　　　　　　　同　　堯運院

寺社御奉行処

指上申由緒書

一、拙僧儀、本国生国摂刕大坂南久太郎町北谷随悦忰、俗名辰弥与申候、宗旨代々法花宗、同所上寺町妙法寺旦那、父母同宗同寺旦那ニ而御座候、父母共存命ニ罷在候、私出家之望御座候ニ付、十八年已前城刕伏見大亀谷法花宗隆閑寺談林能化祥光院日等弟子ニ罷成剃髪仕、法名依立日体与相改、右隆閑寺談林・総刕細草法花宗遠御寺談林於両処修学仕候、此度兵庫津久遠寺塔頭泰受院無住ニ付拙僧義住職ニ仕度旨、右久遠寺塔頭妙蓮院幷旦那共奉窺候処、願之通被為仰付被下難有奉存候、依之本寺証文・請負手形・拙僧由緒書ニ妙蓮院致加印、名主惣代奥書仕、以上三通取揃指上、廿八年已前元文五年庚申十二月宝樹院日秀与相改致入院、寺役無滞相勤、当亥三月御願申上、則久遠寺境内へ隠居仕罷在候、然ル処今般当寺塔頭本敎院跡就無住拙僧儀後住仕度候旨、先達而役者より御窺申上候処、被為聞召届願之通被為仰付難有奉存候、兼而被為仰付候御制法聊無相違急度相守、邪法受用仕間敷候、為後日仍而如件

明和四亥年
十二月十三日　　　本興寺塔頭
　　　　　　　　　　本敎院印

寺社御奉行処

前書之通相違無御座候、宝樹院日秀儀城刕伏見大亀谷談林能化祥光院日等弟子ニ相違無御座候、今般本敎院跡就無住後住ニ仕度旨、役者より相窺申候処、願之通被為仰付忝奉存候、兼而被為仰付候御制法急度相守、

邪法受用仕間敷候様申付候、為後日奥書印形御指上候
処如件

本興寺　寺号
日泰印

御願申上候口上

一、当寺塔頭一乘院義、病身ニ罷成候ニ付為致隠居度奉
存候、右願之通被仰付被為下候ハヽ、忝奉存候、以上

明和五子年
七月

寺社御奉行所

恵運院
實成院
堯運院

指上申一札之事

一、拙僧義就病身退院之御願申上候処、願之通被為仰付
難有奉存候、依之摂刕西成郡蒲田村大願寺へ引越保養
仕居申候、尤在坊之内旦方宗門疑敷義無御座、邪法受
用不仕候、若是等之義ニ付故障之品御座候ハヽ、何時
ニ而も吟味之上急度可申開《披》候、為其一札如件

明和五子年
七月

本興寺塔頭
一乘院

寺社御奉行所

右之通相違無御座候、以上

本興寺
日泰

御断申上候口上

一、当寺門守与左衛門・同養子伊之吉、〆弐人暇遣申
候、右之通御聞済可被成下候、以上

子
七月廿七日

本興寺役者
恵運院
實成院
堯運院

寺社
御奉行所

一（ママ）

奉願口上覚

一、当寺末寺備前浜野村松本（壽）寺旦那吉右衛門年六十弐
才・同女房吟年四十七才、〆弐人当寺へ引取拙院旦那
仕、本興寺門守ニ召抱度奉存候間、右願之通被為　仰
付被下候ハヽ、難有奉存候、以上

子七月廿八日　　本興寺塔頭
　　　　　　　　　實成院

右之通相違無御座候間、願之通被為仰付被下候ハヽ、忝
可奉存候、以上

　　　　　　　　本興寺役者
　　　　　　　　　恵運院
　　　　　　　　　堯運院
寺社
御奉行所

御断申上候口上

一、当寺方丈就法用、従明三日大坂表江罷越、来七日迄
留ﾚ逗仕候間、留主之内　御公用等御座候ハヽ、全昌寺
江被為仰可被下候、以上

子十月二日　　本興寺役者
　　　　　　　　本教院

寺社御奉行所　　　　堯運院

口上

一、京都裏松左（謙光）少弁殿御家来速水内膳与申仁、但上下三
人、今般内用ニ付下向有之候、用事相済候迄逗留為致
候間、御断申上候、以上

子十月廿三日　　本興寺
　　　　　　　　本教院
寺社
御奉行所

同午十二月廿三日、右同家家来茨木主計、
上下弐人下向、御奉行所断、右同文也

奉願口上覚

一、当寺塔頭一乗院跡無住ニ付、大坂中寺町本行寺隠居
則存与申僧後住任度奉存候、右願之通被為仰付被下候
ハヽ、辱奉存候、以上

明和六年
丑三月日　　本興寺役者
　　　　　　　恵運院

本教院
堯運院

寺社
御奉行所

一、拙僧義、本国生国淡刕郡家田中瑞益与申者之忰、俗名幸次郎与申候、宗旨之義代々法花宗、同処妙京寺旦那、父母同宗同寺旦那ニ而御座候、私義出家之望御座候ニ付、享保十六年亥年大坂中寺町本行寺弟子ニ罷成、十一歳ニ而致剃髪、僧名則存与相改、同享保十九寅年上総細草法雲山遠霑寺談林ニ而修学仕、廿四年巳前大坂本行寺ニ致住職、一昨年隠居仕罷有候処、今般一乗院跡無住ニ付役者より拙僧義後住ニ仕度旨相願申上候処、被為聞召届願之通被為仰付難有奉存候、兼而被為仰付所御制法之趣聊無相違急度相守、邪法受用仕間鋪候、為後日仍如件

明和六丑年三月

本興寺塔頭
一乗院則存

寺社御奉行所

前書之通無(ママ)御座候、則存義摂州大坂中寺町本行寺弟子ニ紛無御座候、此度一乗院跡無住ニ付後住ニ仕度旨役者より御願申上候所、願之通被仰付忝奉存候、兼而被仰付候御制法急度相守、邪法受用不用《ヒ》《く》仕候様ニ申附候、為後証奥書印形仕指上申処、如件

本興寺
日泰

一、当寺塔頭本壽院後住之儀、当寺学室ニ罷有候宜亮与申僧後住ニ仕度奉存候、願之通被為仰付被下候ハヽ、忝奉存候、以上

明和六丑年三月十七日

本興寺役者
惠運院
本教院
教授院

寺社御奉行所

指上申由緒書

一、拙僧義、本国生国淡刕郡家日□(外カ)利右衛門忰、俗名六之助与申候、法花宗同国同所神宮寺旦那、父母共同宗

同寺旦那ニ而御座候、私義出家之望御座候ニ付、同神宮寺弟子ニ罷成、九歳ニ而致剃髪、僧名宜亮与相改、宝暦七丁丑年摂刕尼崎本興寺談林ニ而修学仕候所、今般本壽院跡無住ニ付、先達而役者より拙僧義後住ニ仕度旨御願申上候所、被為聞召届願之通被為仰付難有奉存候、兼而被為仰付候御制法之趣聊無相違急度相守、邪法受用仕間敷候、為後日之仍如件

明和六丑年三月十九日　　本壽院宜亮

寺社御奉行所

前書之通相違無御座候、宜亮義淡刕郡家神宮寺弟子ニ紛無御座候、此度本壽院無住ニ付後住ニ仕度旨役者より御願申上候処、願之通被為仰付忝奉存候、兼而被仰付候御制法急度相守、邪法受用不仕候様ニ申付候、為後証奥書印形仕指上申所、如件

本興寺
日泰

御届申上候口上之覚

一、拙僧両人末寺用ニ付泉刕表江罷越候間、御届申上候、以上

丑四月十四日

本興寺塔頭
本成院
恵運院

寺社御奉行所

御断申上候口上

一、当寺方丈就法用、明十七日より大坂表へ罷越、来廿一日迄逗留仕候、留主之内御公用等御座候ハヽ、全昌寺江被為仰付可被下候、以上

丑五月十六日

本興寺役者
恵運院印
本教院印

寺社御奉行所

御断申上候口上覚

一、当寺方丈就病気、明六日より長柄大願寺江出養生仕候、此段御届申上候、以上

丑十月五日　本興寺役者
惠運院
本教院
堯運院
寺社
御奉行所

御届奉申上口上書
松平遠江守(忠告)殿領分
尼崎
本興寺

一、去丑十月、江戸寺社御奉行松平伊賀守(信濃上田藩・忠順)殿より籃乗輿之儀ニ付一宗之触頭丸山本妙寺・芝長應寺江御尋ニ付、当寺儀者京都本能寺と両寺一寺之本寺ニ而御座候故、如左一紙相認差上申候

御尋ニ付請書之事
京都
本能寺

一、当寺儀者従開山十二代日承上人と申候、是者伏見院中務卿貞敦親王御連枝にて、天文年中之住職ニ而御座候、依之十三代日衍已来被准先師日承之格之趣被為仰渡在之、右之由緒ヲ以代々之住職只今ニ至迄籃乗輿仕候

一、色之儀者、黄漆色之籃乗輿仕候

一、淳信院(徳川家重)様　将軍　宣下為御恐悦、去ル延享弐年丑十二月京都十六本寺為惣代当寺日守出府仕、如旧例之登城仕候、其砌籃乗輿ニ而相務候事

一、年始幷継目御礼相勤候儀者無御座候

摂州尼崎
本興寺

一、当寺儀者本能寺と両寺一寺ニ而、本能寺十二代日承上人両寺を被致兼帯候砌之格ヲ以、代々之住職只今ニ至迄住持継目之砌参内、尚又大坂　御役所幷領主諸礼式等籃乗輿仕相務来候

一、色之儀者、黄漆之色之籃乗輿仕候

一、是迄出府仕ル儀者無御座候

一、両寺末寺籃乗輿之寺院者無御座候

右之通相違無御座候、已上

明和六己丑年十月　本能寺印

本妙寺
長應寺
本興寺印

右之通請書差上申候間、御届申上候、已上

明和七年寅二月二日
尼崎
本興寺
役者

大坂
御奉行所

乍恐口上

一、先達而久遠寺塔頭本光院・宝樹院、右弐ヶ院往古より有来候事ニ付其侭塔頭相立度旨相願候処、本山表御問合被下、猶亦御糺被成候之上、申立候趣此度御聞届ヶ被成下難有奉存候、以上

明和七寅年四月廿日
兵庫津久遠寺
宝樹院判

御奉行所

奉願口上覚

一、当寺塔頭堯運院跡無住ニ付、当寺学室ニ罷在候義感与申僧後住ニ仕度奉存候、願之通被為仰付被下候ハヽ、忝奉存候、以上

明和七寅年
閏六月
本興寺役者
恵運院印
本教院印

寺社御奉行所

指上申由緒書

一、拙僧儀、本国生国淡刕須本冨士屋源右衛門悴、俗名松三郎与申候、法花宗同国同処本妙寺檀那、父母共同宗同寺檀那ニ而御座候、私儀出家之望御座候ニ付、同本妙寺弟子ニ罷成、九才ニ而剃髪仕、僧名義感与相改、宝暦九己卯年本興寺談林ニ而修学仕[redacted]

同月日
堯運院義感印

寺社御奉行所

奥書文言前之通

日専（寺号丸印）

御届申上候覚

一、当寺隠居日憲就病身ニ大坂福嶋岡松寺江出養生仕罷有候処、昨朔日被致死去候、尤則送葬之儀者任遺言、則於彼寺ニ取置仕候、右為御断如斯御座候、以上

寅八月二日　本興寺
　　　　　　日専（丸判）判

寺社御奉行所

一、一乗院役者願文参、如前

寅十月五日

（ママ）
一

御届申上候口上之覚

一、来廿四日・五日開山会法事執行仕候、依之開山堂西椽通り江少々張出仕度奉存候、此段御届奉申上候、以上

卯二月　本興寺役者

寺社御奉行所

奉願口上

一、拙僧病気ニ付、大坂中寺町本経寺へ出養生仕度奉存候、尤留主中寺役其外宗門御改代判之儀、養壽院へ相頼申度奉存候、右願之通被仰付被下候ハヽ、忝奉存候、以上

明和八年
卯二月　本興寺塔頭
　　　　恵運院判

寺社御奉行所

右之通相無（違脱カ）御座候、以上　本興寺役者
　　　　　　　　　　　　　　　一乗院判
　　　　　　　　　　　　　　　本教院判

奉願口上

一、当寺塔頭恵運院病気ニ付出養生留主之間、所々宗門御改印形拙僧代判等被仰付被下候ハヽ、忝奉存候、以上

本興寺塔頭
養壽院

月日

寺社御奉行所

奉願口上覚

一、当寺塔頭實成院後住之儀、当寺学室ニ罷有候観玉与申僧後住ニ仕度奉存候、願之通被為仰付被下候ハヽ、忝奉存候、以上

本興寺役者
恵運院

明和八年卯十月十八日

一乗院

寺社御奉行所

本敎院

指上申由緒書

一、拙僧儀、本国生国羽州秋田中山和兵衛忰、俗名文助与申候、法華宗同国同所蓮荘寺檀那、父母共ニ同宗同寺檀那ニ而御座候、私義出家之望御座候ニ付、同蓮荘寺弟子ニ罷成、拾歳ニ而致剃髪、僧名観玉与相改、宝暦十四年申歳摂州尼崎本興寺談林ニ而修学仕候処、今般實成院跡就無住、先達而役者より拙僧儀後住ニ仕度旨御願申上候処、被為　聞召届願之通被為　仰付難有奉存候、兼而被為　仰付候御制法之趣聊無相違急度相守、邪法受用仕間敷候、為後日之仍如件

明和八年卯十月

實成院観玉

寺社
御奉行所

前書之通相違無御座候、観玉儀羽州秋田蓮荘寺弟子ニ紛無御座候、今度實成院就無住後住ニ仕度旨役者より御願申上候処、願之通被為　仰付忝奉存候、兼而被為　仰付候御制法急度相守、邪法受用不仕候様ニ申付候、為後証之奥書印形仕差上申処、如件

本興寺
日専

御願申上候口上覚

一、宮町御座候当寺末庵眞如庵無住ニ付、今般京都妙典寺末寺摂刕人坂天満成正寺弟子妙慶与申比丘尼後住ニ仕度奉存候、右願之通被為　仰付被下候ハ、難有奉存候、以上

安永二年
巳四月

本興寺役者
恵運院
本敎院

寺社
御奉行所

奉願候口上

一、当寺塔頭養壽院役者仕度奉存候間、右願之通被　仰被下候ハ、忝奉存候、已上

巳四月

本興寺役者
恵運院
本敎院

寺社御奉行所

奉願候口上

一、当寺塔頭養壽院今般役者御願申上候ニ付、御城内三方御門通入無滞被仰付度奉願候、已上

巳四月

本興寺役者
恵運院
本敎院

寺社御奉行所

御届申上口上覚

一、寺内御座候松之枝打仕度ニ付御届申候間、右御聞済可被下候、以上

巳七月六日

本興寺
恵運院
本敎院

寺社御奉行所

指上申請負証文之事

一、法花宗宮町眞如庵比丘尼妙慶義、由緒宗門剃髪之様子拙者能存慥成僧ニ而御座候ニ付、請人ニ相立申候、

切支丹宗門者不及申、転類族之子孫ニ而も無御座候、兼而被為　仰付候御制法聊無相違相守、邪法受用　為仕間敷候、其外六ヶ敷義出来候ハヽ、拙者如何様之曲事ニも可被仰付候、為後日請負証文差上申所、仍而如件

安永二年
巳七月　　　　宮町小浜屋
　　　　　　　　勘右衛門印

名主久兵衛殿
惣代文蔵殿

一札之事

一、宮町有之候当寺末寺眞如庵就無住、大坂天満成正寺弟子妙慶比丘尼致住持度候、則宗旨吟味之上送一札取置候、尤何等之子細茂無之者ニ而御座候、若六ヶ敷義出来候ハヽ、当方引受掛御難申間敷候間、向後宮町宗旨人別御帳面ニ御書加江可被下候、仍為後日如件

安永二年
巳七月　　　　本興寺役者
　　　　　　　　惠運院
　　　　　　　　本敎院

名主久兵衛殿
惣代文蔵殿

御願申上口上書

一、宮町御座候当寺末庵眞如庵長々就無住、今般摂州大坂天満東寺町成正寺弟子妙慶与申比丘尼後住仕度奉存候、右師匠成正寺より送り一札取置慥成者ニ御座候、右願之通被為仰付被下候ハヽ、難有奉存候、以上

安永二年
巳七月　　　　本興寺役者
　　　　　　　　惠運院
　　　　　　　　本敎院

寺社
　御奉行所

指上申由緒書

一、私儀、本国生国摂州大坂天満御同心桐谷伊八郎与申者之娘りき与申候、法花宗大坂大満成正寺檀那、父母共同宗同寺旦那ニ而御座候、私義心願御座候而出家仕

候、同成正寺弟子ニ罷成、五十才ニ而致剃髪、尼名妙慶与相改、是迄大坂天満大工町正木屋喜兵衛借屋ニ居申候、今般本興寺末寺宮町眞如庵就無住、先達役者より後住之御願申上候処、被為聞召届願之通被為仰付難有奉存候、兼而被為仰付候御制法之趣聊無相違急度相守、邪法受用仕間敷候、為後日如件

安永二年
巳七月

宮町眞如庵
妙慶印

寺社
御奉行様

前書之通無相違、妙慶義成正寺弟子紛無御座候、今般宮町眞如庵就無住後住仕度旨役者より御願申候処、願之通被為仰付忝奉存候、兼而被為仰付候御制法急度相守、邪法受用不仕候様申付候、為後日奥書印形仕指上申候処、如件

本興寺
日専印

御断申上口上覚

一、此度従江戸触頭別紙之通申来候ニ付、致承知候趣致請書指下申候、依之御届申上候、已上

巳七月廿九日

本興寺役者
恵運院
本教院

寺社御奉行所

尤別紙者御触帳ニ有之

奉願候口上

一、当寺塔頭養壽院役者仕度奉存候間、右願之通被仰付被下度奉願候、以上

巳十月十六日

恵運院
本教院

寺社御奉行処

奉願候口上

一、当寺塔中養壽院今般役者御願申上候ニ付、御城内三方御門通入無滞被仰付被下度奉願候、以上

巳十月十六日　　　惠運院

寺社御奉行処　　　本教院

奉願口上

当寺塔中本壽院儀、近年病身ニ罷成候ニ付、寺役難相勤
隠居仕度候、願之通被為仰付被下候ハヽ、忝可奉存候、以
上

巳十月十六日　　　惠運院

本教院

寺社御奉行処

御断申上口上

一、当寺塔頭實成院勧玉儀、子細御座候ニ付退院申付候
間、此段御聞届可被下候、右之段御達申上候、以上

本興寺役者
養壽院

午八月　　　惠運院

寺社
御奉行所　　　本教院

奉願口上

一、拙僧生国備前牛窓ニ母御座候処、大病ニ付無拠急々
罷下候様申越候、依之日数凡廿日斗之逗留ニ而帰国仕
度奉存候、尤留主中寺役等同塔頭養壽院江相頼申度奉
存候、右願之通被仰付被下候者忝奉存候、以上

安永参年
午十一月　　　本興寺塔頭
一乗院

右之通相違無御座候、被仰付可被下候、以上

本興寺役者
養壽院

寺社
御奉行所　　　本教院

御届申上候口上

一、拙僧就法用兵庫津江罷越、日数凡十四五日逗留仕度

奉存候、尤留守中寺役等之義者同塔頭養壽院へ相頼申
度奉存候、此段御届申上候、以上

午十一月

本興寺塔頭
本教院
同
養壽院

寺社
御奉行所

奉願口上

一、拙僧儀、入院已来今年迄弐ヶ年当寺住職相勤候処、
近年病身ニ罷成寺務難成難義仕候、依之隠居仕度奉存
候、右願之通被為仰付被下候ハ丶難有奉存候、以上

未三月

本興寺
日専

寺社御奉行所

奉願口上

一、当寺塔頭本成院役者仕度奉存候、右願之通被為仰付
被下候ハ丶忝奉存候、已上

未五月

本興寺役者
養壽院
本教院

寺社御奉行所

奉願口上覚

一、当寺塔頭本成院今般役者御願申上候ニ付、御城内三
方御門通入無滞被仰付被下度奉願候、已上

未五月

本興寺役者
養壽院
本教院

寺社御奉行所

奉届口上

一、当寺隠居日専儀、則当寺末寺泉刕堺顕本寺江当月二
日無滞被引取申候、右為御断之如此御座候、已上

未六月

本興寺役者
本成院
同
養壽院

同　本教院

寺社御奉行所

奉願口上之覚

一、当寺塔頭堯運院儀、淡州須本本敎寺江為致転住度奉
存候、右願之通被仰付被為下候ハヽ、難有奉存候、以上

本成院

安永四年未十一月廿二日　本興寺役者

養壽院

本敎院

寺社御奉行所

御願申上候口上覚

一、当寺当千部経例年従四月朔日十日迄相勤候儀、当年
者就勝手従三月廿日・廿九日致修行度奉存候ニ付、右
御願申上候、已上

申二月八日

本興寺印

寺社御奉行所

口上之覚

一、裏松左中弁殿御家来岡田主膳与申仁、但上下弐人、
今般内用ニ付下向有之候、用事相済候迄為致逗留度候
間、右御断申上候、已上

申六月十一日

本興寺

養壽院

寺社御奉行所

御願申上口上

一、当寺境内番神社内御座候松樹凡目通五尺、同墓所ニ
有之候松樹凡目通六尺、右弐本枯申候間、根切仕度奉
存候ニ付、御願申上候、已上

申九月

本興寺役者

本成院

養壽院

本敎院

寺社御奉行所

奉願口上覚

一、当寺塔頭本壽院無住ニ付、後住当寺学室罷在候寛達与申僧後住ニ仕度奉存候、願之通被為仰付被下候ハヽ、忝可奉存候、已上

安永六年
酉五月十日

本興寺役者
堯運院印
養壽院印
本教院印

寺社御奉行所

御断申上候口上覚

一、当寺門守安兵衛与申者、去霜月暇遣申上候、右之通御聞済可被成下候、已上

戌二月廿三日

本興寺役者
堯運院
養壽院
本教院

寺社御奉行所

五　願書留

文化九（一八一二）・九〜文政五（一八二二）・三

六八〇

（表紙）

文化九壬申年 願書控 十月下旬日

奉願上口上覚

一、当寺祖師堂南之方ニ御座候目通凡五尺廻リ程之松枯木ニ相成申候ニ付、根切仕度奉願上候、右之通被為仰付可被下候ハヽ、忝奉存候、以上

文化九申九月

本興寺役者
本成院
一乗院
堯運院

寺社
御奉行所

右之通相違無御座候ニ付奥印仕候、以上

本興寺

奉願上口上覚

一、当寺境内西側外囲之高塀十五間之間破損仕候ニ付、朽損候柱取替、根継等仕、繕修復仕度奉願上候、尤小破之義ニ付、大工遣ヶ間敷義者一切不仕候、右願之通被為仰付被下候ヘハ忝可奉存候、以上

本興寺役者
本成院
一乗院
堯運院

文化九申九月

寺社
御奉行所

右之通相違無御座候ニ付奥印仕候、以上

本興寺

御届申上候口上覚

一、当寺表之通之高塀上塗仕候ニ付、○前三尺通板囲仕度奉存候、此段御断為可（ママ）申候、如此ニ御座候、以上

文化九年申十一月

本興寺役者
本成院
一乗院
堯運院

寺社
御奉行所

奉願口上覚

一、当寺塔頭恵運院無住ニ御座候ニ付、当寺末寺泉州堺顕本寺志玄与申僧後住ニ仕度奉存候、右願之通被為仰付被下候ハヽ、忝可奉存候、以上

文化九年
申十二月

本興寺役者
一乗院
堯運院

寺社
御奉行所

右之通相違無御座候ニ付奥印仕候

本興寺

一、当寺塔頭本敎院無住ニ御座候付、当寺末寺淡州釜口野田坊義存与申僧後住ニ仕度奉存候、右之願通被為仰付被下候ハヽ、忝奉存候

文化九年
申十二月
本興寺役者
一乘院
堯運院

寺社御奉行所

奥書同断

差上申由緒書之事

一、拙僧義本国生国淡州津名郡大谷村今岡文治悴千代蔵与申候、法ヶ宗同国同所野田坊弟子ニ罷成、拾一才ニ而剃髪仕、僧名義存与相改、寛政元酉年本能寺談林へ罷越修学仕候而、淡州野田坊へ寺務仕罷在候、今般当寺塔頭本敎院跡無住ニ付、先達而従役者拙僧義後住ニ仕度旨御願申上候処、被為聞召届、願之通被為仰付難有奉存候、兼而被仰付候御制法之趣聊無相違急度相守、邪法受用仕間敷候、為後日如件

文化九年申
十二月
本興寺塔頭
本敎院
義存判

寺社御奉行所

前書之通相違無御座候、義存義淡州野田坊弟子ニ紛無御座候、此度本敎院無住ニ付、従役者後住ニ仕度旨御願申上候処、願之通被仰付忝奉存候、兼而被仰付候御制法急度相守り、邪法受用不仕候様申付候、為後証奥書印形仕り指上申候、仍而如件

本興寺
日静

差上申由緒書之事

一、拙僧義本国生国江戸酒井大和守様（安房勝山藩・忠嗣）御家中安藤玄庵悴助二郎与申候、法ヶ宗同国同所永隆寺弟子ニ罷成、八才ニ而剃髪仕候、僧名志玄与相改、宝暦元年甲州細学談林へ罷越修学仕候而、泉州堺顕本寺へ寺務仕候（ニ脱）罷在候、今般当寺塔頭恵運院跡無住ニ付、先達而従役者拙

僧義後住ニ仕度旨御願申上候所、被為聞召届、願之通被為仰付難有奉存候、兼而被仰付候御制法之趣聊無相違急度相守邪法受用仕間敷候、為後日如件

本興寺塔頭
惠運院
志玄

文化九年
申十二月

寺社御奉行所

前書之通相違無御座候、志玄義江戸永隆寺弟子ニ紛無御座候、此度惠運院無住ニ付、従役者後住ニ仕度旨御願申上候処、願之通被仰付忝奉存候、兼而被仰付候御制法急度相守、邪法受用不仕候様申付候、為後証奥書印形仕差上申候、仍而如件

本興寺
日静

奉願口上覚

一、当寺塔頭實成院無住ニ御座候付、当寺学室ニ相勤居申候[redacted]智三後住ニ仕度奉存候、右願之通被為仰付被下候ハヽ、忝可奉存候、以上

文化十年
酉正月

本興寺役者
本成院
一乗院
堯運院

寺社
御奉行所

右之通相違無御座候付、奥印仕候

本興寺

奉願口上覚

一、来ル二月十七日より十九日迄当寺開山法事相勤候ニ付、大坂檀中・講中共願届之旨御座候而、子供ニ兜装束為仕、供物為相備申度奉願上候、尤名前之義ハ其節御届ヶ可申上候、右願之通被為仰付被下候ハヽ、忝可奉存候、以上

文化十酉二月

本興寺役者
本成院
一乗院
堯運院

寺社
御奉行所

右之通相違無御座候ニ付奥印仕候、以上

本興寺

文化十年酉十一月

本興寺役者
本成院
一乗院
堯運院

寺社
御奉行所

右之通相違無御座候ニ付奥印仕候、以上

本興寺印

奉指上出寺証文之事

一、拙僧義病身ニ罷成、殊ニ老衰仕候而寺役難相勤候ニ付、従役者退院之義奉願上候所、願之通被為仰付難有奉存候、依之今般泉州堺顕本寺江引越保養仕居申、尤拙僧在院之間檀方宗門疑敷儀無御座候、邪法受用不仕候、若此等之義ニ付故障之品御座候ハヽ、何時ニ而茂御召返御吟味之上急度申開可仕候、為後日証文仍而如件

文化十年酉十一月

本興寺塔頭
恵運院
志玄

奉願口上覚

一、当寺学室表通破損仕候ニ付、腰板取替、上塗等仕度奉願候、右願之通被為仰付被下候ハヽ、忝可奉存候、以上

二月三日

本興寺役者
本成院
一乗院
堯運院

寺社
御奉行所

右之通相違無御座候ニ付奥印仕候、以上

本興寺印

奉願上口上覚

一、当寺塔頭恵運院志玄義病身ニ罷成、其上老衰仕候ニ付、寺役難相勤候ニ付、為致退院度奉願上候、右願之通被為仰付被下候ハヽ、忝可奉存候、以上

寺社
御奉行所

右之通相違無御座候ニ付奥印仕候、以上

本興寺役者
本成院
一乗院
堯運院

送り一札

一、当寺門守儀五郎年三拾九才、此者義此度勝手ニ付暇遣申候処実正也、当寺塔頭實成院檀那ニ紛無御座、中在家町備前屋徳兵衛方江引取申候間、其町内江御加入可被成候、為後日人別送り一札仍而如件

文化十一年戌四月

本興寺役者
堯運院印

中在家町
役人中

一札

一、其御寺内門守相勤罷在候儀五郎与申当三拾九才ニ罷成候者、此度私方江同家ニ呼取申候処相違無御座候、自今此方人別御帳面江書加へ■可申候、為後日人別請取仍而如件

文化十一戌年四月

中在家町
備前屋徳兵衛印

右之通リ相違無御座候、此方帳面へ書加へ可申候、以上

同町
惣代　金助印

本興寺役者中

奉願口上覚

一、当寺ニ召抱置候門守儀五郎与申者、此度勝手ニ付御城下中在家町備前屋徳兵衛方江引取申度段願出候ニ付、任其意差遣申度奉願上候、右願之通被為仰付被下候ハ、、忝可奉存候、以上

文化十一年戌四月

本興寺役者
本成院

一乗院
堯運院

寺社
御奉行所

右之通り相違無御座候ニ付奥印仕候、以上

本興寺

奉願上口上覚

一、当寺塔頭一乗院智静義、病身ニ罷成、寺役難相務候ニ付、為致隠居度奉願上候、右願之通被為仰付被下候ハヽ、忝可奉存候、以上

文化十一年甲戌十一月

本興寺役者
本成院
堯運院

寺社
御奉行所

右之通相違無御座候ニ付奥印仕候、以上

本興寺

奉願指上出寺証文之事

一、拙僧義病身ニ罷成候而、寺役難相勤候ニ付、従役者隠居之儀奉願上候処、願之通被為仰付難有奉存候、依之今般泉州堺本受寺江引越保養仕居申候、尤拙僧在院之間檀方宗門疑敷儀無御座候、邪法受用不仕候、若此等之儀ニ付故障之品御座候ハヽ、何時ニ而も御召返御吟味之上急度申開可仕候、為後日証文仍而如件

文化十一年戌十二月

本興寺塔頭
一乗院
智静

寺社
御奉行所

右之通相違無御座候ニ付奥印仕候、以上

本興寺役者
本成院
堯運院

奉願口上覚

一、当寺塔頭堯運院就用事今日京都本能寺江罷越申候、

尤逗留之所相分不中候、右之段御届ヶ申上候、以上

亥二月廿七日　　　本興寺役者
　　　　　　　　　　本成院印

寺社
御奉行所

右之通相違無御座候ニ付奥書仕候、以上

　　　　　　　　　　本興寺印

奉願口上覚

一、当寺塔頭堯運院就用事京都本能寺へ罷越候ニ付、
所々宗門御改印形落印御願申上度奉存候、右願之通被
為仰付被下候ハヽ、忝奉存候、以上

二月廿七日　　　本興寺役者
　　　　　　　　　　本成院印

寺社
御奉行所

右之通相違無御座候ニ付奥書仕候、以上

　　　　　　　　　　本興寺印

一、当寺塔頭惠運院無住ニ付、所々宗門御改印形代判之
義御願申上候、右願之通被為仰付被下候ハヽ、忝奉存
候、以上

二月廿七日　　　本興寺塔頭
　　　　　　　　　　本壽院印

寺社
御奉行所

右之通相違無御座候ニ付奥印仕候

　　　　　　　　　　本興寺印

奉願口上覚

一、当寺塔頭實成院義病気ニ付、所々宗門御改印形落印
御願申上度奉存候、右願之通被為仰付被下候ハヽ、忝奉
存候、以上

二月廿八日　　　本興寺役者
　　　　　　　　　　本成院印

寺社
御奉行所

右之通相違無御座候ニ付奥印仕候、以上

本興寺丸印

寺社
御奉行所

奉願口上覚

一、当寺塔頭本壽院義、今日灘目小路村庄屋四郎右衛門死去仕候ニ付、九ツ時送り仕候ニ付、寺町宗門御改之所落印御願申上度候、右願之通被為仰付被下候ハ、忝奉存候、以上

亥　　本興寺役者
　　　　本成院印

寺社
御奉行所

奉願口上覚

一、当寺塔頭本壽院ニ居申候恭眞義、夜前より急病ニ而今朝養生不相叶病死仕候、右御案内奉申上候、此段御聞届ヶ可被下候、以上

亥六月十六日　　本興寺役者
　　　　本成院
　　　　堯運院

寺社
御奉行所

「（全文抹消）
御届ヶ申上候口上覚

一、当寺塔頭堯運院就用事ニ今日備前牛窓本蓮寺江罷越申候、尤逗留之処相知れ不申候、右之段御届ヶ申上候、以上

亥七月　　本興寺
　　　　本成院

御奉行所

右之通相違無御座候ニ付奥書仕候、以上

本興寺丸印」

奉願口上覚

一、当寺塔頭一乗院無住ニ付、当寺学室相勤居申候智了儀後住ニ仕度奉存候、右願之通被仰付被下候ハ、忝可奉存候、以上

本興寺役者
　　　　本成院印

文化十二亥七月

堯運院他行無印

寺社御奉行所

右之通相違無御座候ニ付奥印仕候

寺町月番
甘露寺

差上申由緒書之事

一、拙僧義本国生国隅州種子嶋長野善右衛門忰俗名善松与申候、法花宗同国同所慈遠寺弟子ニ罷成、拾才ニ而剃髪仕、僧名智了与相改、文化四卯年尼崎本興寺談林へ罷越修学仕居申候処、今般当寺塔頭一乗院無住ニ付、先達而役者より拙僧義後住ニ仕度旨御願申上候処、被為聞召届、願之通り被為仰付難有奉存候、兼而被仰付候御制法之旨聊違背不仕急度相守、邪法受用仕間敷候、為後日之由緒一札如件

文化十二亥年七月

本興寺塔頭
一乗院智了印

寺社御奉行所

前書之通相違無御座候、智了義隅州種子嶋慈遠寺弟子ニ紛無御座候、此度一乗院無住ニ付、拙僧共後住ニ仕度旨御願申上候処、願之通り被仰付忝奉存候、兼而被仰付候御制法急度相守、邪法受用不仕様申付候、為後証奥書印形仕差上申候、仍而如件

本興寺
本成院

御届申上、他行ニ付無印
堯運院

奉願口上覚

一、拙僧儀就用事備前牛窓本蓮寺江罷越申度奉願上候、右願之通被為仰付候ハ、忝可奉存候、以上

亥七月

本興寺役者
堯運院

寺社御奉行所

右願之通相違無御座候ニ付奥印仕候、以上

寺町月番
甘露寺
法園寺

御届申上候口上覚

一、当寺境内ニ御座候松之植木小枝打仕度奉存候、右御届申上度如此御座候、以上

文化十二亥八月

本興寺役者
本成院
堯運院

寺社
御奉行所

奉願上口上覚

一、当寺塔頭恵運院無住ニ付、所々宗門御改印形拙僧江代判被為仰付被下度奉願上候、右願之通被為仰付被下候ハヽ、忝可奉存候、以上

文化十三年
子二月

本興寺塔頭
堯運院

寺社
御奉行所

右之通相違無御座候ニ付奥印仕候、以上

同寺役者
本成院

本壽院代判願本成院同断

奉願上口上覚

一、当寺塔頭本敎院義存義、病身ニ罷成、寺役難相務候ニ付、為致隠居度奉願上候、右願之通、被為仰付被下候ハヽ、忝可奉存候、以上

文化十三年
丙子十一月

本興寺役者
本成院
堯運院

寺社
御奉行所

右之通相違無御座候ニ付奥印仕候、以上

本興寺

奉願上口上覚

一、当寺塔頭本敎院義存義、病身ニ罷成、寺役難相勤候ニ付、為致隠居度奉願上候、右願之通被為仰付被下候ハヽ、忝可奉存候、以上

本興寺役者

文化十三年丙子年十一月　本成院判
堯運院判
寺社
御奉行所

右之通相違無御座候ニ付奥印仕候、以上
本興寺判

奉差上出寺証文之事

一、拙僧義病身ニ罷成候而、寺役難相勤候ニ付、従役者隠居之義奉願上候処、願之通被為仰付難有奉存候、依之今般泉州堺顕本寺江引越保養仕居申候、尤拙僧在院之間檀方宗門疑敷義無御座候、邪法受用不仕候、若此等之義ニ付故障之品御座候ハヽ、何時ニ而も御召返御吟味之上急度申開可仕候、為後日仍而如件

文化十三年子十一月　本興寺塔頭
本教院
義存
寺社
御奉行所

右之通相違無御座候ニ付奥印仕候、以上

御届申上口上覚

一、当寺塔頭本成院義、就用事今日京都本能寺江罷越申候、尤逗留之程相知不申候、右之段御届為可申上、如此御座候、以上

子十二月朔日　本興寺役者
本成院
堯運院
寺社
御奉行所

本興寺役者
堯運院判

奉願口上覚

一、当寺塔頭本壽院無住ニ付、当寺学室ニ相勤居申候泰恩義後住仕度奉存候、右願之通り被仰付被下候ハヽ忝可奉存候、以上

文化十三子十二月　本興寺役者
本成院
他行仕候ニ付無印

堯運院印

寺社
御奉行所

右之通相違無御座候ニ付奥印仕候

本興寺

奉差上由緒書之事

一、拙僧義本国生国備後相方藤屋又五郎悴、俗名万蔵与申候、法花宗同国同所本泉寺弟子ニ罷成、十一才ニ而剃髪仕、僧名泰恩与相改、文化七年午尼崎本興寺檀林江罷越修学仕居申候所、今般当寺塔頭本壽院無住ニ付、先達而役者より拙僧義後住ニ仕度旨奉願上候処、被為聞召届願之通被為仰付難有奉存候、兼而被仰付候御制法之旨聊違背不仕、急度相守邪法受用仕間敷候、為後日之由緒一札仍而如件

文化十三年子十二月

本興寺塔頭
本壽院
泰恩印

寺社
御奉行所

前書之通相違無御座候、泰恩儀備後相方本泉寺弟子ニ紛無御座候、此度本壽院無住ニ付、従役者後住ニ仕度旨奉願上候所、願之通被為仰付忝奉存候、兼而被仰付候御制法急度相守邪法受用不仕候様申付候、為後証之奥書印形仕奉差上候、仍而如件

本興寺
日英

奉願上口上覚

一、当寺塔頭本敎院無住ニ付、所々宗門御改拙僧江代判被為仰付被下度奉願上候、右願之通被為　仰付被下候ハヽ、忝可奉存候

文化十四年
丑二月

本興寺塔頭
堯運院判

寺社
御奉行所

右之通相違無御座候ニ付奥印仕候、以上

本興寺役者
本成院判

奉願上口上覚

一、当寺塔頭惠運院無住ニ付、所々宗門御改印形拙僧江代判被為　仰付被下度奉願上候、右願之通被為仰付被下候ハヽ、忝可奉存候、以上

文化十四年
丑二月　　本興寺塔頭
　　　　　　本壽院判

寺社
　御奉行所

右之通相違無御座候ニ付奥印仕候、以上

本興寺役者
　堯運院判
　本成院判

（貼紙）「
奉願口上覚

一、拙僧義急病指発甚難儀仕歩行難相調御座候、依之今日荻野村宗門御改判形落印被仰付被下度奉願上候、右願之通被仰付被下候ハヽ、忝可奉存候、以上

二月廿九日　　本興寺塔頭
　　　　　　　　本成院

寺社
　御奉行所

右之通相違無御座候ニ付奥印仕候

本興寺役者
　堯運院」

奉願上口覚（上脱カ）

一、当寺塔頭養壽院啓成義病身ニ罷成、寺役難相勤候ニ付、為致隠居奉願上候、右願之通被為　仰付被下候ハヽ、忝可奉存候、以上

文化十四丑年
五月　　本興寺役者
　　　　　本壽院判
　　　　　堯運院判

寺社
　御奉行所

右之通相違無御座候ニ付奥印仕候、以上

本興寺判

奉差上出寺証文之事

一、拙僧義病身ニ罷成候而、寺役難相勤候ニ付、従役者隠居之義奉願上候処、願之通被為仰付難有奉存候、依之今般大坂本経寺江引越保養仕居申候、尤拙僧在院之間檀方宗門疑敷義無御座、邪法受用不仕候、若此等之義ニ付故障之品御座候ハヽ、何時ニ而も御召返御吟味之上急度申開可仕候、為後日証文仍而如件

文化十四年
丑五月　　本興寺塔頭
　　　　　養壽院判
　　　　　啓成

寺社
御奉行所

右之通相違無御座候ニ付奥印仕候、以上

本興寺役者
本成院判
堯運院判

御届申上口上覚

一、当寺塔頭本成院義、京都本能寺江就用事ニ今日京上下上仕候、尤来ル廿二三日頃迄逗留可仕候、右之段御届為可申上如斯御座候、以上

丑六月十三日　　本興寺役者
　　　　　　　　堯運院

寺社
御奉行所

奉伺口上覚

一、当院檀那中在家町八百屋吉兵衛与申者、一昨廿五日夜自害仕、則御検使相済、死骸悴弥兵衛并親類共江被下置候趣ニ而、葬之儀親類共申来候ニ付葬義可申哉、此段以書附御伺奉申上候、以上

文化十四年
丑六月廿七日　　本興寺塔頭
　　　　　　　　堯運院

寺社
御奉行所

御届申上口上覚

一、当寺境内ニ御座候松之小枝打仕度奉存候、右御届為

可申上、如此御座候、以上

文化十四年
丑九月

本興寺役者
本成院
堯運院

寺社
御奉行所

奉願口上覚

一、当寺塔頭養壽院無住ニ御座候ニ付、当寺末寺備中赤浜村妙徳寺隠居止静義後住仕度奉願上候、右願之通被為仰付被下候ハヽ、忝可奉存候、以上

文化十四年
丑十一月

本興寺役者
本成院
堯運院

寺社
御奉行所

右之通相違無御座候ニ付奥印仕候、以上

本興寺

奉願口上覚

一、当寺塔頭惠運院無住ニ御座候ニ付、当寺学室相勤居申候泰円義後住ニ仕度奉願上候、右願之通被為　仰付被下候ハヽ、忝可奉存候、以上

文化十四年
丑十一月

本興寺役者
本成院判
堯運院判

寺社
御奉行所

右之通相違無御座候ニ付奥印仕候、以上

本興寺判

奉差上候由緒書之事

一、拙僧義本国生国讃州丸亀大嶋屋久兵衛悴、俗名太蔵与申候、法花宗大坂天満藤井寺弟子ニ罷成、十三才ニ而剃髪仕、僧名止静与相改、天明七未年尼崎本興寺檀林江罷越修学仕、去ル文化四卯年帰国仕、同年備中赤浜村妙徳寺住職仕候而、昨年彼寺隠居仕罷在候、然ル処今般当寺塔頭養壽院無住ニ付、先達而従役者拙僧義

後住ニ仕度旨奉願上候処、願之通リ被仰付難有奉存
候、兼而被仰付候御制法之趣聊違背不仕、急度相守、
邪法受用仕間敷候、為後日由緒書一札仍而如件

文化十四年丑十一月　本興寺塔頭
養壽院
止静印

寺社
御奉行所

前文之通相違無御座候、止静義備中赤浜村妙徳寺隠居
紛無御座候、此度養壽院無住ニ付、従役者後住ニ此度
被為奉願上候処、願之通被仰付忝奉存候、兼而被仰付
候御制法之趣急度相守邪法受用不仕候様申付候、為後
証奥書印形仕奉差上候、仍而如件

本興寺
日英

一、事照坊由緒書文言同前、但シ本国生国備後新市村永
久吉重郎悴ニ而俗名才一与申候、法花宗同国同所本住
寺弟子ニ罷成十九歳ニ而剃髪仕、僧名泰円与相改、文
化九申年尼崎本興寺談林江罷越修学仕居申候処与云々

年号月日　同前

御届申上口上覚

一、拙僧義法用御座候ニ付、当寺末寺長柄村大願寺江罷
越申候、尤四五日致逗留候間、此段御届ヶ為可申上、
如斯御座候、已上

文政元年
寅霜月六日　本興寺丸印

御月番
大覺寺

常樂寺

右笠掛ニ認事
帰寺之時切紙ニ而届事、但シ無印也

奉願上口上覚

一、当寺塔頭本壽院忝恩義病身ニ罷成、寺役難相勤候ニ
付、為致隠居度奉願上候、右願之通被為　仰付被下候
ハヽ、忝可奉存候、以上

文政元年
寅十一月
本興寺役者
本成院
堯運院
寺社
御奉行所

右之通相違無御座候ニ付奥印仕候、以上
本興寺

奉差上出寺証文之事
一、拙僧義病身ニ罷成候而、寺役難相務候ニ付、従役者隠居之義奉願上候処、願之通被為　仰付難有奉存候、依之今般備後相方本泉寺江引越保養仕申候、尤拙僧在院之間檀方宗門疑敷義無御座、邪法受用不仕、若是等之義ニ付故障之品御座候ハヽ、何時ニ而茂御召返御吟味之上急度申開可仕候、為後日之証文仍而如件
文政元年
寅十二月
本興寺塔頭
本壽院
泰恩判
寺社
御奉行所

右之通相違無御座候ニ付奥印仕候、以上
本興寺役者
本成院
堯運院

奉願上口上覚
一、当寺塔頭養壽院義役者ニ仕度奉願上候、右願之通被為仰付被下候ハヽ、忝可奉存候、以上
文政二年
卯三月
本興寺役者
本成院
堯運院
寺社
御奉行所

右之通相違無御座候ニ付奥印仕候、以上
本興寺

奉願上口上覚
一、当寺塔頭養壽院儀今般役者ニ奉願上候ニ付、御城内三方御門通入無滞被為仰付被下候様奉願上候、右願之

通被為仰付被下候ハヽ忝可奉存候、以上

文政二年
卯三月

本興寺役者
本成院
堯運院

寺社
御奉行所

右之通相違無御座候ニ付奥印仕候、以上

本興寺

奉願上口上覚

一、当寺塔頭本成院孝碩義病身ニ罷成、寺役難相勤候ニ付、為致隠居度奉願上候、右願之通被為仰付被下候ハヽ、忝可奉存候、以上

文政二年卯三月

本興寺役者
養壽院
堯運院

寺社
御奉行所

右之通相違無御座候ニ付奥印仕候、已上

本興寺

奉差上出寺証文之事

一、拙僧義病身ニ罷成、寺役難相勤候ニ付、従役者隠居之義奉願上候処、願之通被為　仰付難有奉存候、依之今般大坂谷町立本寺江引越保養仕居申候、尤拙僧在院之間檀方宗門疑敷義無御座候、邪法受用不仕候、若此等之義ニ付故障之品御座候ハヽ、何時ニ而も御召返し、御吟味之上急度申開可仕候、為後日之仍而如件

文政二年
卯四月

本興寺塔頭
本成院
孝碩

寺社
御奉行所

右之通相違無御座候ニ付奥印仕候、已上

本興寺役者
養壽院
堯運院

奉伺口上覚

一、当寺常千部経例年之通今日より執行仕候ニ付、音楽差加申度奉存候所、御停止中之義ニ御座候へハ、如何御座候哉、乍恐此段以書付御伺奉申上候、以上

四月朔日

本興寺役者
養壽院
堯運院

寺社
御奉行所

以書付奉願候

一、当寺庫裏梁行六間桁行六間屋根瓦葺ニ有来候処、及大破候ニ付、此度在姿之通建修覆ニ仕、屋根葺替仕度奉願上候、右願之通御許容被為成下候者難有奉存候、以上

文政三辰年五月

本興寺役者
養壽院
堯運院

寺社御奉行所

前文之通相違無御座候ニ付奥印仕候、以上

本興寺

乍恐以書付奉願上候

（二字ハヌキ出ル）
松平遠江守殿領分摂州
河辺郡尼崎法ヶ宗
一派本山

本興寺

一、当寺庫裏梁行六間桁行六間屋根瓦葺ニ有来候所、及大破候ニ付、此度在姿之通建修覆ニ仕、屋根葺替仕度奉願上候、尤御法度之彫物・組物一切不仕候、為其絵図差（指）図仕、大工ニ為致加印奉差上候、右願之通被為仰付被下候ハ、難有奉存候、以上、

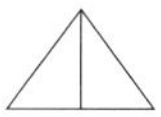

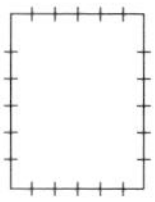

文政三辰年六月

本興寺
同役者
養壽院

同所辰巳町大工
杢兵衛

御奉行所
大坂江差出願書、但奥印御蔵屋敷ニ而被認

御窺奉申上口上覚

一、当寺庫裏及大破候ニ付、建修覆仕、屋根葺替仕度段奉願上候所、願之通御許容被為仰付難有奉存候、右ニ付、当月七日大坂御奉行所へ願書差上申度奉存候間、右願書之本紙幷ニ写書奉差上候、此段御伺奉申上候、以上

本興寺役者
養壽院
堯運院

文政三辰年六月

寺社
御奉行所

奥印如前

御断奉申上口上覚

一、先達而御伺奉申上候通、当寺庫裏建修覆為願、昨六日出坂之上御蔵屋敷御奥印頂戴仕、今七日御奉行所へ罷出候所、今日之御用日御延引ニ而来ル十三日ニ相成候旨承之候ニ付、其段御蔵屋敷へも御断申上、帰寺仕候、尤御蔵屋敷御返翰之義も追而罷出相済候上ニ而御差越被下候趣被仰聞候ニ付、右之段以書付御断奉申上候

本興寺
養壽院
堯運院

六月七日

寺社
御奉行所

右之通相違無御座候ニ付奥印仕候、以上

本興寺

以書付御伺奉申上候

一、先達而御伺奉申上候通、当寺庫裏建修覆為願之、来ル十三日大坂御奉行所へ罷出申度、此段以書付御伺奉申上候、以上

本興寺役者
養壽院

六月十一日

堯運院

寺社
御奉行所

奥印如前

以書付御届奉申上候

一、先達而御窺奉申上候通り、当寺庫裏建修覆為願、作(昨)十三日大坂東ノ御奉行所江罷出候処、願之通り御聞済被成下、来巳六月中普請出来之有無御届申上候様被仰付候、尚又梁行三間御定法之事ニ候得共、此度修覆之義ニ付御聞届被置候、是已後再建等之節者、御定法之通り相願可申様被仰付、別紙之通御請書指上帰寺仕候、依之右之段以書付御届奉申上候、以上

六月十四日

本興寺役者
養壽院判
堯運院判

寺社
御奉行所

右之通相違無御座候付奥印仕候、以上

本興寺判

乍恐以書付奉願上候

松平遠江守殿領分
摂州河辺郡尼崎
法花宗一派本山
本興寺

一、当寺庫裏梁行六間桁行六間家根瓦葺ニ在来候処、及大破候ニ付、此度在姿之通建修覆仕、屋根葺替仕度奉願上候、尤御法度之彫物・組物一切不仕候、為其絵図指図仕、大工為致加印奉指上候

右願之通被為仰付被下候者難有奉存候

文政三年庚辰歳
六月

本興寺印
同役者
養壽院
同所辰巳町大工
木工兵衛

御奉行所

右之通相違無御座候ニ付奥印仕候、以上

坂口弥四郎印

裏書左之通

表書絵図目録之通承知仕候、若相違之儀御座候ハヽ私越度可被仰付候、以上

文政三年辰六月十三日　大坂大工年寄
交野屋伝兵衛印

奉指上御請書

一、当寺庫裏梁行六間・桁行六間屋根瓦葺ニ在来候所、及大破ニ候ニ付、是度有姿之通建修覆仕、屋根葺替仕度奉願上候所、願之通御聞済被為下難有奉存候

右之通願上、右庫裏梁間六間御定法より相延有之候得者、是度之建修覆之義ニ付、御聞届被成下、追而再建之節御定法之通相願普請可仕旨被仰渡奉畏候、仍而御請如件

文政三年辰六月十三日　本興寺

御奉行所
大坂へ

以書付奉願上候

一、先達而奉願上候通、当寺庫裏建修覆追而取懸り申度奉存候ニ付、材木当分地本ニ而取寄申度奉存候間、右願日雇辻御門御通被下候様奉願上候、右願之通被為仰付被下候ハヽ、難有可奉存候、以上

六月廿一日　興役
養壽院
堯運院

寺社御奉行所

奥印如前

以書付御届奉申上候

一、先達而御許容被為成下候当寺庫裏建修覆幷屋根葺替仕候ニ付、境内江梁行弐間・桁行三間屋根小板葺堀込柱縄緘之普請小屋仮建仕度奉存候、尤普請出来次第早速取払可申候間、右之段御聞届被為　成下候、忝可奉存候、以上

文政三年辰六月廿八日

本興寺役者
養壽院
堯運院

寺社
御奉行所

右之通相違無御座候ニ付奥印仕候、以上

本興寺

奉願上口上覚

一、当寺塔頭本成院無住ニ御座候ニ付、当寺学室相勤居申候諦應義後住ニ仕度奉願上候、右願之通被為仰付被下候ハ、忝可奉存候、以上

文政三年
辰九月

本興寺役者
養壽院
堯運院

寺社御奉行所

右之通相違無御座候ニ付奥印仕候、以上

本興寺

奉差上由緒書之事

一、拙僧義本国生国摂州東須磨村森田善介忰俗名喜代次与申候、法華宗同国同所妙興寺弟子ニ罷成十五歳ニ而剃髪仕、僧名諦應与相改、文化十三子年尼崎本興寺談林江罷越修学仕居申候所、今般当寺塔頭本成院無住ニ付、先達而従役者拙僧義後住ニ仕度旨奉願上候所、願之通被為　仰付難有奉存候、兼而被仰付候御制法之旨聊違背不仕、急度相守邪法受用仕間敷候、為後日之由緒一札仍而如件

文政三年
辰九月

本興寺塔頭本成院
諦應印

寺社
御奉行所

前書之通相違無御座候、諦應義摂州東須磨村妙興寺弟子ニ紛無御座候、此度本成院無住ニ付、役者より後住ニ仕度旨奉願上候所、願之通被為仰付忝奉存候、兼而被仰付候御制法急度相守、邪法受用不仕候様申付候、為後証之奥書印形仕奉差上候、仍而如件

本興寺
日英寺印

下ニ　本興寺塔頭本成院
諦應

上紙ハ　由緒書

奉願上口上覚

一、先達而奉願上候通、当寺庫裏建修覆仕候ニ付、当寺末寺河内三井村本厳寺檀中共より伐木寄進有之候ニ付、此節取入申度奉存候所、右材木之義大木間数も御座候ニ付、日雇辻御門より取入申義難相調甚迷惑仕候、依之高御番所より地車ニ而取入申度奉願上候、右願之通被為仰付被下候ハヽ、難有可奉存候、以上

文政三辰年
九月
本興寺役者
養壽院
堯運院

寺社
奉行所

右之通相違無御座候ニ付奥印仕候、以上

本興寺

御届ヶ申上口上覚

一、拙僧義法用ニ付、当寺末寺長柄大願寺江罷越候、尤来月二日、三日頃迄致逗留度奉存候間、右之段御届申上候、以上

九月廿七日
本興寺

御月番
廣徳寺
正福寺

奉願上口上覚

（全文抹消）「一、先達而奉願上候通、当寺庫裏建修覆仕候ニ付、大坂旦中之者より材木寄附仕候ニ付、取寄申候義間数之品も御座候間、日用辻御門取入候義難相調難渋仕候、尤短間之材木も御座候処、筏渡海ニ而相下候ニ付、高御番処より地車ニ而当分取入申度此段奉願上候、右願之通仰付被下候ハヽ、難有可奉存候、以上

文政三年
辰十月
本興寺役者
養壽院

寺社
御奉行所

右之通相違無御座候ニ付奥印仕候、以上

堯運院

本興寺

」

奉願上口上覚

一、先達而御許容被成下候当寺庫裏建修覆仕候ニ付、大坂旦中之者より材木寄附仕候、依之日雇御門より取入申度奉存候得共、間数之品も御座候ニ付、右御門より取入難仕難渋仕候、尤短間之材木茂入交御座候得共、筏幷渡海船等ニ積合一同指下申度旨申来候ニ付、当分高御番所より地車ニ而取入仕度此段奉願上候、右願之通被為仰付被下候ハヽ、難有可奉存候、已上

文政三年
辰十月

本興寺役者
養壽院

堯運院

寺社
御奉行所

右之通相違無御座候ニ付奥印仕候、以上

本興寺

奉願上口上覚

去辰五月御許容被成下候通、当寺庫裏建修覆仕候ニ付、此度当寺役者養壽院義備前・備中・備後三ヶ国之末寺檀中江為勧化之差下申度奉願上候、尤日数三十日程も相掛り可申与奉存候、右願之通被為仰付被下候ハヽ、難有可奉存候、以上

文政四年
巳二月

本興寺役者
堯運院

寺社
御奉行所

奥印如常

奉願上口上覚

一、当寺塔頭養壽院義、先達而御願申上、備前・備中・備後三ヶ国之末寺旦中へ勧化ニ罷下候ニ付、所々宗門

御改印形拙僧へ代判被為仰付被下度奉願上候、右願之
通被為仰付被下候ハヽ、忝可奉存候、以上

文政四年
巳二月　　　　本興寺塔頭
　　　　　　　　一乗院

寺社
御奉行所

奥印如前

本教院・本壽院代判願文言如年々

一、以書付奉願上候　当春所化御改之義、当寺庫裏建修
覆ニ付客殿向至而取乱し、殊ニ寺内へ者財(ママ)木数多取入
御座候ニ付、御太切之御改、掃除万端不行届ニ相成候
而者奉恐入候間、何卒来ル四月下旬迄御改御延引被成
下候様奉願上候、右願之通御許容被成下候ハヽ、忝可奉
存候、以上

文政三(四)巳年
二月　　　　本興寺役者
　　　　　　　養壽院
　　　　　　　堯運院

寺社
御奉行所

奥印如常

以書付奉願上候

一、当寺塔頭養《よう》壽院義先達而御願申上他行仕候ニ付、宗
門御改印形落印被為仰付被下候様奉願上候、右願之通
被為仰付被下候ハヽ、難有可奉存候、以上

文政三(四)巳年
三月　　　　本興寺役者
　　　　　　　堯運院

寺社
奉行所

奥印如常

御届申上口上覚

一、当寺役者養壽院儀、先達而奉願上候通、当寺庫裏建
修覆仕候ニ付、備前・備中・備後三ヶ国末寺旦中へ為
勧化之差越申候処、右用事相済、昨廿五日帰寺仕候
間、此段御届奉申上候、已上

文政三(四)巳年
三月廿六日　　　本興寺役者
　　　　　　　　　堯運院
寺社
　奉行所

御届申上口上覚

一、拙僧義法用御座候ニ付、当寺末寺灘目小路村要玄寺江罷越申候、尤致一宿し候間、此段御届為可申上、如此御座候、已上

文政四年
巳四月十五日　　　本興寺判
寺町御月番
　如來院
　海岸寺

切紙ニ而
口上覚

一、拙僧儀法用相済灘目要玄寺より只今致帰寺候、此段御届申上候、已上

御月番
両寺当テ　　　本興寺
　　　　　　　　無印

御届申上口上覚

一、当寺塔頭堯運院智慶義、先達而より病気ニ御座候所、養生不相叶、今朝五ツ時死去仕候、右之段御届奉申上候、以上

文政四年
巳五月七日　　　本興寺役者
　　　　　　　　　養壽院
寺社
　御奉行所

奉願上口上覚

一、当寺塔頭實成院義、役者ニ仕度奉願上候、右願之通被為仰付被下候ハヽ、難有可奉存候、以上

文政四年
巳五月　　　本興寺役者
　　　　　　　養壽院
寺社
　御奉行所

右之通相違無御座候ニ付奥印仕候、以上

本興寺

右同人役者願先例之通同断

口上之覚

一、拙僧儀大坂御番所江願筋御座候ニ付、今日出坂仕、尤一両日致逗留候間、此段御届申上候、以上

本興寺

午三月十七日

寺町御月番

大覺寺

常樂寺

（裏表紙）

本興寺

六　願書留

文政六（一八二三）・一一
～文政一〇（一八二七）　六八一

（表紙）

文政六年癸未
願　書　帳
仲冬中旬ヨリ

一、当寺末寺大坂本經寺檀那堂嶋北町富田屋儀兵衛・同河内末寺三井村本厳寺檀那同村吉右衛門、右両人之者、当時再建普請セ話仕候ニ付、当分塔頭本成院ニ逗留為仕度奉存候、右御聞届被為成下候者忝奉存候、以上

文政六年癸未十一月

本興寺役者
一乗院印
惠運院印
養壽院同

寺社
御奉行所

右之通相違無御座候ニ付奥印仕候、以上

本興寺印

御窺申上口上覚

一、当寺末宮町眞如庵普請限月ニ相成候得共、未普請出来不仕候ニ付、別紙之通大坂御番所江御断ニ罷出申度、此段以書附御窺奉申上候、以上

文政六年未十一月

本興寺役者
一乗院印
惠運院同
養壽院同

寺社
御奉行所

奥印前文之通

本興寺印

乍恐口上

一、当寺末寺宮町眞如庵再建仕度段、九ヶ年已前亥ノ十一月奉願上候処、御聞届被成ト候、然ル処右普請限月ニ到り候得共、未普請出来不仕候ニ付、乍恐此段御断

奉申上候、以上

文政六年未十一月

松平遠江守（忠誨）殿領分
摂州河辺郡尼崎
寺町本興寺役者
本成院印

御奉行所

此通り三通認

寺社方・御蔵屋敷江一通ツ、出ス事、印なし二而

御番所江出掛御届書写し添へ差出ス事

御届申上口上覚

一、当寺末宮町眞如庵普請限月ニ至り候得共、未出来不仕候ニ付、今日御番所江御断ニ罷出申候、此段以書附御届奉申上候、以上

文政六年未十一月

尼崎寺町
本興寺役者
本成院印

御蔵屋敷
御役所

御番所引取之節

御届申上口上覚

一、当寺末宮町眞如庵普請限月ニ到り候得共、未出来不仕候ニ付、則今日御番所江御断罷出申候処、猶又来申年十一月中ニ御断可奉申上旨被　仰付、引取申候ニ付、此段以書附御届奉申上候、以上

文政六年未十一月

尼崎寺町
本興寺役者
本成院印

御蔵屋敷
御役所

此文相廻シ、次之通ニ相成ル

御届申上口上覚

一、当寺末宮町眞如庵普請限月ニ相成候得共、未出来不仕候ニ付、右之段御断、大坂御番所江罷出申候処、猶又来申年十一月中ニ御断可奉申上旨被　仰付、帰寺仕候ニ付、此段御断奉申上候、以上

文政六年未十一月

本興寺塔頭
本成院印

寺社
御奉行所

右之通相届候処、寺役方より被申聞候者、昨年迄者右御届之通ニ

而相済候得共、当春依御規定御役者中より御届□□成申聞次通り
認出ス

御届申上口上覚

一、当寺末宮町眞如庵普請限月ニ相成り候得共、未出来
不仕候ニ付、右之段御断、大坂御番所当寺塔頭本成院
罷出申候処、来申年十一月中ニ御断可奉申上旨被仰
付、帰寺仕候ニ付、此段御断奉申上候、已上

文政六年未十一月廿七日　本興寺
役者三人各印

寺社
御奉行所

御届申上口上覚

一、拙僧義法用御座候ニ付、当寺末寺長柄大願寺江罷越
申候、尤当月十日比迄致逗留度奉存候、此段御届申上
候、已上

未十二月朔日　本興寺印

寺町御月番
如來院

海岸寺

（貼紙）
「切紙ニ而

口上覚

一、本興寺法用ニ付末寺長柄大願寺江罷越、当月十日比
迄逗留仕候段届来候ニ付、此段御届申上候、以上

未十二月朔日　寺町月番
如來院

海岸寺

寺社
御奉行所」

切紙ニ而上包判もなし
口上覚

一、拙僧義、末寺長柄大願寺より只今帰寺仕候ニ付、此
段御届申上候、已上

十二月九日　本興寺

寺町御月番
如來院

海岸寺

（貼紙）
「口上覚　切紙上包なし、届一同ニ遣候事

一、本興寺儀、末寺長柄大願寺より只今帰寺仕候段届来
候ニ付、此段御届申上候、已上

十二月九日

寺町月番
如來院
海岸寺

寺社
御奉行所」

奉願上口上覚

一、当寺塔頭堯運院役者ニ仕度奉願上候、右願之通被為
仰付被下候者忝可奉存候、以上

文政六年未十二月

本興寺役者
一乗院印
恵運院同
養壽院同

寺社
御奉行所

右之通相違無御座候ニ付奥印仕候、以上

本興寺印

奉願上口上覚

一、当寺塔頭養壽院義、今般役者ニ奉願上候ニ付、御城
内三方御門通入無滞被為仰付被下候様奉願上候、右願
之通被為仰付被下候者忝可奉存候、已上

文政六年未十二月

本興寺役者
一乗院印
恵運院同
養壽院同

寺社
御奉行所

右之通相違無御座候ニ付奥印仕候、已上

本興寺印

御届申上口上覚

一、伏見御殿御使者本間勘解由殿より昨夜御書到来仕候
ニ付、右来紙差上、此段御届奉申上候、已上

未十二月廿五日

本興寺役者
一乗院印

惠運院同
養壽院同

寺社
御奉行所

以手紙申入候、然者其御領主江御用之儀ニ付、御役人中
江為面会御使本間勘解由、来ル廿三日尼崎表着之積ニ
候、此段為御心得申入候様与御事御座候、以上

十二月廿一日　伏見御所
御牧左近
嶋　帯刀

上書
本興寺
御役者中

奉願上口上覚

一、当寺塔頭一乗院智耳義、病身ニ罷成、寺役難相
勤度（ママ）候ニ付、為致隠居度奉願上候、右願之通被為　仰
付被下候者忝可奉存候、以上

本興寺役者
堯運院印

文政七年甲申正月廿日

惠運院同
養壽院同

寺社
御奉行所

右之通相違無御座候ニ付奥印仕候、以上

本興寺印

奉差上申出寺証文之事

一、拙僧義、病身ニ罷成寺役難相勤候ニ付、従役者隠居
之義奉願上候処、願之通被為　仰付難有奉存候、依之
今般隅州種子嶋慈遠寺江引越、保養仕居申候、尤拙僧
在院之間、檀方宗門疑敷義無御座、邪法受用不仕候、
若是等之品御座候者、何時ニ而茂御召返御吟味之上、
急度申披可仕候、為後日仍而証文如件

文政七年申正月廿一日　本興寺塔頭
一乗院智耳印
○名此処

寺社
御奉行所

右之通相違無御座候ニ付奥印仕候、已上

本興寺役者
養壽院印
恵運院同
堯運院同

奉願上口上覚

一、当寺塔頭一乗院就無住所々宗門御改印形塔頭養壽院
江代判之儀御願申上度奉存候、右願之通被為　仰付被
下候者忝可奉存候、以上

文政七年甲申二月

本興寺役者
堯運院印
恵運院同

寺社
御奉行所

右之通相違無御座候ニ付奥印仕候、以上

本興寺印

奉願上口上覚

一、当寺塔頭實成院就無住所々宗門御改印形塔頭本成院
江代判之儀御願申上度奉存候、右願之通被為　仰付被
下候者忝可奉存候、以上

文政七年甲申二月

本興寺役者
堯運院印
恵運院同
養壽院同

寺社
御奉行所

右之通相違無御座候ニ付奥印仕候、已上

本興寺印

奉願上口上覚

一、来ル廿四日如例年、当寺開基会法事致執行候、随而
廿四日夜中日雇町口御門出入仕候様奉願候、已上

二月廿一日

本興寺丸印

寺社
御奉行所

右之通相違無御座候ニ付奥印仕候、以上

寺町月番
大覺寺印

右寺町月番奥印廿日之内ニ取り、廿一日役者寺社附人持参候事
常樂寺印

御届申上候口上書　此下書寺社司附人より来ル

一、当寺役者堯運院義就寺用不念之筋御座候ニ付、役者取上慎申付候、依之右之段以書附御届奉申上候、以上
文政七年甲申二月廿日
本興寺役者
惠運院
養壽院
寺社
御奉行所
右之通相違無御座候ニ付奥印仕候、以上
本興寺
但、堯運院慎之義、廿四、廿五日開基法事ニ付差免し度旨、寺社附人迄相伺聞済之上、廿四日朝差免ス

奉願口上覚

一、当寺塔頭養壽院義、本寺用御座候ニ付、従明廿六日京都本能寺江差越申度奉願上候、尤所々宗門御改之時節ニ御座候得共、無拠寺用ニ付此段奉願上候、何卒願之通御聞済被為成下候者忝可奉存候、已上
文政七年申二月廿五日
本興寺役者
惠運院印
寺社
御奉行所
右之通相違無御座候ニ付奥印仕候、已上
本興寺印

奉願上口上覚

一、当寺塔頭養壽院義、別紙御願奉申上候通本寺用御座候ニ付、京都本能寺江罷越申候、依之所々宗門御改印形落印御願申上度奉存候、尤塔頭一乘院就無住、所々宗門御改印形養壽院代判之儀、先達而奉願上御聞済御座候処、是又同様落印御願申上度奉存候、右願之通被為　仰付被下候者忝可奉存候、以上
文政七年申二月廿五日
本興寺役者
惠運院印

寺社
御奉行所

右之通相違無御座候ニ付奥印仕候、以上

本興寺印

御届申上口上覚　片折竪紙上包アリ

一、拙僧義京都本能寺江用談御座候ニ付、従明廿六日罷越申候、尤来月三日比迄逗留仕度奉存候、此段御届申上候、已上

申二月廿五日　本興寺印

寺町御月番
大覺寺
常樂寺

（貼紙）
「口上覚

一、本興寺儀京都本能寺江用談御座候ニ付、従明廿六日罷越、来月三日比迄逗留仕候段届来候ニ付、此段御届申上候、以上

申二月廿五日　寺町月番
大覺寺
常樂寺

寺社
御奉行所

右切紙ニ而相認届一同ニ寺町へ為持遣候、直ニ寺社附人へ出ス」

口上覚　切紙ニ而印形、上包なし

一、拙僧義京都本能寺より只今帰寺仕候ニ付、此段御届申上候、已上

二月晦日　本興寺

寺町御月番
大覺寺
常樂寺

（貼紙）
「口上覚　切紙ニ認届一同ニ寺町月番へ遣シ、其上寺社附人へ出ス

一、本興寺義京都本能寺より只今帰寺仕候段届来候ニ付、此段御届申上候、已上

二月晦日　寺町月番
大覺寺

寺社
御奉行所
常樂寺
」

御届申上口上覚
一、当寺塔頭養壽院義、先達而奉願上候通本寺用御座候ニ付京都本能寺江罷越申候処、右用事相済、只今帰寺仕候ニ付、此段御届申上候、以上
文政七年申三月朔日
本興寺役者
惠運院印
寺社
御奉行所

奉願口上覚
一、当寺塔頭惠運院義、昨夜より急病差起候ニ付、宗門御改出勤不参仕候、此段御願奉申上候、右願之通被為仰付被下候者忝可奉存候、以上
文政七甲申年三月四日
本興寺役者
養壽院印
寺社
御奉行所
右之通相違無御座候ニ付奥書印形仕候、以上
本興寺印

御届申上口上覚
一、拙僧義法用御座候ニ付、当寺末寺大坂久本寺江今日より罷越申候、尤四五日致逗留度奉存候、此段御届申上候、以上
申三月九日
本興寺印
寺町御月番
栖賢寺
長遠寺

「(貼紙)切紙包なし
口上覚
一、本興寺儀、法用御座候ニ付、末寺大坂久本寺江今日より罷越、四五日逗留仕候段届来候ニ付、此段御届申上候、已上

申三月九日　　　　　　　　寺町月番
　　　　　　　　　　　　　栖賢寺
　　　　　　　　　　　　　長遠寺

寺社
御奉行所
」

御届申上口上覚

一、当寺塔頭養壽院儀当寺再建勧化用事御座候ニ付、大坂末寺江罷越五六日逗留仕候間、此段御届可申上如此御座候、已上

申
三月九日　　　　　　　本興寺役者
　　　　　　　　　　　恵運院印

寺社
御奉行所

切紙判上包なし
口上覚

一、拙僧儀、大坂末寺久本寺より只今帰寺仕候ニ付、此段御届申上候、以上

三月十二日　　　　　本興寺

　　　　　　　　　　寺町御月番
　　　　　　　　　　栖賢寺
　　　　　　　　　　長遠寺

「切紙（貼紙）
口上覚

一、本興寺儀、大坂末寺久本寺より只今帰寺仕候段届来候ニ付、此段御届申上候、以上

三月十二日　　　　　寺町月番
　　　　　　　　　　栖賢寺
　　　　　　　　　　長遠寺

寺社
御奉行所
」

御届申上口上覚

一、当寺末寺讃州和田國祐寺檀那同所甚七・虎吉・弥右衛門・利作・惣兵衛・平助右六人之者参詣仕候ニ付、今晩当寺於本成院一宿為仕度奉存候、右之段御届申上候、已上

文政七年申三月十五日　　　本興寺役者
　　　　　　　　　　　　　恵運院

養壽院

寺社
御奉行所

片折ニ認上包

口上之覚

一、来ル従卯月朔日十日迄如例年当寺千部経致執行候、
右御断可申上如斯御座候、已上

三月廿八日　本興寺印

寺町御月番
栖賢寺
長遠寺

右以使僧寺町月番へ遣候節、寺町届も此方ニ而相認、
寺町月番為相見、此方使僧直ニ寺社下役江持参

右之通近年寺町申入候也

口上覚　切紙上包なし

一、本興寺儀、来ル従卯月朔日十日迄、如例年千部経致
執行候段届来候ニ付、此段御届申上候、已上

三月廿八日　寺町月番
栖賢寺

長遠寺

寺社
御奉行所

御届申上口上覚

一、当寺塔頭恵運院義、当寺再建勧化用事御座候ニ付、
大坂末寺本經寺江罷越、四五日逗留仕候間、此段御届
可申上如此御座候、以上

申四月十九日　本興寺役者
養壽院

寺社
御奉行所

御届申上口上覚

一、拙僧義法用御座候ニ付、当寺末寺長柄大願寺江罷越
申候、尤四五日致逗留度奉存候、此段御届申上候、以
上

申五月廿七日　本興寺丸印

寺町御月番
廣徳寺
正福寺

（貼紙）
「口上覚

一、本興寺儀、法用ニ付末寺長柄大願寺江罷越、四五日逗留仕候段、届来候ニ付、此段御届申上候、以上

申五月廿七日

寺町月番
廣徳寺
正福寺

寺社
御奉行所」

口上覚　切紙印なし

一、拙僧義、末寺長柄大願寺より只今帰寺仕候ニ付、此段御届申上候、以上

五月晦日

本興寺

寺町御月番
廣徳寺
正福寺

寺社届

口上覚　切紙

一、本興寺義、末寺長柄大願寺より只今帰寺仕候段届来候ニ付、此段御届申上候、已上

五月晦日

寺町月番
廣徳寺
正福寺

寺社
御奉行所

奉願上口上覚

一、当寺塔頭恵運院義、此度要用之義御座候ニ付、讃刕末寺江差下申度奉願上候、尤日数廿日程茂相掛可申与奉存候、右願之通御聞届被成下候者難有可奉存候、已上

文政七年申六月十七日

本興寺役者
養壽院

寺社
御奉行所

右之通相違無御座候ニ付奥印仕候、已上

本興寺

御伺申上口上覚

一、当寺庫裏建修覆幷屋根葺替仕度段、五ヶ年以前辰六月奉願上候処、限月ニ到り候得共未普請出来不仕候ニ付、別紙之通大坂御番所江御断ニ罷出申度、此段以書附御伺奉申上候、以上

文政七年申六月廿二日

本興寺役者
恵運院
下札ニ而御願申上他出仕候ニ付無印御断申上候
養壽院

寺社
御奉行所

右之通相違無御座候ニ付奥印仕候、以上

本興寺

乍恐口上

一、当寺庫裏建修覆幷屋根葺替仕度段、五ヶ年以前辰六月奉願上候処、御聞届被成下候、然ル処右普請限月ニ到り候得共未出来不仕候ニ付、乍恐此段御断奉申上候、已上

文政七年申六月

松平遠江守殿領分
摂刕河辺郡尼崎
寺町本興寺役者
本成院

御奉行所

御届申上口上覚

一、当寺庫裏普請限月ニ到り候得共未出来不仕候ニ付、今日御番所江御断ニ罷出申候、此段以書附御届奉申上候、已上

文政七年申六月

尼崎
本興寺役者
本成院

蔵御屋敷
御役所

御届申上口上覚

一、当寺庫裏普請限月ニ到り候得共、未出来不仕候ニ付、則今日御番所江御断ニ罷出申候処、猶又来ル酉年六月中御断可奉申上旨被仰付引取申候ニ付、此段以書附御届奉申上候、以上

文政七年申六月

尼崎
本興寺役者
本成院

蔵御屋敷
御役所

御届申上口上覚

一、当寺庫裏建修覆幷屋根葺替限月ニ相成候得共、未出来不仕候ニ付、右之段御断、大坂御番所江当寺塔頭本成院罷出申候処、猶又来ル酉年六月中御断可奉申上旨被仰付、帰寺仕候ニ付、此段御断奉申上候、已上

本興寺役者
恵運院

下札　御願申上他出仕候付無印御断申上候

文政七年申六月

養壽院

寺社
御奉行所

御届申上口上覚

一、当寺塔頭恵運院義、先達而奉願上、讃州末寺江指下申候処、右用事相済、昨十日帰寺仕候間、此段御届申上候、以上

申七月十一日

本興寺役者
養壽院

寺社
御奉行所

奉願上口上覚

一、当寺塔頭本壽院栄玉義、病身ニ罷成、寺役難相勤候ニ付為致隠居度奉願上候、右願之通被為仰付被下候者忝可奉存候、已上

文政七年甲申八月

本興寺役者
恵運院
養壽院

寺社
御奉行所

右之通相違無御座候ニ付奥印仕候、已上

本興寺

奉差上出寺証文之事

一、拙僧義、病身ニ罷成寺役難相勤候ニ付、従役者共隠居之義奉願上候処、願之通被為　仰付、難有奉存候、依之今般讃刕宇足津本妙寺江罷越、保養仕居申候、尤拙僧在院之間、檀方宗門疑敷義無御座、邪法受用不仕候、若是等之品御座候者、何時ニ而茂御召返御吟味之上、急度申披可仕候、為後日仍而証文如件

文政七年申八月

本興寺塔頭
本壽院
栄玉印

寺社
御奉行所

右之通相違無御座候ニ付奥印仕候、以上

本興寺役者
養壽院

恵運院

奉願上口上覚

一、当寺塔頭養壽院義、当寺再建勧化用事御座候ニ付、淡刕末寺江差下申度奉願上候、尤日数廿日程茂相掛り可申与奉存候、右願之通御聞済被為成下候者難有奉存候、已上

文政七年申八月十三日

本興寺役者
恵運院

寺社
御奉行所

右之通相違無御座候ニ付奥印仕候、已上

本興寺

乍恐以書附御届奉申上候

一、当寺塔頭堯運院智應下男喜八義、今朝今朝（衍）病死仕候、尤右喜八義、兼而宗旨御改之節奉申上置候通り、西宮市庭町嶋屋十次郎弟ニ而、法華宗当寺塔頭本壽院

檀那ニ御座候ニ付、当寺内江葬り呉候様右十次郎より
相頼候間、寺内江葬り遣度奉存候、依之此段以書附御
届奉申上候、以上

文政七年申八月十四日　　本興寺役者
恵運院
養壽院

寺社
御奉行所

御届申上口上覚

一、当寺塔頭養壽院、当寺再建勧化用事ニ付、先達而奉
願上淡刕末寺江差下申候処、今日帰寺仕候間、此段御
届奉申上候、已上

申閏八月十六日　　本興寺
恵運院

寺社御奉行所

但、帰寺日数及延引候処者、渡海難出来旨口上ニ而
断申、相済

以書附御届申上候

一、当寺末寺大坂本經寺旦那船場住居河内屋利右衛門与
申者、当寺再建普請セ話仕候ニ付、当分塔頭本成院ニ
為逗留仕度奉存候、右御聞届被為成下候者忝奉存候、
已上

文政七年甲申八月　　本興寺役者
恵運院
養壽院

寺社
御奉行所

右之通相違無御座候ニ付奥印仕候、已上　　本興寺

口上覚

来ル十三日宗祖日蓮上人正忌日ニ付、十二日逮夜法事致
執行候、右御断為可申上如此御座候、以上

十月九日　　本興寺丸印

寺町御月番
大覺寺

常樂寺

口上覚

一、本興寺来ル十三日宗祖日蓮上人正忌日ニ付、十二日逮夜法事致執行候段届来候ニ付、此段御届申上候、以上

十月九日

寺町月番
大覺寺
常樂寺

寺社
御奉行所　片折ニ認上包半紙

寺町月番
大覺寺
常樂寺

御窺申上口上覚

一、当寺末宮町眞如庵普請限月ニ相成候得共、未普請出来不仕候ニ付、別紙之通大坂御番所江御断ニ罷出申度、此段以書附御窺奉申上候、以上

文政七年申十一月

本興寺役者
惠運院
養壽院

寺社
御奉行所

右之通相違無御座候ニ付奥印仕候

本興寺

乍恐口上

一、当寺末寺宮町眞如庵再建仕度段、拾ヶ年已前亥ノ十一月奉願上候処、御聞届被成丁候、然ル処右普請限月ニ到り候得共、未出来不仕候ニ付、乍恐此段御断奉申上候、以上

文政七年申十一月

松平遠江守殿領分
摂刕河辺郡尼崎
寺町本興寺役者
本成院

御奉行所

御届申上口上覚

一、当寺末寺宮町眞如庵普請限月ニ到り候得共、未出来不仕候ニ付、今日御番所江御断ニ罷出申候、此段以書附御届奉申上候、以上

文政七年申十一月十一日

尼崎寺町
本興寺役者
本成院

御蔵屋敷
御役所

御届申上口上覚

一、当寺末寺宮町眞如庵普請限月ニ到り候得共、未出来不仕候ニ付、則今日御番所江御断ニ罷出申候処、猶又来酉年十一月中ニ御断可奉申上旨被仰付、引取申候ニ付、此段以書附御届奉申上候、以上

文政七年申十一月十一日

尼崎寺町
本興寺役者
本成院

御蔵屋敷
御役所

御届申上口上覚

一、当寺末宮町眞如庵普請限月ニ相成候得共、未出来不仕候ニ付、右之段御断、大坂御番所江当寺塔頭本成院罷出申候処、来酉年十一月中ニ御断可奉申上旨被仰付、帰寺仕候ニ付、此段御断奉申上候、以上

文政七年申十一月十一日

本興寺役者
恵運院
養壽院

寺社
御奉行所

御届申上口上覚

一、拙僧義、大坂末寺久本寺江明二日より一宿ニ而罷越申候、此段御届申上候、以上

申十二月朔日

本興寺

寺町御月番
廣徳寺
正福寺

口上覚

一、本興寺義、大坂末寺久本寺江明二（日脱）より一宿ニ而罷越
申候段、届来候ニ付、此段御届申上候、已上

申十二月朔日

寺町月番
廣徳寺
正福寺

寺社
御奉行所

右切紙ニ而認、届一所ニ寺町へ遣ス

口上之覚

一、拙僧義、御届申上候通大坂末寺久本寺江明二日より
一宿ニ而罷越申候処、用向相済候者明夜船ニ而帰寺仕
度御座候、依之夜船通札壱枚借用仕度奉存候、已上

申十二月朔日

本興寺○印
切紙ニ而

寺町御月番
廣徳寺
正福寺

口上之覚

一、拙僧義、末寺大坂久本寺より昨夜中帰寺仕候ニ付、
此段御届申上候、以上

十二月三日

本興寺

寺町御月番
廣徳寺
正福寺

口上之覚

一、拙僧義、大坂久本寺江罷越申候ニ付、夜船通札借用
仕候処、帰寺仕候ニ付返進仕候間、慥御落手可被下
候、以上

十二月三日

本興寺

寺町御月番
廣徳寺
正福寺

（貼紙にて抹消）
「寺社奉行江寺町月番より□朔日届之通切紙ニ而認遣ス」

口上覚

一、本興寺末寺大坂久本寺より昨夜中帰寺仕候段届来候ニ付、此段御届申上候、已上

十二月三日

寺町月番
廣徳寺
正福寺

寺社
御奉行所

御届申上口上之覚

一、当寺塔頭養壽院、当寺末寺堺顕本寺江用事御座候ニ付今日より罷越申候、尤四五日逗留仕候、此段御届可申上如斯御座候、已上

申十二月八日

本興寺役者
惠運院

寺社
御奉行所

御届申上口上覚

一、拙僧義、大坂末寺久本寺江明十二日より一宿ニ而罷越申候、此段御届申上候、以上

申十二月十一日

本興寺

寺町御月番
廣徳寺
正福寺

寺町月番より寺社奉行江之届書切紙相認、当月二日之通ニ遣ス

一、夜船通札借用、寺町月番江当月二日之通申遣し借用

口上覚

一、拙僧義、大坂末寺久本寺より只今帰寺仕候ニ付、此段御届申上候、已上

十二月十三日

本興寺

寺町御月番
廣徳寺
正福寺

口上覚

一、本興寺義、大坂末寺久本寺より只今帰寺仕候段届来候ニ付、此段御届申上候、已上

十二月十三日

寺町月番
廣徳寺
正福寺

寺社
御奉行所

口上覚

一、昨日者夜船通札借用仕忝奉存候、只今帰寺仕候ニ付右返進仕候間、慥御落手可被下候、已上

十二月十三日

本興寺

寺町御月番
廣徳寺
正福寺

奉願上口上覚

一、当寺本堂正面之柱ニ従古来掛置御座候　御朱印之写制札、一昨年午春本堂焼失之刻取片付置申候、然ル処本堂再建成就仕候迄者、未年数茂相掛り候義ニ御座候得者、右制札之写本堂前江雨覆板屋根四面江囲仕候而差出置申度、此段奉願上候、猶又右　御朱印之写制札累年之儀ニ御座候故文字見へ兼申候ニ付、今般書改申度奉願上候、右願之通何卒御聞済被為成下候者難有奉存候、以上

文政七年申十二月

本興寺役者
惠運院
養壽院

寺社
御奉行所

右之通相違無御座候ニ付奥印仕候、已上

本興寺

右十二月廿五日願之通御聞済有之、別紙御朱印之写制札相認メ差出ス

御朱印之写制札

禁制

一、軍勢甲乙人濫妨狼藉之事
一、放火之事
一、田畠作毛苅取事
付、竹木伐採事
右堅令停止畢、若於違犯之輩者速可所厳科者也
慶長五年九月十九日
右　御朱印写

奉願上口上覚

一、当寺塔頭本成院義、役者ニ仕度奉願上候、右願之通
被為仰付被下候者忝可奉存候、已上
文政七年申十二月
本興寺役者
惠運院
養壽院
寺社
御奉行所
右之通相違無御座候ニ付奥印仕候、已上

本興寺

奉願上口上覚

一、当寺塔頭本成院儀、今般役者ニ奉願上候ニ付、御城
内三方御門通入、無滞被為仰付被下候様奉願上候、右
願之通被為仰付被下候者忝可奉存候、已上
文政七年申十二月
本興寺
惠運院
養壽院
寺社
御奉行所
右之通相違無御座候ニ付奥印仕候、以上

本興寺

御届申上口上覚

一、当寺塔頭本成院・本教院両人義、当寺再建勧化用御
座候ニ付、明十三日より大坂末寺久本寺江罷越、当月
廿二三日比迄逗留仕候ニ付、右之段御届可申上如此御

座候、已上
文政八年酉正月十二日
本興寺役者
恵運院
養壽院
寺社
御奉行所

御届申上口上覚
一、当寺塔頭養壽院儀、要用之儀御座候ニ付大坂末寺江罷越両三日逗留仕候間、此段御届可申上如斯御座候、已上
酉
正月廿日
本興寺役者
本成院
恵運院
寺社
御奉行所

奉願上口上覚
一、当寺末寺小路村要玄寺就無住所々宗門御改印形、当寺塔頭恵運院江代判之義御願申上度奉存候、右願之通被為　仰付被下候者忝可奉存候、以上
文政八年酉二月
本興寺役者
本成院
養壽院
寺社
御奉行所
右之通相違無御座候ニ付奥印仕候、以上
本興寺

奉願上口上覚
一、当寺塔頭一乗院就無住所々宗門御改印形塔頭養壽院江代判之儀御願申上度奉存候、右願之通被為仰付被下候者忝可奉存候、以上
文政八年酉二月
本興寺役者
本成院
恵運院
寺社
御奉行所

右之通相違無御座候ニ付奥印仕候、以上

本興寺

一、本壽院代判恵運院　願 本成院 養壽院

奥印等文言同断

一、實成院代判本成院　願 恵運院 養壽院

奥印等文言同断

二月十八日

一、全昌寺より使僧来り口上、明日四時寺社御奉行御宅江月番両寺同道ニ而罷出候様寺社方より申来り候□、然ル所方丈病気ニ付難罷出旨、以役者全昌寺□断申遣候処、其旨全昌寺より寺社方迄申達候処、寺(本カ)興寺病気ニ候者寺町ニ而代相頼候様与之事、依之役者を以寺町大覺寺江明日之代相頼候処、大覺寺承知ニ付、役者寺社方江罷越、右之趣御断申上ル、尤全昌寺江も其趣相断

十九日月番両寺寺社奉行御宅江罷出候処、去申年宗判全昌寺落印ニ有之ニ付、右印形被成御取候由也

奉願上口上覚

一、来ル廿四日五日、如例年当寺開山会法事致執行候、随而廿四日夜中日雇町口御門出入仕候様奉願候、以上

二月廿一日　本興寺印

寺社
御奉行所

右之通相違無御座候ニ付奥印仕候、已上

寺町月番
全昌寺印

本興寺
下札ニ而、願主ニ付無□

奉願上口上覚

一、当寺塔頭養壽院義、今日宗旨御改印形ニ付寺町年番

大覺寺江罷出申候所、急病差起申候ニ付落印之義御願申上度奉存候、右願之通御聞済被成下候者忝可奉存候、已上

文政八年乙酉三月四日

本興寺役者
本成院
惠運院

寺社
御奉行所

右之通相違無御座候ニ付奥印仕候、以上

本興寺

奉願上口上覚

一、当寺塔頭一乗院無住ニ付、当寺末寺備中新庄本隆寺ニ賃務罷在候智祐与申僧後住ニ仕度奉存候、右願之通被為　仰付被下候者忝可奉存候、已上

文政八年酉三月

本興寺役者
本成院
惠運院
養壽院

寺社
御奉行所

右之通相違無御座候ニ付奥印仕候、已上

本興寺

指上申由緒書之事

一、拙僧義、本国生国淡刕須本近藤善右衛門悴百蔵与申候、法華宗同国同所本妙寺弟子ニ罷成、十才ニ而剃髪仕僧名智祐与相改、天明元丑年京都本能寺談林江罷越修学仕、其後備中本隆寺ニ寺務仕罷在候処、本興寺塔頭一乗院無住ニ付今般拙僧後住ニ仕度段役者より御願奉申上候処、願之通被為仰付難有奉存候、兼々被　仰付候御制法之趣聊無相違急度相守邪法受用仕間敷候、為後日由紬(ママ)一札差上申所仍而如件

文政八年酉三月廿一日

本興寺
一乗院
智祐印

寺社
御奉行所

前書之通相違無御座候、智祐義淡劢須本本妙寺弟子ニ
紛レ無御座候、此度一乗院後住ニ仕度役者より御願申
上候処、願之通被為　仰付忝奉存候、兼々被為　仰付
候御制法急度相守邪法受用為仕間敷候、為後日奥書印
形仕差上申処仍而如件

本興寺
日英丸印

（挿入紙）
「実蔵より来ル案文

奉窺口上書

一、拙僧義本山用ニ付、今日より京都本能寺江罷越申
度、此段御伺奉申上候、尤当寺役者共より御願申上候
義御下知無御座候内、右躰御窺奉申上候義、甚以恐多
奉存候へ共、無拠用向ニ付、此段御伺申上候、何卒御
堅慮を以奉窺候通御聞済被成下候ハヽ、忝可奉存候、
已上

年号月
寺町
本興寺印

寺社
御奉行所

――
月番奥印」

奉窺口上書

一、拙僧本山用ニ付、今日より京都罷越申度此段御伺申
上候、尤当寺役者共より御願申上候義御下知無御座候
内、右躰御伺奉申上候義甚以恐多奉存候得共、無拠用
向ニ付此段御伺申上候、何卒御賢慮を以奉伺候通御聞
済被成下候者忝可奉存候、以上

文政八年酉三月廿一日
寺町
本興寺印

寺社
御奉行所

右之通相違無御座候ニ付奥印仕候、以上

寺町月番
廣徳寺印
正福寺同

御届申上口上覚

一、拙僧義本山用ニ付京都本能寺江罷越申度段今朝伺書
差出申候所、御聞済被成下候ニ付、只今より四五日逗
留候而上京仕候間此段御届申上候、已上
　　酉三月廿一日　　　　　　　　本興寺印
　寺町御月番
　　廣徳寺
　　正福寺
　廿七日京都より便り有之
　　御方丈於京都御不快、御帰寺延引ニ付当行司寺
　　社方幷寺町月番江断ニ行
片折表包
　　口上覚
一、来ル従卯月朔日十日迄、如例年当寺千部致執行候、
右御断可申上如此御座候、已上
　　三月廿八日　　　　　本興寺役者
　　　　　　　　　　　　　本成院
　　　　　　　　　　　　　惠運院
　　　　　　　　　　　　　養壽院
　寺町御月番
　　廣徳寺

　　正福寺
　右例歳方丈より御届仕候得共方丈此節御願申上、上京
　仕居候ニ付拙僧共より御届申上候、已上
　　口上覚
一、拙僧儀、京都本能寺より只今帰寺仕候ニ付、此段御
届申上候、以上
　　三月廿八日　　　　　　　　本興寺
　寺町御月番
　　廣徳寺
　　正福寺
　　口上覚
一、本興寺義、京都本能寺より只今帰寺仕候段届来候ニ
付、此段御届申上候、已上
　　三月廿八日　　　　　　寺町月番
　　　　　　　　　　　　　　廣徳寺
　　　　　　　　　　　　　　正福寺
　寺社
　御奉行所

切紙ニ而

口上

一、当寺千部経今日迄無滞相仕廻申候、此段御届申上候、以上

四月十日　　本興寺

寺町御月番
専念寺
善通寺

寺社江之届此方ニ而相認寺町月番へ一同ニ為持遣、当寺より寺社方へ為持差越

切紙

口上覚

一、本興寺千部経今日迄無滞相仕廻申候段届来候ニ付、此段御届申上候、已上

四月十日　　寺町月番
専念寺
善通寺

寺社
御奉行所

一、四月廿八日英師御退院之御願被差出願書別帳ニ扣有之、寺町月番奥印、寺内本敎院罷越相頼請取来願書、当行司惠運院寺社附人田沢実蔵殿迄持参差出ス、尤静尊御願之節与相違之義有之ニ付、願書案文田沢氏江相頼、下書認メ遣被下候也

一、五月十一日昼後

寺社御奉行より御用御座候ニ付、只今方丈役者壱人附添罷出候様申来、即方丈役者惠運院附添寺社奉行御宅江罷出候処

遠藤三左衛門殿被　仰渡候趣

病身ニ付隠居願差出候処、未老衰与申ニ茂無之、此節本堂再建中ニも有之候得者篤与加保養、寺役法用等相勤、尤再建普請追而可致成就候様可致出情旨被仰渡候ニ付、難有奉畏候旨御請申上候、尤隠居御差留ニ付願書被成御下候

御届申上口上覚

一、当寺塔頭本成院義、大坂末寺久本寺江用事御座候ニ付、今日より罷越六七日逗留仕候間、右之段御届可申上如斯御座候、已上

文政八年酉五月十三日

本興寺役者
恵運院
養壽院

寺社
御奉行所

御届申上口上覚

一、拙僧義、法用御座候ニ付末寺長柄大願寺江罷越申候、尤四五日致逗留度奉存候、此段御届申上候、以上

酉五月廿八日

本興寺

寺町御月番
全昌寺

切紙ニ而
口上覚

一、本興寺義、法用ニ付末寺長柄大願寺江罷越、四五日逗留仕候段届来候ニ付、此段御届申上候、已上

酉五月廿八日

寺町月番
全昌寺

寺町（社カ）
御奉行所

口上覚

一、拙僧義、末寺長柄大願寺より只今帰寺仕候ニ付、此段御届申上候、以上

六月三日

本興寺

寺町御月番
大覺寺
常樂寺

口上覚

一、本興寺義、末寺長柄大願寺より只今帰寺仕候段届来候ニ付、此段御届申上候、已上

六月三日

寺町月番
大覺寺
常樂寺

寺社
御奉行所

御届申上口上覚

一、拙僧義、大坂末寺久本寺用事有之、明八日より罷越
申候、尤両三日逗留仕度奉存候、此段御届申上候、以
上

酉六月七日　本興寺印

寺町御月番
大覺寺
常樂寺

口上覚

一、本興寺義、大坂末寺久本寺江用事有之、明八日より
罷越、両三日逗留仕候段届来候ニ付、此段御届申上
候、已上

六月七日

寺町月番
大覺寺
常樂寺

寺社
御奉行所

口上覚

一、拙僧義御届申上候通、大坂末寺久本寺へ用事有之、
明八日より両三日逗留ニ而罷越申候処、用事相済候者
明夜船ニ而帰寺仕度奉存候、依之夜船通札壱枚借用仕
度奉存候、以上

六月七日　本興寺印

寺町御月番
大覺寺
常樂寺

口上覚

一、拙僧義、大坂末寺久本寺より用事相済、昨夜中帰寺
仕候ニ付、此段御届申上候、已上

六月九日　本興寺

寺町御月番
大覺寺
常樂寺

口上覚

一、本興寺義、大坂末寺久本寺より用事相済昨夜中帰寺仕候段届来候ニ付、此段御届申上候、已上

六月九日　寺町月番
大覺寺
常樂寺

寺社御奉行所

口上覚

一、此間者夜船通札借用仕忝奉存候、昨夜中帰寺仕候ニ付返進仕候間、慥御落手可被下候、已上

六月九日　本興寺

寺町御月番
大覺寺
常樂寺

御窺申上口上覚

一、当寺庫裏建修覆幷屋根葺替仕度段、六ヶ年以前辰六月奉願上候処、限月ニ到り候得共、未普請出来不仕候ニ付、別紙之通大坂御番所江御断ニ罷出申度、此段以書附御窺奉申上候、以上

文政八年酉六月廿三日　本興寺役者
本成院
恵運院
養壽院

寺社
御奉行所

右之通相違無御座候ニ付奥印仕候、以上

本興寺

乍恐口上

一、当寺庫裏建修覆幷屋根葺替仕度段、六ヶ年已前辰六

月奉願上候処、御聞届被成下候、然ル処普請限月ニ到り候得共未出来不仕候ニ付、乍恐此段御断奉申上候、已上

文政八年酉六月

松平遠江守殿領分
摂刕河辺郡尼崎
寺町本興寺
当病ニ付
代
恵運院

御奉行所

張紙ニ而認直シ相済、類焼再建届之所ニ委敷諸書記有之

御届申上口上覚

一、当寺庫裏普請限月ニ到り候得共未出来不仕候ニ付、今日御番所江御断ニ罷出申候、此段以書附御届奉申上候、以上

文政八年酉六月

尼崎
本興寺役者
恵運院

蔵御屋敷
御役所

御届申上口上覚

一、当寺庫裏普請限月ニ到り候得共、未出来不仕候ニ付、則今日御番所江御断ニ罷出申候処、猶又来戌年六月中御断可奉申上被　仰付引取申候ニ付、此段以書附御届奉申上候、以上

文政八年酉六月

尼崎
本興寺役者
恵運院

蔵御屋敷
御役所

御届申上口上覚

一、当寺庫裏建修覆幷屋根葺替限月ニ相成候得共、未出来不仕候ニ付、右之段御断、大坂御番所江当寺役者恵運院罷出申候所、猶又来ル戌年六月中ニ御断可奉申上旨被　仰付、帰寺仕候ニ付、此段御断奉申上候、以上

文政八年酉六月

本興寺役者
本成院

恵運院
養壽院

寺社
御奉行所

此届相止ム、類焼扣帳ニ委細届書有之、此文写シ候

口上之覚

一、当寺末寺大坂久本寺江法用ニ付役者本成院明廿六日
差越申候処、帰寺夜ニ入可申候間、夜船通札壱枚借用
仕度奉存候、已上

酉七月廿五日　切紙 本興寺丸印

寺町御月番
廣徳寺
正福寺

右使僧ニ而遣札借用

口上覚

一、昨日者夜船通札借用仕忝奉存候、右返進仕候間慥御
落手可被下候、已上

七月廿七日　本興寺印なし

寺町御月番
廣徳寺
正福寺

兵庫橋御番所夜船札上ヶ置候ニ付廿七日朝取ニ遣候節

覚

一、夜船通札　壱枚

右者昨夜中役者本成院通船之節差上申候間、此者江御
渡可被下候、已上

七月廿七日　寺町本興寺丸印

兵庫橋御番所
御番人中　徳蔵遣ス

酉八月廿七日英尊再度御隠居御願被差出候所、九月五日
願之通被　仰付、右委ク御隠居扣帳ニ有之

奉願上口上覚

当寺塔頭養壽院義、末寺用ニ付堺顕本寺江差越申度奉願上候、尤来月五日比迄日数相掛り可申与奉存候、右願之通御聞届被成下候者難有可奉存候、已上

文政八年酉九月七日

本興寺役者
本成院
恵運院

寺社
御奉行所

右之通相違無御座候ニ付奥印仕候、以上

寺町月番
如來院
海岸寺

奉願上口上覚

一、当寺塔頭本成院義、末寺長州下ノ関本行寺就無住住職ニ差下申度奉願上候、右願之通被為　仰付被下候者難有奉存候、坊跡後住之義者追而御願可奉申上候、已上

文政八年酉九月

本興寺役者
恵運院
養壽院
下札ニ而、御願申上他出仕罷在候ニ付無印

寺社
御奉行所

右之通相違無御座候ニ付奥印仕候、以上

寺町月番
如來院
海岸寺

奉差上出寺証文之事

一、拙僧義、今般役者より下ノ関本行寺江住職ニ差越申度段奉願上候処、願之通被為　仰付難有奉存候、依之本行寺江罷下住職仕候、尤拙僧在院之内宗門疑敷義無御座候、邪法受用不仕候、若是等之義ニ付故障之品御座候者何時ニ而茂御召登御吟味之上、急度申披可仕候、為後日之仍而如件

文政八年酉九月

本興寺塔頭
本成院

諦應印

寺社
御奉行所
右之通相違無御座候ニ付奥印仕候、已上
本興寺役者
養壽院
下札無印断
惠運院

奉願上口上覚
一、当寺塔頭一乗院義、役者ニ仕度奉願上候、右願之通
被為仰付被下候者忝可奉存候、已上
文政八年酉九月
本興寺役者
惠運院
養壽院
下札前同断

寺社
御奉行所
右之通相違無御座候ニ付奥印仕候、已上
寺町月番
如來院

海岸寺

奉願上口上覚
一、当寺塔頭一乗院義、今般役者ニ奉願上候ニ付、御
城内三方御門通入、無滞被為仰付被下候様奉願上候、
右願之通被為仰付被下候者忝可奉存候、已上
文政八年酉九月
本興寺役者
惠運院
養壽院
下札無印断前之通

寺社
御奉行所
右之通相違無御座候ニ付奥印仕候、已上
寺町月番
如來院
海岸寺

口上覚
当年方丈無住、役者より届ニ付文言少々違候事
来ル十三日宗祖日蓮上人正忌日ニ付、十二日逮夜法事執
行仕候、右御断為可申上如此御座候、已上

十月九日

本興寺役者
恵運院
養壽院
一乘院

寺町御月番
大覺寺
常樂寺

紙片折　上包半紙　上　寺町月番両寺名

口上覚

一、本興寺来ル十三日宗祖日蓮上人正忌日ニ付、十二日逮夜法事執行仕候段、役者より届申来候ニ付、此段御届申上候、已上

十月九日　寺町月番
大覺寺
常樂寺

寺社
御奉行所

御窺申上口上覚

一、当寺末宮町眞如庵普請限月ニ相成候得共、未普請出来不仕候ニ付、別紙之通大坂御番所江御断ニ罷出申度、此段以書附御窺奉申上候、以上

文政八年酉十一月十八日　本興寺役者
恵運院
養壽院
一乘院

寺社
御奉行所

右之通相違無御座候ニ付奥印仕候、以上

寺町月番
専念寺
善通寺

乍恐口上

一、当寺末寺宮町眞如庵再建仕度段、拾壱ヶ年已前亥ノ十一月奉願上候処、御聞済被成下候、然ル処右普請限月ニ相成候得共未出来不仕候ニ付、乍恐此段以書附御断奉申上候、以上

文政八年酉十一月

松平遠江守殿領分
摂刕河辺郡尼崎
寺町本興寺役者
恵運院

御奉行所

御届申上口上覚

一、当寺末寺宮町眞如庵普請限月ニ到り候得共未出来不仕候ニ付、今日御番所江御断ニ罷出申候、此段以書附御届奉申上候、以上

文政八年酉十一月

尼崎寺町
本興寺役者
恵運院

御蔵屋敷
御役所

御届申上口上覚

一、当寺末寺宮町眞如庵普請限月ニ到り候得共未出来不仕候ニ付、則今日御番所江御断ニ罷出申候処、猶又来戌年十一月中ニ御断可奉申上旨被仰付、引取申候ニ付、此段以書附御届奉申上候、已上

文政八年酉十一月

尼崎寺町
本興寺役者
恵運院

御蔵屋敷
御役所

御届申上口上覚

一、当寺末寺宮町眞如庵普請限月ニ到り候得共未出来不仕候ニ付、右之段御断大坂御番所江当寺役者恵運院罷出申候処、来ル戌年十一月中ニ御断可奉申上旨被仰付、帰寺仕候ニ付、此段御断奉申上候、以上

文政八年酉十一月

本興寺役者
恵運院
養壽院
一乗院

寺社
御奉行所

御届申上口上覚

一、駿州岡宮光長寺隠居当寺能化大乗院日宏義、用事御座候而罷越候ニ付、当分当寺塔頭本成院ニ為致逗留度奉存候、此段御届為可申上如此御座候、已上

酉十二月十五日

本興寺役者
恵運院
養壽院
一乗院

寺社
御奉行所

奉願上口上覚

一、当寺末寺泉州堺本受寺旦那河州丹北郡松原村小野忠庵倅

年三拾九才
小野貞静

右貞静与申者当寺塔頭實成院旦那ニ仕、当寺行者ニ召抱度奉存候、尤此者之義ニ付如何様之六ヶ敷儀御座候共、御上江掛御苦労申間敷候、則先方寺送り・村送り取置申候、右願之通御聞済被為成下候者難有奉存候、以上

文政九年戌正月十八日

本興寺役者
恵運院印
養壽院同
一乗院同

寺社
御奉行所

右之通相違無御座候ニ付奥印仕候、已上

本興寺印

人別送り一札

一、当村小野忠庵悴行年三拾九才貞静与申者、此度貴寺行者ニ被成御抱候ニ付、人別送り遣シ申候、此者宗旨者代々法花宗堺本受寺旦那ニ紛レ無御座候、向後貴寺人別ニ御加へ可被成候、依之人別送り一札如件

文政九年戌正月

(出羽山形藩・久朝)
秋元左衛門佐殿御領分
河州丹北郡
(松カ)
村原村庄屋
儀右衛門印

松平遠江守様
御城下寺町
本興寺塔頭
養壽院

宗旨送り手形一札

一、小野貞静与申者代々拙寺旦那ニ御座候処、此度其御山内江行者ニ被差置候ニ付、向後者貴院旦那ニ可被成候、尤其御山内ニ行者相勤居申候内者御帳面江御書加可被下候、為後日仍而一札如件

文政九年戌正月

堺
本受寺印

本興寺塔頭
實成院

奉願上口上覚

一、御当所宮町備前屋仲蔵同家

年四十四才
徳兵衛

右之者当寺塔頭實成院旦那ニ紛レ無御座候、然ル処此度当寺門主ニ召抱度奉存候、尤此者之義ニ付如何様之六ヶ敷儀御座候共、御上江掛御苦労申間敷候、右願之通御聞済被成下候者難有奉存候、以上

文政九年戌正月

本興寺役者
惠運院

養壽院

一乗院

寺社
御奉行所

右之通相違無御座候ニ付奥印仕候、已上

本興寺印

宮町会所より送り一札、当行司養壽院宛ニ而差越シ、右寺社下役迄行者送り一同ニ差出ス

奉願上口上覚

一、当寺塔頭本成院就無住、所々宗門御改印形塔頭一乗院江代判之儀御願申上度奉存候、右願之通被為　仰付被下候者忝可奉存候、已上

文政九年戌二月

本興寺役者
惠運院

養壽院

寺社
御奉行所

右之通相違無御座候ニ付奥印仕候、以上

本興寺
役者
惠運院
一乗院

實成院代判養壽院

本壽院代判惠運院

役者
養壽院
一乗院

奥印同断

奉願上口上覚

一、当寺末寺小路村要玄寺就無住、所々宗門御改印形、当寺塔頭惠運院江代判之義御願申上度奉存候、右願之通被為　仰付被下候者忝可奉存候、已上

文政九年戌二月

本興寺役者
養壽院
一乗院

寺社
御奉行所

奥印如前　二月廿七出ス

此願書役者寺社下役迄持参願済聞ニ行、廿五日法事相済昼前方丈役者一人附添奉行并下役江礼ニ行

奉願口上覚

一、来ル廿四日五日、当寺開山会法事致執行候、随而廿四日夜中日雇町口御門出入仕候様奉願候、以上

二月廿一日　本興寺丸印

寺社
御奉行所

右之通相違無御座候ニ付奥印仕候、已上

寺町月番
甘露寺
法園寺

奉願上口上覚

一、当寺塔頭惠運院義、今日小路村要玄寺ニ而宗旨改印形被成御取候ニ付、兼而御願申上置候通、代判ニ罷出

可申筈ニ御座候得共、急病差起り申候ニ付、落印之義
御願申上度奉存候、右願之通御聞済被成下候者忝可奉
存候、已上

文政九年戌三月六日　　本興寺役者
　　　　　　　　　　　　養壽院
　　　　　　　　　　　一乗院

寺社
御奉行所

右之通相違無御座候ニ付奥印仕候、以上

　　　　　　　　　　本興寺

御届申上口上覚

一、当寺塔頭養壽院義、就用事明十九日より京都本能寺
江罷越申候、尤当月廿八九日比迄逗留仕候、右御届為
可申上如斯御座候、以上

戌三月十八日　　本興寺役者
　　　　　　　　　恵運院
　　　　　　　　一乗院

寺社
御奉行所

片折上包アリ
御届申上口上覚

一、拙僧義、就用事明廿一日より京都本能寺江罷越申
候、尤当月廿八九日比迄致逗留度奉存候、此段御届申
上候、以上

戌三月廿日　　本興寺丸印

寺町御月番
　大覺寺
常樂寺

切紙上包なし
口上覚

一、本興寺義、就用事明廿一日より京都本能寺江罷越、
当月廿八九日比迄逗留仕候段届来候ニ付、此段御届申
上候、已上

三月廿日　　寺町月番
　　　　　　　大覺寺

常樂寺

寺社
御奉行所

片折上包アリ

口上之覚

一、来ル卯月朔日より十日迄、如例年当寺千部経致執行
候、右御届申上候、以上

三月廿八日　本興寺役者
惠運院
一乘院

寺町御月番
大覺寺
常樂寺

右例歳方丈より御届申上候得共、方丈此節御届申上上
京仕居候ニ付、拙僧共より御届申上候、已上

切紙印なし

口上覚

一、拙僧義、京都本能寺より只今帰寺仕候ニ付、此段御
届申上候、已上

三月　本興寺

寺町御月番
大覺寺
常樂寺

切紙

口上覚

一、本興寺儀、京都本能寺より只今帰寺仕候段届来候ニ
付、此段御届申上候、以上

三月　寺町月番
大覺寺
常樂寺

寺社
御奉行所

口上覚

一、当寺千部経今日迄無滞相仕廻申候、此段御届申上
候、以上

四月十日　　本興寺
寺町御月番
専念寺
善通寺

寺社奉行幷附人田沢実蔵江方丈役者人附添届ニ行、附人方ニ而千部巻数箱差上候義相伺

奉願上口上覚

一、当寺塔頭本敎院栄耳儀、病身ニ罷成、寺役難相勤候ニ付為致隠居度奉願上候、右願之通被為　仰付被下候者忝可奉存候、以上

文政九年戌五月
本興寺役者
恵運院
養壽院
一乗院

寺社
御奉行所

右之通相違無御座候ニ付奥印仕候、以上
本興寺

（挟込札）
「堯運院智聞」

奉差上出寺証文之事

一、拙僧儀、病身ニ罷成寺役難相勤候ニ付、従役者隠居之儀奉願上候処、願之通被為　仰付難有奉存候、依之今般越前敦賀本勝寺江引越保養仕居申候、尤拙僧在院中檀方宗門疑敷儀無御座、邪法受用不仕候、若是等之品御座候者、何時ニ而茂御召返御吟味之上急度申披可仕候、為後日証文仍而如件

文政九年戌五月
本興寺塔頭
本敎院
栄耳印

寺社
御奉行所

右之通相違無御座候ニ付奥印仕候、以上
本興寺役者
一乗院
養壽院

惠運院

奉願上口上覚

一、当寺末宮町眞如庵妙光儀、近来病身ニ付庵内江為致隠居、妙光弟子妙照比丘尼致後住度、此段奉願上候、右願之通被為　仰付候者難有可奉存候、已上

文政九年戌五月　本興寺役者
惠運院印
養壽院同
一乘院同

寺社
御奉行所

右之通相違無御座候ニ付奥印仕候、以上

本興寺丸印

上包御届　本興寺
御届申上口上覚

片折
一、拙僧儀、大坂末寺本經寺江用事御座候ニ付、明十五日より罷越申候、尤六七日逗留仕度奉存候、此段御届可申上候、以上

戌五月十四日　本興寺印

寺町御月番
如來院
海岸寺

切紙上包ナシ
口上覚

一、本興寺儀、大坂末寺本經寺江用事有之、明十五日より罷越、六七日逗留仕候段届来候ニ付、此段御届申上候、以上

五月十四日　寺町月番
如來院
海岸寺請持
善通寺

寺社
御奉行所

口上覚

一、拙僧儀、大坂末寺本經寺より只今帰寺仕候ニ付、此

段御届申上候、以上

五月廿三日

本興寺
切紙無印

寺町御月番
如來院

海岸寺請持
善通寺

切紙

口上覚

一、本興寺儀、大坂末寺本經寺より只今帰寺仕候段、届
来候ニ付、此段御届申上候、以上

五月廿三日

寺町月番
如來院

海岸寺請持
善通寺

寺社
御奉行所

奉願上口上覚

一、当寺塔頭本成院無住ニ付、則当寺塔頭本壽院先住職
仕罷在候栄玉与申僧、讃州宇足津本妙寺江罷越保養仕
居申候処、病気全快仕候ニ付、右本成院江後住ニ仕度
奉存候、右願之通被為　仰付被下候者忝可奉存候、已
上

文政九年戌六月

本興寺役者
恵運院

養壽院

一乗院

寺社
御奉行所

右之通相違無御座候ニ付奥印仕候、以上

寺町月番
全昌寺

本興寺無住ニ付
代
正福寺

奉願上口上覚

一、当寺後住之儀、相定候迄隠居日英方丈留守居ニ相頼
申度奉存候、右願之通被為　仰付被下候者難有奉存

候、以上

文政九年戌六月

本興寺役者
恵運院
養壽院
一乗院

寺社
御奉行所

右之通相違無御座候ニ付奥印仕候、以上

寺町月番
全昌寺

本興寺無住ニ付
代
正福寺

以書附御届奉申上候

一、来ル亥年二月入仏供養与申建札本堂前江建置申度候
ニ付、此段以書附御届奉申上候、以上

文政九年戌六月

本興寺役者
恵運院
養壽院
一乗院

寺社
御奉行所

右願ニ無御座候而者難相済候旨、寺社方実蔵被申候得
共、養壽院申候ニ者、建札差出置候得共、未愈入仏決
定与申ニ者無御座候、愈入仏決定共候節ニ者右御願差
出申候由申談シ、夫ゆへ届ニ而相済

御届申上口上覚

一、当寺塔頭恵運院儀、就用事明廿七日より当寺末寺越
前敦賀本勝寺江罷越申候、尤来月八日九日迄日数相掛
申候、右御届為可申上如斯御座候、以上

戌五月廿六日

本興寺役者
養壽院
一乗院

寺社
御奉行所

奉差上由緒書之事

一、拙僧義、本国生国讃州宇足津高宮喜平次悴喜代蔵与申候、法花宗同国同所本妙寺弟子ニ罷成、七才ニ而剃髪仕候、僧名栄玉与相改、文化十三子年本興寺談林江罷越修学仕罷在候処、文政五年午八月本興寺塔頭本壽院ニ而住職仕候、則其節由緒書奉差上候通相違無御座候、然ル所病身ニ付文政七申年隠居仕、讃州宇足津本妙寺江罷越養生仕候処、全快仕候而、本興寺塔頭本成院無住ニ付、今般後住ニ仕度段、役者より御願奉申上候処、願之通被為　仰付難有奉存候、兼々被為　仰付候御制法之趣聊無相違急度相守、邪法受用仕間敷候、為後日由緒一札差上候処仍而如件

文政九年戌六月

本興寺塔頭
本成院
栄玉印

寺社
御奉行所

先書之通相違無御座候、栄玉義讃州本妙寺弟子ニ紛レ無御座候、此度病気全快仕候而、本成院江後住ニ仕度旨役者より御願申上候処、願之通被為　仰付忝奉存候、兼々被為　仰付候御制法急度相守、邪法受用為仕間敷候、為後日奥書印形仕差上申所仍而如件

本興寺
留守居
隠居
日英丸印

右奥書印形之義、月番養壽院寺社方田沢実蔵江度々掛合之上、彼方より右之通奥書印形致可然旨差図ニ付、相認メ差出ス

御窺申上口上覚

一、当寺庫裏建修覆幷屋根葺替仕度段、七ヶ年已前辰六月奉願上候処、限月ニ到り候得共未普請出来不仕候ニ付、別紙之通大坂御番所江御断ニ罷出申度、此段以書附御伺奉申上候、已上

文政九年戌六月

本興寺役者
恵運院
養壽院

寺社
御奉行所

右之通相違無御座候ニ付奥印仕候、以上

一乗院
寺町月番
全昌寺
本興寺無住ニ付
代
正福寺

乍恐口上

一、当寺庫裏建修覆幷屋根葺替仕度段、七ヶ年已前辰六月奉願上候処、御聞届被成下候、然ル処普請限月ニ到り候得共未出来不仕候ニ付、乍恐此段御断奉申上候、以上

松平遠江守殿領分
摂州河辺郡尼崎
寺町本興寺
無住ニ付
代役者
恵運院

文政九年戌六月

御奉行所

御届申上口上覚

一、当寺庫裏普請限月ニ到り候得共、未出来不仕候ニ付、別紙之通今日御番所江御断ニ罷出申候、此段以書附御届奉申上候、以上

文政九年戌六月

尼崎
本興寺役者
恵運院

御蔵屋敷
御役所

御届申上口上覚

一、当寺庫裏普請限月ニ到り候得共、未出来不仕候ニ付、則今日御番所江御断ニ罷出申候処、猶又来ル亥年六月中御断可奉申上旨被仰付引取申候ニ付、此段以書附御届奉申上候、以上

文政九年戌六月廿六日

尼崎
本興寺役者
恵運院

御蔵屋敷
御役所

御届申上口上覚

一、当寺庫裏建修覆幷屋根葺替、限月ニ相成申候得共、未出来不仕候ニ付、右之段御断大坂御番所江当寺役者惠運院罷出申候処、猶又来ル亥年六月中ニ御断可奉申上旨被　仰付、帰寺仕候ニ付、此段御断奉申上候、以上

文政九年戌六月廿六日

本興寺役者
惠運院
養壽院
一乗院

寺社
御奉行所

御届申上口上覚

一、先達而御届申上候（ママ）置候、駿府岡宮光長寺隠居当寺能化大乗院日宏儀、用事御座候而罷越候ニ付、塔頭本成院ニ逗留仕候処、用事相済帰寺仕候間、此段御届為可申上如此御座候、已上

戌七月

本興寺役者
惠運院
養壽院
一乗院

寺社
御奉行所

御届申上口上之覚

一、当寺方丈留守居相頼置申候隠居日英儀、末寺用御座候ニ付、明廿七日越前表江罷越、来月廿日比迄逗留仕候、右御断為可申上如斯御座候、已上

戌七月廿六日

本興寺
役者

寺町御月番
廣徳寺
正福寺

奉願上口上覚

一、当寺塔頭養壽院義、越前末寺向江用事御座候ニ付、差越申度奉願上候、尤来月廿日比迄日数相掛可申与奉存候、右願之通御聞届被成下候者難有奉存候、已上

文政九年戌七月廿六日

本興寺役者
惠運院

一乗院

寺社
御奉行所

右之通相違無御座候ニ付奥印仕候、以上

寺町月番
廣徳寺

正福寺

御届申上口上覚

一、当寺末寺備前岡山菅能寺檀那河本屋平八与申者参詣仕候、今晩当寺塔頭本成院ニ一宿為仕度候、此段御届申上候、以上

戌八月三日

本興寺役者
惠運院

養壽院

下札、御願申上他出仕候ニ付無印

一乗院

寺社
御奉行所

御届申上口上覚

一、当寺末寺江戸本所永隆寺檀那谷中新門前金沢屋五郎右衛門・同人妻、右両人之者参詣仕候ニ付、今晩当寺塔頭惠運院ニ一宿為仕度候、右御届申上候、以上

戌八月十六日

本興寺役者
惠運院
無印下札前同断

一乗院

寺社
御奉行所

御届申上口上覚

一、当寺末寺阿刕撫養圓隆寺旦那清左衛門・同人妻娘、

右三人之者参詣仕候ニ付、今晩当寺塔頭本壽院一宿為
仕度候、右御届申上候、以上
戌八月廿日
本興寺役者
恵運院
養壽院
他出無印下札
一乗院
寺社
御奉行所

口上覚
一、当寺方丈留守居相頼置候隠居日英義、越前表より今
朝帰寺仕候ニ付、此段御案内申上候、已上
八月廿一日
本興寺
役者
寺町御月番
専念寺
善通寺

一、養壽院帰寺之届自身寺社下役へ罷越ス

御届申上口上之覚
一、当寺方丈留守居相頼置候隠居日英義、末寺用御座候
ニ付、今四日より淡州表江致下向候、尤逗留日数之程
相知レ不申候間、帰寺之節御案内可申上候、右御断為
可申上如此御座候、已上
戌九月四日
本興寺役者
恵運院
養壽院
一乗院
寺町御月番
甘露寺
法園寺

十月九日
会式届寺町江酉年之文言

奉窺口上覚
一、当院檀那宮町樋口屋喜十郎同居樋口屋徳兵衛与申者

御咎中御座候処、一昨七日病死仕、則御見届相済、死骸家内幷親類共江被下置候趣ニ而、親類共より葬之儀申来候ニ付、葬遣シ可申哉、此段以書附御窺奉申上候、以上

文政九年丙戌十月九日

本興寺塔頭
養壽院

寺祖(社)
御奉行所

奉窺口上覚

一、当院旦那宮町樋口屋十郎右衛門儀、御上御吟味二(ママ)中ニ御座候処、同人妻時十三日病死仕候付、拙院取置頼来候間葬可遣哉、此段奉伺候、以上

文政九年戌十月

本興寺塔頭
養壽院

寺祖(社)
御奉行所

御窺申上口上覚

一、当寺末宮町眞如庵普請限月ニ相成候得共、未普請出来不仕候ニ付、別紙之通大坂御番所江御断ニ罷出申度、此段以書附御窺奉申上候、以上

文政九年戌十一月

本興寺役者
惠運院
養壽院
一乗院

寺社
御奉行所

右之通相違無御座候ニ付奥印仕候、以上

乍恐口上

本興寺

一、当寺末寺宮町眞如庵再建仕度段、拾弐ヶ年已前亥ノ十一月奉願上候処、御聞済被成下候、然ル処右普請限月ニ相成候得共未出来不仕候ニ付、乍恐此段以書附御断奉申上候、以上

文政九年戌十一月

松平遠江守殿領分
摂州河辺郡尼崎
寺町本興寺役者
恵運院

御奉行所

御届申上口上覚

一、当寺末寺宮町眞如庵普請限月ニ到り候得共未出来不仕候ニ付、今日御番所江御断ニ罷出申候、此段以書附御届奉申上候、以上

文政九年戌十一月

尼崎寺町
本興寺役者
恵運院

御蔵屋敷
御役所

御届申上口上覚

一、当寺末寺宮町眞如庵普請限月ニ到り候得共未出来不仕候ニ付、則今日御番所江御断ニ罷出申候処、猶又来亥ノ十一月中ニ御断可奉申上旨被仰付、引取申候ニ付、此段以書附御届奉申上候、以上

文政九年戌十一月

尼崎寺町
本興寺役者
恵運院

御蔵屋敷
御役所

御届申上口上覚

一、当寺末宮町眞如庵普請限月ニ到り候得共未出来不仕候ニ付、右之段御断大坂御番所江当寺役者恵運院罷出申候処、来亥年十一月中御断可奉申上旨被仰付、帰寺仕候ニ付、此段御断奉申上候、以上

文政九年戌十一月

本興寺役者
恵運院
養壽院
一乗院

寺社
御奉行所

御届申上口上之覚

一、先達而御届申上候当寺方丈留守居相頼置候隠居日英

義、末寺用御座候ニ付淡州表江致下向候処、用事相済、昨日被致帰寺候、此段御案内申上候、尤方丈後職入院相済候ニ付、留守之儀相断候趣者当寺より寺社御奉行所江御断申上候間、此段左様御承知可被下候、以上

戌十一月廿二日

本興寺役者
恵運院
養壽院
一乗院

寺町御月番
（貼紙）「如來院」
廣徳寺
善通寺

御届申上口上覚

一、当寺方丈留守居相頼置候隠居日英義、方丈後住入院仕候ニ付、留守居之義相断申候、尤外用向御座候ニ付、当分当寺塔頭堯運院ニ逗留仕候間、右之段御届為可申上如此御座候、以上

戌十一月廿二日

本興寺役者
恵運院
養壽院
一乗院

寺社
御奉行所

御届申上口上覚

一、先達而御届申上置候当寺隠居日英儀、当寺塔頭堯運院ニ逗留仕罷在候処、今日当寺末寺長柄大願寺江引取申候ニ付、此段御届申上候、以上

戌十一月廿六日

本興寺役者
恵運院
養壽院
一乗院

寺社
御奉行所

奉願口上覚

一、当寺塔頭本成院栄玉儀、近来鬱症ニ而折々致健忘、寺役難相勤候ニ付、為致隠居度奉願上候、右願之通被為　仰付被下候者忝可奉存候、以上

文政九年戌十二月

本興寺役者
恵運院
養壽院
一乘院

寺社
御奉行所

右之通相違無御座候ニ付奥印仕候、以上

本興寺

奉差上出寺証文之事

一、拙僧儀、近来鬱症ニ而折々致健忘、寺役難相勤候ニ付、従役者隠居之儀奉願上候処、願之通被為　仰付、難有奉存候、依之今般讃刕宇足津本妙寺江罷越、保養仕居申候、拙僧在院之間檀方宗門疑敷儀無御座、邪法受用不仕候、若是等之品御座候者、何時ニ而茂御召返御吟味之上急度申披可仕候、為後日之仍而証文如件

文政九年戌十二月

本興寺塔頭
本成院
栄玉

寺社
御奉行所

右之通相違無御座候ニ付奥印仕候、以上

本興寺役者
一乘院
養壽院
恵運院

御届申上候口上覚

一、当寺境内ニ御座候松之小枝打仕度奉存候、右御届可申上如此御座候、以上

文政十年亥二月

本興寺
役者三人

寺社
御奉行所

奉願上候口上覚

一、当寺塔頭本成院無住付、所々宗門御改印形塔頭一乗院江代判之義御願申上度奉存候、右願之通被為仰付被下候ハ、忝可奉存候、以上

文政十年亥二月　本興寺役者
恵運院
養壽院

實成院代判
養壽院
役者
恵運院
一乗院

本壽院代判
恵運院
役者
養壽院
一乗院

本敎院代判
堯運院
役者
三人

奥印同断

御届申上候口上覚

一、当寺表通り并西手外囲ひ高塀等壁損シ候付、繕仕度奉存候、右御届可申迄御座候、以上

文政十年亥二月　本興寺役者
三人

寺社
御奉行所

奉願上候口上覚

一、当寺末寺小路村要玄寺就無住、所々宗門御改印形当寺塔頭恵運院江代判之儀御願申上度奉存候、右願之通被為仰付被下候ハ、忝可奉存候、以上

文政十年亥三月　本興寺役者
養壽院
一乗院

寺社
御奉行所

奥印同断

奉伺口上覚

一、当寺塔頭堯運院檀那築地町大鹿屋つね与申者之忰甚

助当亥年三拾五才ニ罷成候、右甚助義、先年　御上御咎ニ而御当所御追放ニ相成候処、此節母親常方江立寄居候内病死仕、則御見届相済死骸取置候様被　仰付候ニ付、親類共より葬り之儀相頼申来候間、葬遣シ可申哉、此段以書附御伺奉申上候、以上

文政十年亥三月十九日

本興寺役者
恵運院
養壽院
一乗院

寺社
御奉行所

御届申上口上覚

一、拙僧義、就法用大坂末寺妙法寺へ明廿六日より罷越、両三日逗留仕度奉存候、此段御届可申上如此御座候、已上

亥
三月廿五日

本興寺印

寺町御月番
廣徳寺
正福寺

切紙上包なし
口上覚

一、本興寺儀、就法用大坂末寺妙法寺江明廿六日より罷越、両三日逗留仕候段届来候ニ付、此段御届申上候、已上

三月廿五日

寺町月番
廣徳寺
正福寺

寺社
御奉行所

口上覚

一、拙僧儀、大坂末寺妙法寺より只今帰寺仕候ニ付、此段御届申上候、已上

三月廿九日

本興寺

寺町御月番
廣徳寺
正福寺

切紙印なし

切紙

口上覚

一、本興寺儀、大坂末寺妙法寺より只今帰寺仕候段届来
候ニ付、此段御届申上候、以上

三月廿九日

寺町月番
廣徳寺
正福寺

寺社
御奉行所

（貼紙にて抹消）
「寺町御月番」

奉願口上覚

一、当寺入仏付児装束入長持一棹幷半櫃弐ツ旦家之者よ
り借用之蒲団凡百八十畳程、両三日中追々差戻し候
節、日用辻町口御門無滞通路仕候様奉願上候、右願之
通被為仰付被下候ハ、難有奉存候、以上

文政十年亥四月四日

本興寺
役者
恵運院
養壽院
一乘院

寺社
御奉行所

右之通相違無御座候付奥印仕候、已上

本興寺

奉願口上覚

一、当寺塔頭一乘院・同恵運院両人義、急病差起候付、
明七日寺町如來院ニ而宗門御改之節罷出候義難仕御座
候、依之明日寺町宗門御改之節、一乘院・恵運院両人
共罷出候義御免被成下候様奉願上候、何卒右願之通被
為御聞済被下候ハ、難有奉存候、以上

文政十年亥四月六日

本興寺
養壽院

寺社
御奉行所

右之通相違無御座候ニ付奥印仕候、以上

本興寺

卯月十日千部済届寺町月番江戌年通

寺社御奉行幷附人江方丈役者附添御礼罷越巻数差上候義

相伺事、例之通

一、四月十一日より大坂末寺本行寺江方丈御出、同十三日御帰寺届書、妙法寺之通、寺町月番専念寺・善通寺

御届申上口上覚

一、拙僧義、就用事ニ明廿七日より当寺末寺備前本蓮寺迄罷越申候、尤来月下旬迄致逗留度奉存候、此段御届申上候、以上

卯五月廿六日
本興寺丸印

寺社
御奉行所

右之通ニ相違無御座候ニ付奥印仕候、以上

寺町月番
甘露寺印
法園寺印

御届申上口上覚

一、拙僧義用事ニ付

（後欠）

七　願書留

文政一〇（一八二七）〜天保八（一八三七）・八　六八二

（表紙）

文政十丁亥歳
願　書
孟夏吉ヨリ

奉願口上覚

一、当寺塔頭本壽院無住ニ付、当寺学室相勤居申候智聞義後住ニ仕度奉願上候、右願之通被為　仰付被下候者忝可奉存候、以上

本興寺役者
惠運院
養壽院
一乗院

文政十年亥

寺社
御奉行所

右之通相違無御座候ニ付奥印仕候、已上

本興寺

奉差上由緒書之事

一、拙僧義本国生国隅州種子嶋木村助太夫忰八百次郎与申候、法華宗同国同所本源寺弟子ニ罷成、十三歳ニ而剃髪仕、僧名智聞与相改、文政四年辛巳春本興寺談林江罷越修学仕居申候処、今般当寺塔頭本壽院就無住、先達而従役者拙僧後住ニ仕度旨御願奉申上候処、願之通被為仰付難有奉存候、兼々被　仰付候御制法之旨聊違背不仕急度相守、邪法受用仕間敷候、為後日由緒一札差上申所仍而如件

本興寺塔頭
本壽院
智聞印

文政十年亥

寺社
御奉行所

前書之通相違無御座候、智聞義隅州種子嶋本源寺弟子ニ紛レ無御座候、此度本壽院後住ニ仕度役者より御願

申上候処、願之通被為　仰付忝奉存候、兼々被為　仰付候御制法急度相守、邪法受用為仕間敷候、為後日奥書印形仕差上申所仍而如件

本興寺
日慈丸印

奉願上口上覚

一、当寺塔頭恵運院智三義病身ニ罷成、寺役難相勤候ニ付、為致隠居度奉願上候、右願之通被為　仰付被下候者忝可奉存候、以上

文政十年亥五月

本興寺役者
養壽院
一乗院

寺社
御奉行所

右之通相違無御座候ニ付奥印仕候、以上

本興寺

奉差上出寺証文之事

一、拙僧義病身ニ罷成、寺役難相勤候ニ付、役者より隠居之義奉願上候処、願之通被為　仰付難有奉存候、依之今般河劦池田妙圓寺江罷越保養仕居申候、尤拙僧在院之間、檀方宗門疑敷儀無御座、邪法受用不仕候、若是等之品御座候者、何時ニ而も御召返御吟味之上急度申開可仕、為後日仍而証文如件

文政十年亥五月廿四日

本興寺塔頭
恵運院
智三判

寺社
御奉行所

右之通相違無御座候ニ付奥印仕候、已上

本興寺役者
一乗院
養壽院

片折上包半し御届　本興寺与認候事
御届申上口上覚

一、拙僧儀法用御座候ニ付、当寺末寺大坂久本寺江今日より罷越申候、尤四五日致逗留度奉存候、此段御届申

上候、以上

亥六月四日　本興寺丸印

寺町御月番
全昌寺

切紙ニ而
口上覚

一、本興寺儀法用ニ付末寺大坂久本寺江今日より罷越、四五日逗留仕候段届来候ニ付、此段御届申上候、以上

亥六月四日　寺町月番
全昌寺

寺社
御奉行所

御窺申上口上覚

一、当寺庫裏建修覆并屋根葺替仕度段、八ヶ年已前辰六月奉願上候処、限月ニ到り候得共、未普請出来不仕候ニ付、別紙之通大坂御番所江御断ニ罷出申度、此段以書附御伺奉申上候、以上

文政十年亥六月廿二日　本興寺役者
養壽院
一乗院

寺社
御奉行所

右之通相違無御座候ニ付奥印仕候、以上

本興寺

乍恐口上

一、当寺庫裏建修覆并屋根葺替仕度段、八ヶ年已前辰六月奉願上候処、御聞届被成下候、然ル処普請限月ニ到り候得共、未出来不仕候ニ付、乍恐此段御断奉申上候、以上

文政十年亥六月

松平遠江守(忠誨)殿領分
摂州河辺郡尼崎
寺町本興寺
当病ニ付
代役者
養壽院

御奉行所

御届申上口上覚

一、当寺庫裏普請限月ニ到り候得共、未出来不仕候ニ付、別紙之通今日御番所江御断ニ罷出申候、此段以書附御届奉申上候、以上

文政十年亥六月

尼崎
本興寺役者
養壽院

御蔵屋敷
御役所

御届申上口上覚

一、当寺庫裏普請限月ニ到り候得共、未出来不仕候ニ付、則今日御番所江御断ニ罷出申候処、猶又来ル子年六月中御断可奉申上旨被仰付引取申候ニ付、此段以書附御届奉申上候、以上

文政十年亥六月

尼崎
本興寺役者
養壽院

御蔵屋敷
御役所

御届申上口上覚

一、当寺庫裏建修覆幷屋根葺替限月ニ相成申候得共、未出来不仕候ニ付、右之段御断大坂御番所江当寺役者養壽院罷出申候処、猶又来ル子年六月中ニ御断可奉申上旨被仰付、帰寺仕候ニ付、此段御断奉申上候、以上

文政十年亥六月

本興寺役者
養壽院
一乗院

寺社
御奉行所

御窺奉申上口上覚

一、当寺道印建石日雇辻東側丹波屋半兵衛軒下タニ建来り御座候処、此度同所溝普請仕候ニ付、右建石丹波屋半兵衛居宅西南角軒下タ江相直シ、向後右之場所江居置申度段、当寺セ話人共より申出候、尤右之趣地主半兵衛江も懸合仕候処、何之指支も無之旨申候間、此段御窺奉申上候、已上

文政十年亥七月

本興寺役者
養壽院
一乘院

寺社
御奉行所

右之通相違無御座候ニ付奥印仕候、已上

本興寺

右窺書七月朔日差出候処、同二日相済、依之宮町役人江遣候口上書

口上覚

一、当寺道印建石日雇辻東側丹波屋半兵衛軒下タニ建来り御座候処、此度同所溝普請仕候ニ付、右建石丹波屋半兵衛居宅西南角ニ軒下タ江相直シ、向後右之場所江居置申度段当寺世話人共より申出候、尤右之趣地主半兵衛江も懸合仕候処、何之差支も無之旨申候間、此段御窺奉申上候、右之通当寺より寺社御奉行所江以書附申上候処、窺之通御聞済御座候間、其御町より御上躰宜御願被下度奉頼候、已上

亥七月

本興寺
役者印

宮町
御役人中

奉窺口上覚

一、当院檀那宮町樋口屋十郎右衛門親十郎助義御咎中ニ御座候処、昨三日病死仕、則御見届も相済勝手ニ葬り候様被　仰付候ニ付、十郎右衛門幷親類共より葬り之義申来候間、葬り遣シ可申哉、此段以書附御窺奉申上候、以上

文政十年亥七月四日

本興寺塔頭
養壽院

寺社
御奉行所

奉願上候口上書

一、拙寺儀入院為御礼之一束一本指上御目見江仕度、此段奉願上候、右願之通被為　仰付被下候者忝可奉存候、以上

文政十亥年七月

寺町
本興寺〇印

寺社
御奉行所

前書之通相違無御座候ニ付奥印仕候、以上

寺町
月番
如來院印
善通院印

奉願上候口上覚

一、当寺末寺小路村要玄寺就無住、所々宗門御改印形当寺塔頭恵運院江代判之義、当亥ノ三月奉願上候処、則願之通御聞済被成下候、然ル処恵運院隠居仕、無住ニ相成申候ニ付、要玄寺代判之義当寺塔頭本壽院江御願申上度奉存候、右願之通被為　仰付被下候者忝可奉存候、已上

文政十年亥八月廿二日

本興寺役者
養壽院
一乗院

寺社
御奉行所

右之通相違無御座候ニ付奥印仕候、已上

本興寺

御届申上口上覚

一、当寺塔頭養壽院義、就用事明九日より京都本能寺江罷越申候、尤当月十八九日迄逗留仕候、右御届為可申上如斯御座候、以上

亥九月八日

本興寺役者
一乗院

寺社
御奉行所

片

御届申上口上覚

一、拙僧義就用事明十日より京都本能寺江罷越申候、尤当月廿日比迄致逗留度奉存候、此段御届申上候、已上

亥九月

本興寺丸印

寺町御月番
専念寺

善通寺

寺町届以来切紙ニ而上包なしニ相成ル

端書ニ

寺社御奉行所江者当方より届書差出申候間、左様ニ
御承知可被下候、以上

右之通ニ認遣し寺町より届、直ニ寺社方江出候事

口上覚

切紙包なし
一、本興寺義就用事明十日より京都本能寺へ罷越、当月
廿日比迄逗留仕候段申届来候ニ付、此段御届申上候、已
上

九月九日

寺町月番
専念寺

善通寺
判なし

寺社
御奉行所

切紙
口上覚

一、拙僧義京都本能寺より今朝致帰寺候ニ付、此段御届
申上候、已上

九月十九日　本興寺

寺町御月番
専念寺

善通寺

寺社御奉行所江者当方より帰寺御届書差出申候間、此
段左様御承知可被下候、以上

切紙
口上覚

一、本興寺義京都本能寺より今朝帰寺仕候段申来候ニ
付、此段御届申上候、以上

九月十九日

寺町月番
専念寺

善通寺

寺社
御奉行所

片折上包半し
口上覚

一、来ル十三日宗祖日蓮上人正忌日ニ付、十二日逮夜法事致執行候、右御届為可申上如斯御座候、以上

文政十年亥十月九日　本興寺丸印

寺町御月番
全昌寺

片折上包半紙
口上覚

一、本興寺来ル十三日宗祖日蓮上人正忌日ニ付、十二日逮夜法事致執行候段届来候ニ付、此段御届申上候、以上

文政十年亥十月九日　寺町月番
全昌寺

下札
本興寺義届人ニ付名前無之御断申上候

寺社
御奉行所

御窺申上口上覚

一、当寺末宮町眞如庵普請限月ニ相成候得共、未普請出来不仕候ニ付、別紙之通大坂御番所江御断ニ罷出申度、此段以書附御窺奉申上候、以上

文政十年亥十一月　本興寺役者
養壽院
一乘院

寺社
御奉行所

右之通相違無御座候ニ付奥印仕候、以上

本興寺

乍恐口上

一、当寺末寺宮町眞如庵再建仕度段、拾三ヶ年已前亥ノ十一月奉願上候処、御聞済被成下候、然ル処右普請限月ニ相成候得共、未出来不仕候ニ付、乍恐此段以書附御断奉申上候、以上

松平遠江守殿領分
摂州河辺郡尼崎
寺町本興寺役者
養壽院

文政十年亥十一月

御奉行所

御届申上口上覚

一、当寺末寺宮町眞如庵普請限月ニ到リ候得共、未出来不仕候ニ付、今日御番所江御断ニ罷出申候、此段以書附御届奉申上候、以上

文政十年亥十一月

尼崎寺町
本興寺役者
養壽院

御蔵屋敷
御役所

御届申上口上覚

一、当寺末寺宮町眞如庵普請限月ニ到リ候得共、未出来不仕候ニ付、則今日御番所江御断ニ罷出申候処、猶又来子ノ十一月中御断可奉申上旨被仰付引取申候ニ付、此段以書附御届奉申上候、以上

文政十年亥十一月

尼崎寺町
本興寺役者
養壽院

御蔵屋敷
御役所

御届申上口上覚

一、当寺末宮町眞如庵普請限月ニ到リ候得共、未出来不仕候ニ付、右之段御断大坂御番所江当寺役者養壽院罷出申候所、来子年十一月中御断可奉申上旨被　仰付帰寺仕候ニ付、此段御断奉申上候、以上

文政十年亥十一月

本興寺役者
養壽院
一乗院

寺社
御奉行所

奉願口上覚

一、来ル廿五日例年当寺開山正当会相勤来申候処、先達而より方丈日慈幷役者両院御吟味ニ付、慎中ニ而重々奉恐入候得共、遠国諸末寺出席幷諸檀方数多参詣茂有之候事ニ御座候得者、何卒毎歳之通法事執行仕度奉存

候間、此段奉願上候、以御憐愍右願之通被為　仰付被
下候者難有仕合奉存候、以上

文政十一年子二月

本興寺役者代
大坂　本經寺
大運院
妙法寺
寛妙院
妙堯寺
觀行院
久本寺
正誠院
同
塔頭
本壽院

寺社
御奉行所

右之通相違無御座候ニ付奥印仕候、以上

寺町月番
甘露寺
法園寺

奉願口上覚

一、先達而御願奉申上候通、来ル廿四日五日当寺開山会
法事執行仕候ニ付、廿四日夜中日雇町口御門出入仕候
様奉願上候、右御許容被為成下候者難有奉存候、以上

文政十一年子二月廿一日

本興寺役者代
大坂久本寺
正誠院
塔頭
本壽院

寺社
御奉行所

右之通相違無御座候ニ付奥印仕候、以上

寺町月番
甘露寺
法園寺

奉願上口上覚

一、当寺塔頭本教院・實成院両院共無住ニ付、所々宗門
御改印形塔頭堯運院江代判之義御願申上度奉存候、右
願之通被為仰付被下候者忝可奉存候、以上

文政十一年子二月　　本興寺役者代
　　　　　　　　　　　　本壽院
寺社
御奉行所

右之通相違無御座候ニ付奥印仕候、以上

　　　　　寺町月番
　　　　　　甘露寺
　　　　　　法園寺

奉願上口上覚

一、当寺塔頭恵運院・本成院両院共就無住、所々宗門御改印形塔頭本壽院江代判之義御願申上度奉存候、右願之通被為仰付被下候者忝可奉存候、以上

文政十一年子二月　　本興寺塔頭
　　　　　　　　　　　堯運院
寺社
御奉行所

右之通相違無御座候ニ付奥印仕候、以上

　　　　　寺町月番
　　　　　　甘露寺
　　　　　　法園寺

奉願上口上覚

一、当寺末寺小路村要玄寺就無住、所々宗門御改印形当寺塔頭本壽院江代判之義御願申上度奉存候、右願之通被為　仰付被下候者忝可奉存候、已上

文政十一年子十一月　　本興寺塔頭
　　　　　　　　　　　　堯運院
寺社
御奉行所

右之通相違無御座候ニ付奥印仕候、以上

　　　　　寺町月番
　　　　　　甘露寺
　　　　　　法園寺

右塔頭堯運院ニ而願之義、寺社方田沢実蔵迄本壽院相尋申候処、此節者役者無之義故不苦被申聞、則相済

一、塔頭一乗院・養壽院、此節慎中之義故、宗旨印形如何可仕哉之旨、寺社方迄相伺候処、中印形はいたし、本判者落印相成り候、尤落印願此方より差出ニ

者不及旨被申聞

御届申上口上覚

一、京都本能寺隠居日芳義為参詣被致下向候ニ付、塔頭恵運院ニ両三日為致逗留度奉存候、此段御届為可申上如斯御座候、以上

本興寺役者代
大坂久本寺
正誠院

子二月廿四日

塔頭
本壽寺

寺社
御奉行所

右届之節、寺社下役迄日芳下向ニ付、会式導師相勤候趣及物語置候事

御届申上口上覚

一、備前牛窓本蓮寺住職当寺能化唱玄院義用事有之罷越候ニ付、塔頭本壽院ニ当分為致逗留度奉存候、此段御届為可申上如此御座候、以上

本興寺役者代
大坂久本寺
正誠院

子二月廿四日

塔頭
本壽院

寺社
御奉行所

御届申上口上覚

一、此間御届申上候京都本能寺隠居日芳義為参詣下向、塔頭恵運院ニ被致逗留候処、今日被致帰寺候ニ付、此段御届為可申上如斯御座候、以上

本興寺役者代
大坂久本寺
正誠院

子二月廿五日

塔頭
本壽院

寺社
御奉行所

御届申上口上覚

一、此間御届申上候備前牛窓本蓮寺住職当寺能化唱玄院義用事有之罷越、塔頭本壽院ニ逗留仕罷在候処、用事相済今日致帰寺候、此段御届為可申上如此御座候、以上

子二月廿八日

本興寺役者代
大坂久本寺
正誠院

塔頭
本壽院

寺社
御奉行所

奉願上口上覚

一、当寺後住之儀相定候迄隠居日慈方丈留主居ニ相頼申度奉存候、右之通被為　仰付被下候ハヽ、難有奉存候、以上

文政十一年
子ノ五月十日

本興寺役者代
大坂本經寺
大運院印

寺社
御奉行所

塔頭
本壽院印

寺社
御奉行所

右之通相違無御座候ニ付奥印仕候、以上

寺町月番
如來院印
海岸寺印
善通寺印

奉願上口上覚

一、当寺塔頭堯運院智應義、病身ニ罷成寺役難相勤候ニ付、為致隠居度奉願上候、右願之通被為　仰付被下候者忝可奉存候、已上

文政十一子年[redacted]四月廿五日

本興寺役者代
大坂妙法寺
寛妙院

同
塔頭
本壽院

寺社
御奉行所

右之通相違無御座候ニ付奥印仕候、以上
寺町月番

奉差上出寺証文之事

一、拙僧義病身ニ罷成寺役難相勤候ニ付、役者より隠居之義奉願上候処、願之通被為　仰付難有奉存候、依之今般大鹿村妙宣寺江罷越保養仕居申候、尤拙僧在院之間旦方宗門疑ヶ敷義無御座、邪法受用不仕候、若是等之品御座候ハ丶、何時ニ而も御召返御吟味之上急度申披可仕候、為後日依而証文如件

文政十一年子五月十一日
本興寺塔頭
堯運院
智應印

寺社
御奉行所

右之通相違無御座候ニ付奥印仕候、以上
本興寺役者代
大坂本經寺
大運院

同
塔頭
本壽院

奉差上出寺証文之事

一、拙僧義病身ニ罷成寺役難相勤候ニ付、今般大坂久本寺江罷越保養仕居申候、尤拙僧在院之間檀方宗門疑敷義無御座、邪法受用不仕候、若是等之品御座候者、何時ニ而も御召返御吟味之上急度申披可仕候、為後日仍而証文如件

文政十一年子五月
本興寺塔頭
一乘院印

寺社
御奉行所

右之通相違無御座候ニ付奥印仕候、以上
本興寺役者代
大坂本經寺
大運院

同塔頭
本壽院

一、右同文言ニ而深江藥蓮寺江罷越候

養壽院
義感印

奉願上口上覚

一、当寺塔頭惠運院義今般役者ニ奉願上候ニ付、御城内三方御門通入無滞被為　仰付被下候様奉願上候、右願之通被為　仰付被下候者忝可奉存候、以上

文政十一年子六月

本興寺役者代
大坂久本寺
正誠院

同塔頭
本壽院

寺社
御奉行所

右之通相違無御座候ニ付奥印仕候、以上

寺町月番
大覺寺
法園寺

奉願上口上覚

一、当寺塔頭惠運院無住ニ付、当寺末寺大坂妙堯寺ニ寺務罷在候観行与申僧後住ニ仕度奉存候、右願之通被為仰付被下候者忝可奉存候、已上

文政拾壱年子五月

本興寺役者代
大坂久本寺
正誠院

同　塔頭
本壽院

寺社
御奉行所

右之通相違無御座候ニ付奥印仕候、以上

寺町月番
如來院

海岸寺代
善通寺

他行ニ付無印

奉願上口上覚

一、当寺塔頭惠運院義役者ニ仕度奉願上候、右願之通被為　仰付被下候者忝可奉存候、已上

文政十一年子五月

本興寺役者代
大坂久本寺
正誠院

同　塔頭
本壽院

寺社
御奉行所

右之通相違無御座候ニ付奥印仕候、以上

寺町月番
如來院

海岸寺代
善通寺

他行ニ付無印

指上申由緒書之事

一、拙僧義本国生国尾州名古屋柴田七右衛門忰亀太郎与申候、法華宗同国同所長栄寺弟子ニ罷成、八才ニ而剃髪仕、僧名観行与相改、文化八未年京都本能寺談林江罷越修学仕、其後大坂妙堯寺へ寺務仕罷在候処、本興寺塔頭恵運院無住ニ付、今般拙僧後住ニ仕度段役者より御願申上候之処、願之通被為　仰付難有奉存候、兼々被　仰付候御制法之趣聊無相違急度相守、邪法受用仕間敷候、為後日由緒一札差上申所依而如件

文政十一子五月

本興寺塔頭
恵運院
観行印

寺社
御奉行所

前書之通相違無御座候、観行義尾州名古屋長栄寺弟子ニ紛無御座候、此度恵運院後住ニ仕度役者より御願申上候処、願之通被為　仰付忝奉存候、兼々被為　仰付候御制法急度相守、邪法受用為仕間敷候、為後日奥書印形仕差上申所依而如件

本興寺役者代大坂久本寺
正誠院印

同　塔頭
本壽院印

奉願口上書

一、当寺方丈無住ニ付、所化御改之印形先規之通拙僧代判被為　仰付被下候様奉願上候、已上

文政十一年子六月

本興寺役者
恵運院
印

右之通相違無御座候、已上

同
役者代
正誠院
同
塔頭
本壽院

寺社
御奉行所

御窺申上口上覚　此分出坂三四日程前ニ差出ス、聞届有之候より出坂之事

一、当寺庫裏建修覆幷屋根葺替仕度段、九ヶ年已前辰六月十三日奉願上候処、限月ニ至り候得共、未出来不仕候ニ付、別紙之通大坂御番所江御断ニ罷出申度、此段以書附御窺奉申上候、以上

文政十一年子六月廿三日

本興寺役者
惠運院印
同
塔頭
本壽院印

寺社
御奉行所

右之通相違無御座候ニ付奥印仕候、以上

寺町月番
大覺寺印

法園寺印

乍恐口上　此分当所へ写壱枚大坂蔵屋敷へ壱枚　写し無印ニて遣本紙共三通

一、当寺庫裏建修覆幷屋根葺替仕度段、九ヶ年已前辰六月十六日奉願上候処、御聞届被成下候、然ル処右普請限月ニ至り候得共、未出来不仕候ニ付、乍恐此段御断奉申上候、以上

文政十一年子六月廿六日　松平遠江守殿領分
摂州河辺郡尼崎
寺町本興寺
無住ニ付
代役者
惠運院印

御奉行所

御届申上口上覚

一、当寺庫裏普請限月ニ至り候得共、未出来不仕候ニ付、別紙之通今日御番所へ御断ニ罷出申候、此段以書附御断奉申上候、已上

文政十一年子六月廿六日

尼崎
本興寺役者
恵運院

御蔵屋敷
御役所

御届申上口上覚

一、当寺庫裏普請限月ニ至り候得共、未出来不仕候ニ付、則今日御番所へ御断ニ罷出申候処、猶又来ル丑年六月中ニ御断可奉申上旨被仰付引取申候ニ付、此段以書附御届奉申上候、以上

文政十一年子六月廿六日

尼崎
本興寺役者
恵運院

御蔵屋敷
御役所

御届申上口上覚

一、当寺庫裏建修覆幷屋根葺替限月ニ相成申候得共、未出来不仕候ニ付、右之段御断大坂御番所へ当寺役者恵運院罷出申候処、猶又来ル丑年六月中ニ御断可奉申上旨被仰付帰寺仕候ニ付、此段御断奉申上候、以上

文政十一年子六月〇廿九日ニ出ス
帰寺次第之年ハ

本興寺役者
恵運院

同
塔頭
本壽院

奉願上口上覚

一、当寺塔頭養壽院就無住役者恵運院観行義転坊申付度奉存候、右願之通被為　仰付被下候者難有可奉存候、以上

文政十一年子七月

本興寺役者代
大坂本經寺
大運院

同
塔頭
本壽院

寺社
御奉行所

右之通相違無御座候ニ付奥印仕候、以上

寺町月番
全昌寺

本興寺無住ニ付代
長遠寺

御断奉申上口上覚

一、当寺役者恵運院義今般御願申上候而養壽院江転坊被
為 仰付難有奉存候、右ニ付兼而御聞済被成下候 御
城内三方御門通路之節名前相違仕候間、此段御断奉申
上候、以上

文政十一年子七月

本興寺役者代
大坂本經寺
大運院

同
塔頭
本壽院

寺社
御奉行所

差上申由緒書之事

一、拙僧義当子年五月恵運院跡へ住職御願申上候而、其
節由緒書奉差上候通相違無御座候、其後六月願之通役
者被仰付難有奉存候、然ル処当寺塔頭養壽院跡就無
住、今般従役者転坊申付度段御願申上候処、願之通被
之義従役者代
為 仰付難有奉存候、尤恵運院在坊之内、旦方宗門疑
敷者無御座候、若故障之品御座候ハヽ、何時ニ而も御
吟味之上急度申披可仕候、為後日依而一札如件

文政十一年子七月

本興寺塔頭
養壽院
観行実印

寺社
御奉行所

右之通相違無御座候ニ付奥書印形仕差上申候、以上

名前如先

奉願上口上覚

一、当寺塔頭尭運院就無住、本壽院智聞義転坊申付度奉
存候、右願之通り被為 仰付被下候者難有可奉存候、
以上

本興寺役者
養壽院印

文政十一年子七月

同役者代
大坂妙法寺
寛妙院印

寺社
御奉行所

右之通相違無御座候ニ付奥印仕候

寺町月番
全昌寺印

本興寺無住ニ付代
長遠寺印

差上申由緒書之事

一、拙僧儀去ル文政十年亥三月本壽院跡江住職御願申上候而、其節由緒書奉差上候通相違無御座候、然ル処当寺塔頭堯運院跡就無住、今般転坊之義従役者御願申上候処、願之通被為　仰付難有奉存候、尤本壽院在坊之内、檀方宗門疑敷者無御座候、若故障之品御座候者、何時ニ而も御吟味之上急度申披可仕候、為後日依而一札如件

文政十一年子七月

本興寺塔頭
堯運院
智聞実印

寺社
御奉行所

右之通相違無御座候ニ付奥書印形仕差上申候、以上

本興寺役者
養壽院印

同役者代
大坂妙法寺
寛妙院印

奉願上口上覚

一、当寺塔頭堯運院儀役者ニ仕度奉願上候、右願之通被為　仰付被下候者忝可奉存候、以上

文政十一年子七月

本興寺役者
養壽院印

同役者代
大坂妙法寺
寛妙院印

寺社
御奉行所

右之通相違無御座候ニ付奥印仕候、以上

寺町月番
全昌寺印

本興寺無住ニ付
長遠寺印

奉願上口上覚

一、当寺塔頭尭運院儀今般役者ニ奉願上候ニ付、御城内三方御門通入無滞被為　仰付被下候様奉願上候、右願之通被為　仰付被下候者忝可奉存候、以上

本興寺役者
養壽院印

同
役者代大坂
妙法寺
寛妙院印

文政十一年卯七月

寺社
御奉行所

右之通相違無御座候ニ付奥印仕候、以上

寺町月番
全昌寺印

本興寺無住ニ付
長遠寺印

奉願上口上覚

一、当寺塔頭一乗院無住ニ付、所々宗門落印御改印形塔頭養壽院へ代判之義御願申上度奉存候、右願之通被為仰付被下候者忝可奉存候、以上

文政十一年子八月

本興寺役者
尭運院印

寺社
御奉行所

右之通相違無御座候ニ付奥印仕候、以上

寺町月番
専念寺印

善通寺印

当年八旦中より廿六日夕方ニ案内ニ来候故、願書延引ニて差出候、向後者八月中見合、四五日も前方ニ指出候ハヽ可然候、得心ノタメ印置

当役
養壽院

奉窺口上覚

一、例年来ル廿五日音楽差加へ候法事執行仕来り候処、御停止中ニ御座候故、右音楽之義如何御座候哉、乍恐此段以書附御窺奉申上候、以上

文政十一年子八月廿三日　本興寺役者
養壽院
堯運院
同役者代
寛妙院

寺社
御奉行所

大奥様御卒去之停止中ニ候故、頓写法事音楽如何候哉と下役相尋候処、窺書差上候様被申聞候故、右書附指出、不苦候旨聞済ニ相成候事

奉願上口上覚

一、当寺塔頭本壽院無住ニ付、当寺学室相勤居申候天長義後住ニ仕度奉願上候、右願之通リ被為仰付被下候ハヽ、忝可奉存候、以上

文政十一年子十一月　本興寺役者
養壽院
堯運院

寺社
御奉行所

右之通り相違無御座候ニ付奥印仕候、以上

寺町月番
大覺寺
法園寺

奉差上由緒書之事

一、拙僧義本国生国阿刕撫養中嶋源兵衛悴源之丞与申候、法ヶ宗同国同所圓隆寺弟子ニ罷成、十三歳ニ而剃髪仕、僧名天長と相改、去ル文政五年午春本興寺談林へ罷越修学仕居申候所、今般当寺塔頭本壽院無住ニ付、先達而役者より拙僧後住ニ仕度旨御願申上候処、願之通リ被為仰付難在奉存候、兼々被仰付候御制法之旨聊違背不仕急度相守、邪法受用仕間敷候、為後日之由緒一札差上申所仍而如件

文政十一年子十一月

本興寺塔頭
本壽院
天長

寺社
御奉行所

前書之通リ相違無御座候、天長義阿刕撫養圓隆寺弟子ニ紛無御座候、此度本壽院後住ニ仕度役者より御願申上候所、願之通り被為仰付忝奉存候、兼々被為仰付候御制法急度相守、邪法受用為仕間敷候、為後日之奥書印形仕指上申所、仍而如件

本興寺役者
養壽院
堯運院

御届申上口上覚

一、当寺塔頭一乗院跡隠居仕候智祐荷物今日為引取申候ニ付、日雇辻より運送仕度奉存候、乍恐此段以書附御断奉申上候、以上

文政十一子十一月

本興寺役者
養壽院印

堯運院印

寺社
御奉行所

奉願上口上覚

一、当寺塔頭本成院無住ニ付、所々宗門御改印形塔頭本壽院へ代判之義御願申上度奉存候、右願之通被為仰付被下候ハヽ、忝可奉存候、以上

文政十二丑二月

本興寺役者
養壽院
堯運院

寺社
御奉行所

右之通相違無御座候ニ付奥印仕候、以上

寺町月番
甘露寺
法園寺

一、同文言ニ而一乗院・實成院

代判
養壽院

一、同本教院・恵運院
願主
堯運院
代判
堯運院
願主
養壽院
代判
本壽院

一、同当寺末寺小路村要玄寺
願主
養壽院
堯運院
以上
寺社
御奉行所

右之通り相違無御座候ニ付奥印仕候、以上
寺町月番
甘露寺
法園寺

奉願上口上覚

一、来ル廿四日五日当寺開山会法事致修行随而廿四日夜中日雇町口御門出入仕候様奉願候、以上
二月廿一日
本興寺無住ニ付役者
養壽院印
堯運院印

御届申上口上覚

一、当寺塔頭養壽院要用之義御座ニ付、兵庫末寺久遠寺江罷越候、両三日逗留仕候間、此段御届可申上候、如斯御座候、以上
丑三月
本興寺役者
堯運院印
寺社
御奉行所

御届申上口上覚

一、当寺塔頭養壽院先達而奉願上、兵庫末寺久遠寺江差下申候処、右用事相済今日帰寺仕候間、此段御届申上

候、以上

丑三月

寺社御奉行所

同役者
堯運院印

奉願口上書

一、当寺末大鹿村於妙宣寺来ル十五日法用御座候ニ付、先方丈日慈招請致度段申来候、然ル処兼而奉願候通リ右日慈当寺留守居ニ罷越シ居候処、此節少々所労ニ罷在ニ付、西庄下御門出入乗輿御免被成下候様奉願候、右願之通り被　仰付被下候ハヽ、忝奉存候、已上

文政十二丑年三月

本興寺役者
養壽院印
堯運院印

寺社御奉行所

右之通り相違無御座候付奥印仕候、已上

寺町月番
大覺寺

法園寺

御届申上口上覚

一、当寺方丈隠居日慈義、先達而奉願上方丈ニ逗留仕居候処、今般蒲田村大願寺へ引取申候ニ付、乍恐此段以書附御断奉申上候、以上

文政十二年丑六月

本興寺役者
養壽院印
堯運院印

寺社御奉行所

御届申上口上覚

一、去ル子年五月十日当寺方丈隠居日慈義、後住相定候迄方丈留守居ニ相頼申度段御願申上置候処、今般蒲田村大願寺へ引取被申候ニ付、此段御届申上候、以上

文政十二年丑六月廿一日

本興寺役者
養壽院印
堯運院印

寺町御月番
如來院
善通寺

御届申上口上覚

一、当寺塔頭養壽院先達而奉願上備前牛窓本蓮寺へ差下候処、右用事相済、今日帰寺仕候間、此段御届ヶ申上候、以上

丑十月十二日　本興寺役者
堯運院

寺社
御奉行所

但し寺町月番両寺へも同様相届可申事

奉願上口上覚

一、当寺役者無人ニ付、大坂末寺妙法寺寛妙院義、暫仮役者ニ出勤申付度奉願上（奉存）候、右願之通被為　仰付被下候ハヽ、難有（忝）可奉存候、以上

文政十二丑十二月　本興寺役者
堯運院

養壽院

寺社
御奉行所

右之通相違無御座候ニ付奥印仕候、以上

本興寺

奉願上口上覚

一、当寺塔頭本壽院天長義、病身ニ罷成、寺役難相勤候ニ付為致隠居度奉願上候、右願之通被為仰付被下候ハヽ、忝可奉存候、以上

本興寺役者
養壽院

丑十二月　同仮役者大坂
妙法寺
寛妙院

寺社
御奉行所

右之通相違無御座候ニ付奥印仕候、以上

本興寺

奉願上口上覚

一、当寺塔頭堯運院智聞義、病身ニ罷成、寺役難相勤候ニ付為致隠居度奉願上候、右願之通被為仰付被下候者忝可奉存候、已上

丑十二月

本興寺役者
養壽院

同役者代
大坂妙法寺
寛妙院

寺社
御奉行所

右之通相違無御座候ニ付奥印仕候、以上

本興寺

奉差上出寺証文之事

一、拙僧義病身ニ罷成、寺役難相勤候ニ付、従役者共より(衍カ)隠居之義奉願上候処、願之通被為仰付難有奉存候、依之今般大鹿妙宣寺江罷越保養仕居申候、尤拙僧在院之間檀方宗門疑敷義無御座候、邪法受用不仕候、若是等之品御座候へハ、何時ニても御召返御吟味之上急度申披可仕候、為後日之依而証文如件

文政十二丑十二月

本興寺塔頭
堯運院
智聞印

寺社
御奉行所

右之通相違無御座候ニ付奥印仕候、以上

本興寺役者
養壽院

同役者代
寛妙院

本壽院天長右同様壱通　大坂本行寺へ引取

御届申上口上覚

一、当寺役者無人ニ付、大坂末寺妙法寺寛妙院義仮役者ニ出勤申付候処、今般引取申付度奉存候、此段御届奉申上候、以上

文政十三年
寅正月

本興寺役者
堯運院

寺社
御奉行所
養壽院

右之通相違無御座候ニ付奥印仕候、以上
本興寺○印

御届申上口上覚

一、当寺境内ニ御座候松之木小枝打仕度奉存候、右御届
為可申上如此御座候、以上

文政十三年
寅二月
興役
堯運院
養壽院

奉願上口上覚

一、当寺塔頭養壽院就病気ニ付、寺町宗門人別御改印形
落印御願申上度奉存候、右願之通被為被（ママ）仰被下候者忝
奉存候、以上

文政十三年寅三月
本興寺塔頭
堯運院印

寺社
御奉行所

右之通ニ相違無御座候ニ付奥印仕候、以上
本興寺印

奉願上口上覚

一、当寺塔頭本壽院急病ニ付、所々宗門御改印形落印御
願申上度奉存候、右願通被為被仰付被下候者忝奉存
候、以上

文政十三寅年三月
本興寺塔頭
養壽院印
堯運院印

寺社
御奉行所

右之通相違無御座候ニ付奥印仕候、以上
本興寺印

奉願口上覚

一、当寺塔頭惠運院無住ニ付、当寺学室相勤居申候惠関

義後住ニ仕度奉願上候、右願之通被　仰付被下候ハ、
忝可奉存候、以上

文政十三寅三月十一日

本興寺役者
養壽院
堯運院

寺社
御奉行所

右之通相違無御座候ニ付奥印仕候

本興寺丸印

奉差上由緒書之事

一、拙僧義本国生国摂州須磨吉岡市兵衛悴民蔵与申候、法花宗同国同所妙興寺弟子ニ罷成、九才ニ而剃髪仕、僧名恵閑与相改、文政五年午春本興寺談林江罷越修学仕居申候処、今般当寺塔頭恵運院無住ニ付、先達而従役者拙僧後住ニ仕度旨御願奉申上候処、願之通被為仰付難有奉存候、兼々被仰付候御制法之旨聊違背不仕急度相守、邪法受用仕間敷候、為後日之由緒一札奉差上申所仍而如件

文政十三寅年三月

本興寺塔頭
恵運院
恵閑印

寺社
御奉行所

前書之通相違無御座候、恵閑義摂州須磨妙興寺弟子ニ紛無御座候、此度恵運院後住ニ仕度役者より御願申上候処、願之通被為　仰付忝奉存候、兼々被為仰付御制法急度相守邪法受用為仕間敷候、為後日之奥書印形仕差上申処、仍而如件

本興寺
日等丸印

御届申上口上覚

一、当寺塔頭堯運院京都本能寺江用事御座候ニ付今日罷越申候、尤四五日逗留仕候、此段御届可申上如斯御座候、以上

文政十三年寅三月十八日　本興寺役者
養壽院印

寺社
御奉行所

右之通相違無御座候ニ付奥印仕候

本興寺丸印

御届申上口上覚

一、当寺塔頭本壽院恵開義播州本法寺江法用御座候ニ付
今日罷越申候、尤四五日逗留仕申候、此段御届可申上
如斯御座候、以上

同月同日　本興寺役者
堯運院
養壽院

寺社
御奉行所

右之通相違無御座候ニ付奥印仕候、以上

本興寺丸印

御届申上口上覚

一、当寺塔頭堯運院先達而奉願上京都本能寺江罷登候
処、用事相済、昨日帰寺仕候間、此段御届申上候、以
上

寅三月廿五日　本興寺役者
養壽院

寺社
御奉行所

右之通相違無御座候ニ付奥印仕候、以上

本興寺

御届申上口上覚

一、当寺塔頭本壽院恵開先達而奉願上播州本法寺江罷下
候処、法用相済昨日帰寺仕ニ付、此段御届申上候、以
上

寅三月廿五日　本興寺役者
養壽院
堯運院

寺社
御奉行所

右之通相違無御座候付奥印仕候、以上

本興寺印

御届申上口上覚

一、当寺塔頭堯運院備前菅能寺江用事御座候ニ付、今日より罷越申候、尤来ル四月上旬迄逗留仕候、此段御届可申上如斯御座候、以上

寅三月廿八日　本興寺役者
養壽院

寺社
御奉行所

奥印　日等丸印

奉願口上覚

一、当寺役者無人ニ付大坂末寺妙法寺寛妙院義、暫仮役者ニ出勤申付度奉存候、右願之通被為　仰付被下候ハヽ、忝可奉存候、以上

卯(寅カ)四月　本興寺役者
養壽院
堯運院　各印

寺社
御奉行所

右之通無相違候付奥印仕候、已上

本興寺(手書)㊞

奉願上口上覚

一、当寺塔頭養壽院先住義感義、病身ニ付、去ル文政十一子年五月御願申上隠居仕、深江薬蓮寺江罷越保養仕居申候処追々快気仕候、此節山内人少ニ而寺役法用等勤務難行届御座候ニ付、右義感義塔頭一乘院ニ逗留為致寺役法用等出勤申付度奉願上候、右願之通被　仰付被為下候ハヽ、難有可奉存候、以上

文政十三寅五月　本興寺役者
養壽院
堯運院
寛妙院

寺社
　御奉行所

右之通相違無御座候ニ付奥印仕候、以上

　本興寺丸印

御届申上口上覚

一、当寺末寺備前本蓮寺檀那男女拾六人為参詣罷越申候ニ付、塔頭養壽院ニ今晩一宿為致、明日早々出立仕候、此段御届可申上如斯御座候、以上

　役者　養壽院
　　　　堯運院
　　　　寛妙院

寅六月三日

寺社
　御奉行所

奥印　本興丸印

御届申上口上覚

一、当寺塔頭堯運院・本壽院義、就用事明十日より京都本能寺へ罷越申候、尤当月廿日頃迄逗留仕候間、右御届申上候、以（ママ）

文政十三寅九月九日

　本興寺行（役）者代
　　完（寛）妙院印
　同塔頭
　　本教院印

寺社
　御奉行所

御届申上口上覚

一、拙僧義就用事明十日より京都本能寺へ罷越度レ申、尤当月廿日頃迄逗留仕奉存候、此段御届申上候、以上

寅九月九日

　本興寺印

寺社
　御奉行所

御届申上口上覚

一、拙僧義就用事明十日より京都本能寺へ罷越申度、尤

当月廿日頃迄逗留仕度奉存候、此段御届申上候、以上
九月　本興寺
寺社御奉行所者当方より届書指出申候事、左様
御承知可被下候
此分者切紙ニ而認上包幷印ナシ
寺町御月番
栖賢寺
長遠寺

御届申上口上覚
一、拙僧義京都本能寺より今朝致帰寺候ニ付、此段御届
申上候、已上
寅九月　本興寺印
寺社
御奉行所

御届申上口上覚
一、拙僧義京都本能寺より今朝致帰寺候ニ付、此段御届
申上候
寅九月　本興寺

寺社御奉行所者当方より届書差出申候間、左様御
承知可被下候
寺町御月番
栖賢寺
長遠寺
此分切紙ニて
上包印なし

御届申上口上覚
一、当寺塔中堯運院・本壽院先達而奉願上京都本能寺へ
罷登候所、用事相済今朝帰寺仕候間、此段御届申上
候、以上
とら九月　本興寺塔頭
本教院印
寺社
御奉行所
役者代
寛妙院印

奉願上口上覚
一、当寺塔頭一乗院無住ニ付、養壽院先住義感義後住ニ
仕度奉存候、右願之通被為　仰付被下候ハヽ、忝可奉存
候、以上

文政十三寅十一月

本興寺役者
堯運院
同役者代大坂妙法寺
寛妙院

寺社
御奉行所
右之通相違無御座候付奥印仕候、已上

本興寺
日等

御窺申上口上覚

一、当寺末宮町眞如庵普請限月ニ至候得共、未出来不仕候付、別書之通大坂御番所へ御断ニ罷出申度、此段書付ヲ以御伺奉申上候、已上

文政十三寅十一月

本興寺役者
堯運院
同役者代
大坂妙法寺
寛妙院

寺社
御奉行所

本坊奥印

乍恐口上

一、当寺末宮町眞如庵再建仕度段十六ヶ年已前亥十一月奉願上候処、御聞済被成下候、然処右普請限月ニ相成候得共未出来不仕候付、乍恐此段以書付御断奉申上候、已上

文政十三寅十一月

松平遠江守殿領分
摂刕河辺郡尼崎
寺町本興寺役者

御奉行所

御届申上口上覚

一、当寺末宮町眞如庵普請限月ニ至候得共未出来不仕候付、今日御番所へ御断ニ罷出申候、此段書付ヲ以御届申上候、已上

文政十三寅十一月

尼ヶ崎寺町
本興寺役者
――院

御蔵屋敷
　御役所

御届申上口上覚

一、当寺末宮町眞如庵普請限月ニ至候得共未出来不仕候付、則今日御番所へ御断ニ罷出候処、尚又来卯十一月中御断可申上旨被　仰付引取申候付、此段書付ヲ以御届奉申上候、已上

年号月

尼ヶ崎寺町
本興寺役者

御蔵屋敷
御役所

御届申上口上覚

一、当寺末宮町眞如庵普請限月ニ至候得共未出来不仕候付、右之段御断大坂御番所へ当寺役者（ママ）罷出申候処、来卯十一月中御断可奉申上旨被仰付帰寺仕候付、此段御届奉申上候、已上

本興寺役者
堯運院

同役者代
大坂妙法寺
寛妙院

文政十三寅十一月

寺社
御奉行所

御届申上口上覚

一、当寺塔頭一乗院義病身ニ付、明日宗門落印御改之節、出勤之義御断申上度奉存候ニ付、此段御届可申上如斯御座候、以上

文政十三寅十二月十二日

奥（興）役　堯運院

仮役　寛妙院

寺社
御奉行所

奉願口上覚

一、当寺塔頭養壽院無住ニ付、宗門御改印形塔頭堯運院

へ代判御願申上度奉存候、右願之通被為仰付被下候
ハ、忝可奉存候、已上

天保二卯二月　　本興寺塔頭
　　　　　　　　　本教院
　　　　　　　同役者代
　　　　　　　　大坂妙法寺
　　　　　　　　　寛妙院

寺社
御奉行所

右之通相違
　　　　　　　寺号
　　　　　　　奥印

右同願文言右同断
　　　　　　實成院代判　本教院
　　　　　　本如院代判　本壽院

御届申上口上覚

一、当寺境内ニ御座候松之木小枝打仕度奉存候、此段御
届申上へくため如此御座候、已上

卯二月廿三日　　本興寺役者
　　　　　　　　　堯運院
　　　　　　　同役者代
　　　　　　　　大坂妙法寺
　　　　　　　　　寛妙院

寺社
御奉行処

奉願口上覚

一、当寺塔頭堯運院・一乗院・恵運院病気ニ付、所々宗
門御改印形落印御願申上度奉存候、右願之通被為仰付
被下候ハ、忝可奉存候、已上

　　　　　　　本興寺塔頭
　　　　　　　　　本教院
卯二月　　　　同役者代
　　　　　　　　大坂妙法寺
　　　　　　　　　寛妙院

寺社
御奉行所

右之通相違無御座候付奥印仕候、已上
　　　　　　　　本興寺

奉願口上覚

一、当寺塔頭本成院無住ニ付、当寺学室相勤申候勧成義
後住ニ仕度奉願上候、右願之通被為　仰付被下候

ハ、忝可奉存候、已上
天保二卯二月
本興寺役者
堯運院
同役者代大坂妙法寺
寛妙院
寺社
御奉行所
右之通相違無御座候付奥印仕候、已上
本興寺

奉願上口上覚

一、当寺塔頭實成院無住ニ付、当寺学室相勤申候蓮成後住ニ仕度奉願上候、右願之通被為　仰付被下候ハヽ、忝可奉存候、已上
天保二卯三月
本興寺役者
堯運院
同役者代大坂妙法寺
寛妙院
寺社
御奉行所

右之通相違無御座候付奥印仕候、已上
本興寺

奉指上由緒書之事

一、拙僧義本国生国隅刕種子島岡田作之丞悴作次郎与申候、法華宗同国同所慈遠寺弟子ニ罷成、七歳ニ而剃髪仕、僧名勧成与相改、文政十亥春本興寺旦林へ罷越修学仕居申候処、今般当寺塔頭本成院無住ニ付、先達而役者より拙僧後住ニ仕度旨御願奉申上候処、願之通被為仰付難有奉存候、兼々被仰付候御制法之旨聊違背不仕急度相守、邪法受用仕間敷候、為後日由緒一札差上申処仍而如件
天保二卯三月
本興寺塔頭
本成院
勧成㊞
寺社
御奉行処
前書之通相違無御座候、勧成義隅刕種子島慈遠寺弟子ニ紛無御座候、此度本成院後住ニ仕度役者より御願申

上候処、願之通被為仰付忝奉存候、兼々被仰付候御制法急度相守、邪法受用為仕間敷候、為後日奥書印形仕差上申処仍而如件

本興寺
日等㊞

寺社
御奉行所

前書之通相違無御座候、右蓮成義阿劦徳島妙典寺弟子ニ紛無御座候、此度實成院後住ニ仕度役者より御願奉申上候処、願之通被為仰付忝奉存候、兼々被仰付候御制法急度相守、邪法受用為仕間敷候、為後日奥書印形仕差上申処仍而如件

本興寺
日等㊞

奉指上由緒書之事

一、拙僧義本国生国阿州徳島渡辺直之助悴松太郎与申候、法華宗同国同処妙典寺弟子ニ罷成、八歳ニ而剃髪仕、僧名蓮成与相改、文政八酉春本興寺旦林へ罷越修学仕居申候処、今般当寺塔頭實成院無住ニ付、先達而役者より拙僧後住ニ仕度御願奉申上候処、願之通被為仰付難有奉存候、兼々被仰付候御制法之旨聊違背不仕急度相守、邪法受用仕間敷候、為後日由緒一札差上申処仍而如件

天保二卯三月

本興寺塔頭
實成院
蓮成㊞

御届申上口上覚

一、当寺方丈日等、塔頭一乗院・本壽院・惠運院法要ニ付、明四日より京都本能寺へ罷越、当月十日頃迄逗留仕候、此段御届奉申上候、已上

本興寺役
堯運院印

卯三月三日

同役者代大坂――
寛妙院印

寺社
御奉行処

切紙ニ而上包なし

御届申上口上覚

一、拙僧義法用ニ付、明四日より京都本能寺へ罷越、来ル十日頃迄致逗留候、尤寺社御奉行所へ此方より届書差出候間、左様思召可被下候、已上

卯三月三日　　本興寺

寺町
御月番

奉願口上覚

一、当寺塔頭養壽院無住ニ付、当寺末寺阿州撫養安立寺ニ勤務仕罷在候孝学与申僧後住ニ仕度奉存候、右願之通被為　仰付被下候ハ、忝可奉存候、已上

天保二卯三月

本興寺役者
堯運院

同役者代大坂妙法寺
寛妙院

寺社
御奉行所

右之通相違無御座候付奥印仕候、已上

本興寺㊞（手書）

奉指上由緒書之事

一、拙僧義本国生国京都麩屋町関玄省忰竹松与申候、法華宗同処東山本住寺弟子ニ罷成り、十歳ニ而剃髪仕、僧名孝学与相改、寛政元酉年本興寺旦林江罷越修学仕居、其後文化弐丑年阿刕撫養安立寺江勤務仕居候処、今般当寺塔頭養壽院無住ニ付、拙僧後住ニ仕度段、先達役者より御願奉申上候処、願之通被為　仰付難有奉存候、兼々被仰付候御制法之趣急度相守聊無相違、邪法受用仕間敷候、為後日由緒一札差上申処仍而如件

天保二卯三月

本興寺塔頭
養壽院
孝学

寺社
御奉行処

前書之通相違無御座候、右孝学義京都東山本住寺弟子ニ紛無御座候、此度塔頭養壽院無住ニ付、後住ニ仕度

段役者より御願奉申上候処、願之通被為　仰付忝奉存候、兼々被為仰附候御制法急度相守、邪法受用為仕間敷候、為後日奥書印形仕差上申処仍而如件

本興寺
日等㊞

奉願口上覚

一、当寺塔頭一乗院義今度役者仕度奉願上候、右願之通被為　仰付被下候ハヽ、忝可奉存候、已上

天保二卯三月

本興寺役者
堯運院

同役者代大坂妙法寺
寛妙院

寺社
御奉行所

奉願口上覚

一、当寺塔頭一乗院義今般役者ニ奉願上候付、御城内三方御門通路無滞被為　仰付被下候様奉願上候、右願之通被為　仰付被下候ハヽ、忝可奉存候、已上

天保弐卯
三月

本興寺役者
堯運院

同役者代大坂妙法寺
寛妙院

寺社
御奉行処

右之通相違無御座候付奥印仕候、已上

本興寺

御窺申上口上覚　此分両三日已前差出、聞済之上出坂之事

一、当寺庫裏建修覆幷屋根葺替仕度段十二ヶ年已前辰六月奉願上候処、限月ニ至候へ共未出来不仕候付、別紙之通大坂御番所へ御断ニ罷出申度、此段書付ヲ以御伺奉申上候、已上

天保二卯
六月

本興寺役者
堯運院

一乗院

同役者代大坂妙法寺
寛妙院

寺社
御奉行所

右之通相違無御座候付奥印仕候、已上

本興寺（手書）㊞

此方寺社へ写壱通、蔵屋敷へ写壱通、本紙共三通入用

乍恐口上

一、当寺庫裏建修覆幷屋根葺替仕度段十二ヶ年已前辰六月奉願上候処、御聞届被成下候、然ル処右普請限月ニ至候得共未出来不仕候ニ付、乍恐此段御断奉申上候、已上

天保二卯
六月

松平遠江守殿領分
摂㳽河辺郡尼ヶ崎
寺町本興寺当病ニ付
代役者
實成院

御奉行所

御届申上口上覚

一、当寺庫り普請限月ニ至候得共未出来不仕候ニ付、別紙之通今日御番所へ御断ニ罷出候間、此段書付ヲ以御届奉申上候、已上

天保二卯六月

本興寺役者
實成院

御蔵屋敷
御役所

引取之節ハ　前文之通御番所へ罷出候処、尚又来ル辰年六月中御断可奉申上旨被仰付引取候付、此段以書付御届奉申上候、已上

御届申上口上覚

一、当寺庫り立修覆幷屋根葺替限月ニ相成候得共、未出来不仕候ニ付、右之段為御断大坂御番所へ当寺役者代實成院罷出候処、猶又来ル辰年六月中御断可奉申上旨被　仰付帰寺仕候ニ付、此段以書付御届奉申上候、已上

天保二卯六月

本興寺役者
連印

寺社
御奉行所

奥印無之

御窺申上口上覚

一、当寺焼失之ヶ所再建普請之義、限月ニ相成候へ共、
未出来不仕候ニ付、別紙之通大坂御番所へ御断ニ罷出
申度、此段書付ヲ以御伺奉申上候、已上

天保二卯六月　　　本興寺役者
　　　　　　　　　　　連印

寺社御奉行所

右之通相違無御座候付奥印仕候、已上

　　　　　　　　　　　本興寺印

乍恐口上

此分本紙共三通

一、当寺焼失之箇所再建仕度段拾ヶ年已前午六月御聞済
被成下候、然ル処右普請限月ニ相成候得共未出来不仕
候ニ付、此段乍恐御断奉申上候、已上

天保二卯六月

　　　　　　松平遠江守殿領分
　　　　　　摂州河辺郡尼崎
　　　　　　寺町本興寺当病ニ付
　　　　　　　　　代役者
　　　　　　　　　實成院

御奉行所

乍恐口上

一、当寺焼失之箇所再建仕度段十四ヶ年以前午六月
何日
○御聞届被成下候、然処右普請限月ニ相成候得共、未
十九日
出来不仕候ニ付、乍恐此段御断奉申上候、以上

天保二〻卯年
　　六未
　　六月廿四日

　　　　　　松平遠江守殿領分
　　　　　　摂州河辺郡尼ヶ崎
　　　　　　寺町本興寺当病ニ付
　　　　　　　　　代役者〻
　　　　　　　　　實成院㊞

御奉行所

乍恐口上

一、当寺庫裏建修覆幷屋根葺替仕度段十一〻ヶ年以前辰六
六
何日
月奉願上候処、御聞届被成下候、然処右普請限月ニ至
十三日

候得共未出来不仕候ニ付、乍恐此段御断奉申上候、以
上

天保二卯〔六未〕年六月廿三日〔廿四日〕

松平遠江守殿領分
摂州河辺郡尼ヶ崎
寺町本興寺当病ニ付
代役者
實成院㊞

御奉行所

大坂蔵屋敷へ出入届、前文之通
地頭表へ帰寺届、前文之通
〆拾■〔壱〕通

御届申上口上覚

一、拙僧義就用事明廿七日より備前本蓮寺へ罷越申度、
尤来月下旬迄致逗留候、此段御届奉申上候、已上

卯五月廿六日

本興寺㊞(手書)

寺社御奉行所

右之通相違無御座候付奥印仕候、已上

寺町月番
甘露寺
法園寺

御届申上口上覚

一、拙僧義就用事備前牛窓本蓮寺へ先月廿七日より罷越
候処、今日帰寺仕候付、此段御届申上候、已上

卯六月十八日

本興寺㊞(手書)

寺社

右之通相違無御座候付奥印仕候、已上

寺町月番
大覺寺印
常樂寺印

御届申上口上覚

一、当時旱魃ニ付、於法花新田氏神雨乞仕候ニ付、御祈
禱之義頼来候間、罷越申度奉存候ニ付、此段御届奉申
上候、以上

天保二辛卯年七月

本興寺
日等印

寺社
御奉行所

御届申上口上覚

一、先日御届申上置候於法花新田雨乞御祈禱満願仕、昨廿七日罷帰申候ニ付、此段御届可申上如斯御座候、

卯年七月廿八日　　本興寺
日等印

御奉行所

奉願口上覚

一、当寺塔頭本教院義今日落印御改罷出可申之処、俄ニ発病仕候付、亦々落印之義奉願上候、右願之通被為仰付被下候ハヽ、辱可奉存候、巳上

天保二卯八月廿三日　　本興寺役者
堯運院
一乗院

寺社御奉行所

右之通相違無御座候付奥印仕候、巳上

本興寺印（手書）

御届申上候口上覚

一、当寺塔頭一乗院明二日より三日迄祖師日蓮大士五百五十遠忌法事執行仕度奉存候、此段御届申上候、以上

卯九月朔日　　本興寺役者
堯運院印

寺社
御奉行所

右之通相違無御座候ニ付奥印仕候、以上

本興寺丸印

御届申上口上覚

一、当寺塔頭一乗院祖師法事昨三日迄無滞相済申候間、此段御届奉申上候、巳上

卯九月四日　　本興寺役者
堯運院

寺社御奉行所

右之通相違無御座候故奥印仕候、已上

本興寺㊞

奉願口上覚

一、当寺塔頭本壽院恵三義病身ニ罷成、寺役難相勤候付、隠居為致度奉願上候、右願之通被為仰付被下候ハヽ、忝可奉存候、已上

天保二卯九月

役者
堯運院
一乗院

寺社
御奉行所

右之通相違無御座候付奥印仕候、已上

本興寺

奉差上出寺証文之事

一、拙僧義病身ニ罷成、寺役難相勤候付、役者共より隠居之義奉願上候処、願之通被為　仰付難有奉存候、依之今般備前国浜野村松壽寺へ罷越保養仕居申候、尤拙僧在院之中檀方宗門疑敷義無御座、邪法受用不仕候、若此等之品御座候ハヽ、何時ニ而も御召寄御吟味之上急度申披可仕候、為後証文仍而如件

天保二卯九月

本興寺塔頭
本壽院
恵三印

寺社
御奉行所

右之通相違無御座候付奥印仕候、已上

本興寺役者
堯運院
一乗院

乍恐口上

一、当寺末寺宮町眞如庵再建仕度段十七ヶ年以前亥十一月奉願上候処、御聞済被成下候、然処右普請限月ニ相成候得共、未出来不仕候付、乍恐此段以書附御断奉申上候、以上

天保二卯年
十一月
松平遠江守殿領分
摂州河辺郡尼崎
寺町本興寺役者
惠運院㊞

御奉行所

地頭江届書幷御番所江差出候写壱通、大坂蔵屋敷江出
入届〆六通
委細寅十一月ニ有之

奉願口上覚

一、当寺塔頭本壽院無住ニ付、所々宗門御改印形堯運院へ代判御願申上度奉存候、右願之通被為仰付被下候へ者忝可奉存候、巳上

天保三辰二月
本興寺塔頭
堯運院
一乗院

寺社御奉行所

寺号奥印

奉願口上覚

一、当寺塔頭本教院病気キニ付、所々宗門御改印形落印御願申上度奉存候、右願之通被為　仰付被下候得者忝可奉存候、巳上

天保三辰二月
本興寺塔頭
一乗院
養壽

寺社御奉行所

寺号奥印

奉願口上覚

一、当寺末小路村要玄寺無住ニ付、宗門御改印形塔頭惠運院へ代判御願申上度奉存候、右願之通被為仰付被下候得者忝可奉存候、巳上

辰二月
本興寺塔頭
堯運院
一乗院

寺社御奉行所

寺号奥印

御届申上口上覚

一、当寺塔頭一乗院義大坂末久本寺へ用事御座候付、今日より罷越申候、尤二三日逗留仕候、此段御届申上候、以上

辰四月廿二日

本興寺役者
堯運院

寺社
御奉行所

奉願口上覚

一、去十日納骨供養相勤候節、経木来ル廿五日渡海船ニ而於高州水尾右経木流し仕度奉願上候、右願之通り被為　仰付被下候得者忝奉存候、已上

天保三辰年四月

本興寺

寺社
御奉行所

右之通相違無御座候ニ付奥印仕候、已上

寺町月番
全昌寺

本興寺

奉願口上覚

一、当寺塔頭本成院勧成義病身ニ罷成リ、寺役等難相務、為致隠居度奉願上候、右願之通被為　仰付被下候得者忝可奉存候、已上

天保三辰年
六月

本興寺役者
堯運院

一乗院

寺社
御奉行所

右之通相違無御座候付奥印仕候、已上

本興寺㊞

奉指上出寺証文之事

一、拙僧義病身ニ罷成、寺役難相務候付、役者共より隠居之義奉願上候処、願之通被為　仰付難有奉存候、依

之今般隅州種子島慈遠寺江罷越保養仕居申候、尤拙僧在院之間旦方宗門疑敷義無御座、邪法受用不仕候、若是等之品御座候得者、何時ニ而も御召寄御吟味之上急度申披可仕候、為後証如件

天保三辰
六月
本興寺塔頭
本成院
勧成印

寺社
御奉行所

右之通相違無御座候付奥印仕候、已上

本興寺役者
堯運院
一乗院

奉願口上覚

一、当寺塔頭本教院智聞義病身ニ罷成リ、寺役等難相勤ニ付隠居為仕度奉願上候、右願之通被為　仰付被下候得者忝可奉存候、已上

天保三辰年七〔十〕月
本興寺役者
堯運院
一乗院

寺社
御奉行所

右之通相違無御座候ニ付奥印仕候、已上
本興寺

奉指上出寺証文之事

一、拙僧義病身ニ罷成リ、寺役難相務候付、役者共より隠居之義奉願上候処、願之通被為　仰付難有奉存候、依之今般兵庫久遠寺江罷越保養仕居申候、尤拙僧在院之間旦方宗門疑敷義無御座、邪法受用不仕候、万一是等之品御座候得者、何時ニ而も御召寄御吟味之上急度申披可仕候、為後日証文仍而如件

天保三辰七月
十月済
本興寺塔頭
本教院
智聞印

寺社
御奉行所

右之通相違無御座候付奥印仕候、已上
本興寺役者
堯運院
一乗院

乍恐口上

一、当寺焼失之ヶ所再建仕度段、十一ヶ年已前午六月十九日御聞届被成下候、然ル処右普請限月ニ相成候得共、未出来不仕候付、乍恐此段御断奉申上候、已上

天保三辰年
六月
松平遠江守殿領分
摂刕河辺郡尼ヶ崎
寺町本興寺当病ニ付
代一乗院印

御奉行所

乍恐口上

一、当寺庫裏建修復並屋根葺替仕度段、拾三ヶ年已前辰六月十三日奉願上候処、御聞届被成下候、然処右普請限月ニ至リ候得共、未出来不仕候付、乍恐此段御断奉申上候、已上

天保三辰年
六月
松平遠江守殿領分
摂州河辺郡尼ヶ崎
寺町本興寺
当病ニ付
代一乗院印

御奉行所

右寺社司江四五日已前伺書壱通・写弐通相添差出ス、聞済候上出坂之事
大坂蔵屋敷へ出入届弐通、御番所へ写弐通相添差出ス
寺社司へ帰寺届壱通
通計拾壱通也、委細者
卯年六月ニ記有之故略之

奉願口上覚

一、当寺塔頭本教院義今日落印御改罷出可申処、今以病気能軽々不仕候間、尚又落印之義奉願上候、右願之通被為仰付被下候ハヽ、忝可奉存候、已上
本興寺役者
堯運院

天保三辰八月廿六日　　　　一乗院

寺社御奉行所

方丈奥印

乍恐口上

一、当寺末寺宮町眞如庵再建仕度段、十八ヶ年以前亥十一月奉願上候処、御聞済被成下候、然ル処右普請限月ニ相成候得共、未出来不仕候付、乍恐此段以書付御断奉申上候、已上

天保三辰年
十一月

松平遠江守殿領分
摂𠮷河辺郡尼ヶ崎
寺町本興寺役者
堯運院

御奉行所

右四五日已前寺社方へ伺書幷写壱通相添差出ス、聞済之上出坂之節、大坂蔵屋敷へ出入届〆弐通、都合相認候事、委細者寅十一月之処ニ有之故、爰ニ略ス

口上覚

一、拙僧義法用ニ付、大坂末寺久本寺へ今晩より罷越候間、此段御届申上候、已上

辰十一月廿九日　　　　本興寺

寺町御月番
廣徳寺
善通寺

口上覚

一、本興寺義法用ニ付、今晩より大坂末寺久本寺江罷越候旨届来候間、此段御届申上候、已上

十一月廿九日

寺町御月番
廣徳寺
善通寺

寺社
御奉行所

二通共切紙無印

奉願口上覚

一、明八日御家中宗旨判形被仰付奉畏候、然ル処当寺塔頭本教院無住ニ付、堯運院へ代判被為　仰付被下候ハ、忝奉存候、已上

天保三辰閏十一月

本興寺役者
堯運
一条(乗)

寺社
御奉行所

右之通無相違――――

本興寺印

奉願口上覚

一、明八日御家中宗旨判形被仰付候処、当寺塔頭本成院無住ニ付、實成院へ代判被為仰付被下候得者忝奉存候、已上

年号
辰閏十一月

本興寺役者
堯運
一乗

寺社
御奉行所

寺号奥印

御届申上口上覚

一、当寺塔頭惠運院義法用ニ付、備前国浜野村へ罷下申候間、此段御届奉申上候、已上

辰壬十一月

本興寺役者
一乗
堯運

寺社
御奉行所

寺号奥印

奉願口上覚

一、当寺塔頭養壽院孝学義病身ニ罷成リ、寺役法用難相勤候付、隠居為仕度奉願上候、右願之通被為　仰付被下候ハ、忝可奉存候、已上

本興寺役者
一乗院

寺社
御奉行所

右之通相違無御座候付奥印仕候、已上

堯運院

本興寺印

奉指上出寺証文之事

一、拙僧義病身ニ罷成リ、寺役法用難相務候付、役者共より隠居之義奉願上候処、願之通被為　仰付難有奉存候、依之今般泉州堺顕本寺へ罷越養生仕候、尤拙僧在院之間且中宗門疑敷義無御座、邪法受用一切不仕候、自然是等之品御座候得者、何時ニ而も御召寄御吟味之上急度申披可仕候、為後日仍而如件

天保

本興寺塔頭
恵運院
孝学印

寺社
御奉行所

右之通相違無御座候付奥印仕候、已上

本興寺役者
堯運院
一乗院

御届申上候口上覚

一、当寺塔頭一乗院法用ニ付、備前牛窓本蓮寺江明朔日より罷越、十日頃迄逗留仕候、此段為御届奉申上候、以上

酉八月

本興寺役者
養壽院
堯運院

寺社
御奉行所

御届申上口上覚

一、当寺塔頭一乗院先達而御届申上備前本蓮寺へ法用ニ付罷越、用事相済今日帰寺仕候、此段御届奉申上候、已上

酉八月

本興寺役者
養壽院
堯運院

寺社
御奉行所

御届申上覚

一、備中本隆寺隠居日等義、為参詣登山仕候付、塔頭恵運院へ暫逗留為仕候間、此段御届奉申上候、已上

天保八酉八月

本興寺役者
一乗院
養壽院
堯運院

寺社
御奉行所

右之通相違無御座候付奥印仕候、已上

寺町月番
如來院
善通寺

寺町月番江も右同様届書役者連印ニ而差出

御伺申上口上

一、例年千部中音楽差加法事執行仕来候処、御停止ニ付、右音楽之義如何可仕哉、此段御伺奉申上候、已上

酉八月廿三日

本興寺
役者連印

寺社
御奉行所

御伺申上口上覚

一、当寺塔頭堯運院旦家築地丁大鹿や八重方拾ひ子病死仕候付、葬之義憑来候、如何取斗可申哉、此段以書付御伺奉申上候、已上、

酉八月廿四日

本興寺役者
連印

寺社
御奉行所

（裏表紙）

琴浦
本興寺㊞

八　願書留

天保一五（一八四四）・六
～弘化四（一八四七）・三　六八三

（表紙）

天保十五甲辰年
二番
願書
五月改之
弘化三丙午歳十二月迄

奉伺口上覚

例年六月廿五日頃差出之

一、当寺庫裏建修復幷屋根葺替仕度段弐拾五箇歳以前文政三辰六月十三日奉願候処、限月ニ至候得共未成就不仕候付、別紙之通大坂御番所江為御断罷出申度奉存候間、此段御伺奉申上候、以上

天保十五辰年
六月

本興寺役者
堯運院印
一乗院印○

寺社
御奉行所

右之通相違無御座候ニ付奥印仕候、以上

本興寺

乍恐口上

一、当寺庫裏建修復并屋根葺替仕度段弐拾五箇年以前文政三辰六月十三日奉願候処、御聞済被成下候、然ル処右普請御限月ニ至候得共未出来不仕候付、乍恐此段御断奉申上候、以上

天保十五辰年
六月

松平遠江守殿領分
摂州河辺郡尼ヶ崎
寺町本興寺役者
恵運院印

御奉行所

乍恐口上

一、当寺焼失之ヶ所再建仕度段弐拾三《二》ヶ年以前文政五午六月十九日奉願候処御聞済被成下候、然ル処右普請御限月ニ至候得共未出来不仕候付、乍恐此段御断奉申上候、以上

天保十五辰年
六月

松平遠江守殿領分
摂州河辺郡尼ヶ崎
寺町本興寺役者
恵運院

御奉行所

御届申上覚

一、当寺庫裡建修復屋根葺替并焼失之箇所再建普請之儀御限月ニ至候得共未成就不仕候付、別紙之通御番所表江為御断罷出申候付、此段御届奉申上候、以上

尼崎寺町
本興寺役者
恵運院

辰
六月

御蔵屋敷
御役所

御届申上覚

一、当寺庫裏建修復并焼失之箇所再建普請之儀御限月ニ

相成候得共未成就不仕候ニ付、為御断御番所江罷出候処、猶又来巳御断可申上旨被　仰付之帰寺仕候間、此段御届奉申上候、以上

辰
六月

尼崎寺町
本興寺役者
恵運院

御蔵屋敷
御役所

御届申上覚

一、当寺庫裏建修復幷焼失之ヶ所再建普請之儀御限月ニ至候得共未成就不仕候付、大坂御番所江為御断罷出候処、猶又来巳年六月中御断可申上旨被　仰付之、帰寺仕候付、此段御届奉申上候、以上

本興寺役者
堯運院印○
一乗院印○一本

寺社
御奉行所

御窺申上口上覚

一、当寺焼失之箇所再建普請之義限月ニ相成候へ共未出来不仕候付、別紙之通大坂御番所江御断ニ罷出申度此段以書附御窺奉申上候、以上

天保十五辰年
六月

本興寺役者
堯運院印
一乗院印○壱本

寺社
御奉行所

右之通相違無御座候ニ付奥印仕候、以上

寺町月番
廣徳寺
善通寺

右寺社方江前後届弐通・本紙写弐通・焼失伺壱通・大坂御番所江弐通・御蔵屋鋪江写弐通・前後届弐通、都合拾二（ママ）通入用

奉願口上覚

一、当寺塔頭本教院俊源義、近年病身ニ付、寺役法用難

相勤候付、隠居被為仕度奉願候、右願之通被為　仰付
被下候ハヽ、難有可奉存候、以上
天保十五辰年
十二月
本興寺役者
堯運院印
一乗院印
寺社
御奉行所
右之通相違無御座候付奥印仕候、以上
寺町月番
如來院
善通寺

御届申上口上覚
一、当寺塔頭堯運院就用事堺顕本寺江罷越申度、尤当月
十七、八日頃迄逗留仕候、此段御届奉申上候、以上
辰十二月十五日
本興寺役者
一乗院印
寺社
御奉行所
弘化元辰十二月

奉願口上覚
一、当寺塔頭養壽院義今度役者仕度奉願候、右願之通被
為　仰付被下候ハヽ、難有可奉存候、以上
弘化二巳年
正月
本興寺役者
堯運院印
一乗院印
寺社
御奉行所
右之通相違無御座候付奥印仕候、以上
寺町月番
廣徳寺印
善通寺印

奉願口上覚
一、当寺塔頭養壽院義今般役者ニ奉願上候ニ付、御城三
方御門通路無滞被為　仰付被下候様奉願上候、右之通
被為　仰付被下候ハヽ、難有可奉存候、以上

弘化二巳年
正月
本興寺役者
堯運院印
一乗院印

寺社
御奉行所

右之通相違無御座候付奥印仕候、以上

寺町月番
廣徳寺印
善通寺印

奉願上口上覚

一、当寺塔頭本成院本教院・本壽院無住ニ付、所々宗門御改ニ付印形塔頭堯運院江代判之義御願申上度奉存候、右願之通被為　仰付被下候ハ、難有可奉存候、以上

弘化二巳年
二月
本興寺役者
養壽院印

寺社
御奉行所

右之通相違無御座候付奥印仕候、已上

寺町月番
全昌寺
長遠寺

奉願上口上覚

一、当寺塔頭本成院・實成院無住ニ付、所々宗門御改候付、印形塔頭養壽院江代判之義御願申上度存候、右願之通被為　仰付被下候ハ、難有奉存候、以上

弘化二巳年
二月
本興寺役者
堯運院印

寺社
御奉行所

右之通相違無御座候付奥印仕候、已上

寺町月番
全昌寺
長遠寺

奉願上口上覚

一、当寺塔頭一乗院・恵運院病気ニ付所々宗門御改印形

落印之義御願申上度奉存候、右願之通被為　仰付被下
候ハヽ、難有可奉存候、以上

弘化二巳年　　本興寺役者
二月　　養壽院印
堯運院印

寺社
御奉行所

右之通相違無御座候付奥印仕候、已上

寺町月番
全昌寺
長遠寺

奉願上口上覚

一、当寺塔頭一乗院無住ニ付、則文化十二亥七月住職罷
在候智了与申僧、文政七年申二月隅州種子嶋慈遠寺江
隠居《ヒ》仕居申候処、病気全快仕候ニ付、右一乗院江後住
ニ仕度奉存候、右願之通被為　仰付被下候ハヽ、難有可
奉存候、以上

弘化二巳年　　本興寺役者
五月　　養壽院印
堯運院印

寺社
御奉行所

前書之通り相違無御座候ニ付奥印仕候、以上

寺町月番
甘露寺
善通寺

差上申御請書之事

一、拙僧儀本国生国隅州種子嶋長野善右衛門悴俗名善松
与申候、法花宗同国同所慈遠寺弟子ニ罷成、拾才ニ而
剃髪仕、僧名智聞与相改、文化四卯歳尼ヶ崎本興寺檀
林江罷越修学仕候而、文化十二年亥七月本興寺塔頭一
乗院江住職仕候、則其節由緒書奉差上候通り相違無御
座候、然ル処病身ニ付寺役難相勤御座候ニ付、文政七
申年二月隅州種子嶋慈遠寺□隠居仕養生相加へ候処、
全快仕り候而、本興寺塔頭一乗院無住ニ付、今般後住

ニ仕度段役者より御願奉申上候処、願之通被為　仰付
難有奉存候、兼々被為　仰付候御制法之趣無相違急度
相守、邪法受用仕間敷候、為後日由緒書記差上申度、
仍而如件

弘化二巳年
五月
本興寺塔頭
一乗院
智聞印

寺社
御奉行所

前書之通り相違無御座候、智聞儀隅州種子嶋慈遠寺弟
子ニ紛無御座候処、此度病気全快候而一乗院江後住ニ
仕度旨役者より御願申上候処、願之通り被為　仰付難
有奉存候、兼而被為　仰付候御制法急度相守、邪法受
用為仕間敷候、為後日奥書印形仕差上申処、仍而如件

寺町月番
甘露寺印
善通寺印

御届申上覚

一、当寺庫裏建修復・屋根葺替幷焼失之箇所再建普請之
儀御限月ニ至候得共未成就不仕候付、別紙之通御番所
江為御訴之罷出申候間、此段御届申上候、以上

巳六月
尼ヶ崎
本興寺役者
養壽院

御蔵屋鋪
御役所

乍恐口上

一、当寺庫裏建修復幷屋根葺替仕度段、弐拾六箇年以前
文政三辰六月十三日奉願候処、御聞済被成下候、然処
右普請御限月ニ至候得共未出来不仕候付、乍恐此段御
届奉申上候、以上

年号
月日
松平遠江守領分
摂州河辺郡尼ヶ崎
寺町本興寺役者
養壽院

御奉行所

乍恐口上

一、当寺焼失之箇所再建仕度段、弐拾四箇年以前文政五
午六月十九日奉願候処、御聞済被成下候、然候処右普
請御限月相成候得共未出来不仕候付、乍恐此段御断奉
申上候、以上

――　――――役者
――　養壽院

御奉行所

右之通弐通ツ、三ツ相認、大坂御番所幷蔵屋鋪・
当御奉行所江指出候事

御窺申上口上覚

一、当寺焼失之箇所再建普請之儀限月ニ相成候得共未出
来不仕候付、別紙之通大坂御番所江御断罷出申度、此
段以書附御窺奉申上候、以上

年号月日　本興寺役者
　　　　　養壽院
月日　堯運院

一乗院

寺社
御奉行所

右之通相違無御座候付奥印仕候、以上

御窺申上口上覚

一、当寺庫裏建修復幷屋根葺替仕度段、弐拾六箇年以前
文政三辰六月十三日奉頼候処限月ニ至候得共未成就不
仕候付、別紙之通大坂御番所江為御断罷出申度奉存候
間、此段御窺奉申上候、以上

――　本興寺役者
――　養壽院
堯運院
一乗院

御奉行所

右之通相違無御座候付奥印仕候、以上

御届申上覚

一、当寺庫裏建修復幷焼失之箇所再建普請之儀御限月ニ

相成候得共未成就不仕候付、為御断之御番所江罷出候
処、猶又来午御断可申上旨被　仰付之、帰寺仕候間、
此段御届奉申上候、以上

巳六月
尼ヶ崎
本興寺役者
養壽院

御蔵屋鋪
御役所

御届申上覚

一、当寺庫裏建修復幷焼失之箇所再建普請之儀御限月ニ
相成未成就不仕候付、大坂御番所江為御断之罷出候
処、猶又来午六月中御断可申上旨被　仰付之、帰寺仕
候付、此段御届奉申上候、以上

弘化二巳年
六月
養壽院
堯運院
一乗院

寺社
御奉行所

以書付御窺奉申上候

一、尚徳院様（摂津尼崎藩・松平忠誨）十七回御忌御相当ニ付、明廿五日より廿六
日迄当寺於本堂御法要相務奉申上度此段御伺奉申上
候、以上

弘化二巳年
八月
本興寺役者
養壽院印
堯運院印
一乗院印

寺社
御奉行所

右之通相違無御座候付奥印仕候、以上

寺町月番

紙表
尚徳院殿様尊儀
十七回御忌追薦御法事

差定

紙裏
廿六日御法事

来集席配
后
威儀師

入堂未之刻
前
昇堂午之刻

一越音取
音取黄鐘調

初伽陀　慈泉院
楽　迦陵頻急
真読寿量品
三礼　日琮
讃鈸
鐃銅
対揚　一乗院
楽　菩薩破
回向　養壽院
玄題
結要付文
右善定認出紙中奉書
二ツ折裏表右様調
願書ニ相添役者持参ニテ
八月廿四日ニ指出、尤
寺社役所江指出

初伽陀　堯運院
楽　青海破
真読寿量品
書写
三礼
楽　十翠楽
讃鈸
鐃銅
散華　一乗院
楽　海青楽
焼香
訓読神力品
回向　養壽院
本法
宝塔偈
具在前
弘化二巳年
八月

奉願上口上覚

恵龍入坊之願書
一、当寺塔頭本壽院無住ニ御座候ニ付、当寺学室相勤候
志幸儀後住ニ仕度奉願上候、右願之通被為仰付被下候
ハヽ、忝可奉存候、以上
弘化二巳年十月　本興寺役者
一乗院印
堯運院印
養壽院印
寺社
御奉行所
右之通相違無御座候ニ付奥印仕候、以上

奉差上由緒書之事

一、拙僧儀本国生国日州川内村岩坪勘之進悴俗名真二郎
与申候、同国同処勝蓮寺弟子ニ相成八歳にして剃髪
仕、僧名志幸与相改、天保十四年本興寺学室江罷越、
修学仕居候之処、今般当寺塔頭本壽院就無住、先達役
者より拙僧義後住ニ仕度旨奉願上候処、願之通被為仰

付難有奉存候、兼而被仰付候御制法之旨聊違背不仕急
度相
守、邪法受用仕間敷候、為後日之由緒一札如件

本興寺塔頭
本壽院
志幸

弘化二巳年
十月

寺社
御奉行所

前文之通相違無御座候、志幸儀日州川内村勝蓮寺弟子
ニ紛無御座候、此度本壽院就無住拙僧共より後住ニ仕
度奉願上候処、願之通被為仰付忝奉存候、兼被　仰付
候御制法急度相守邪法受用不仕候様申付候、為後証之
奥書印形仕奉指上候処仍而如件

本興寺役者
一乗院印
堯運院印
養壽院印

奉願上口上覚

一、当寺塔頭堯運院智賢儀病身ニ罷成、寺役難相勤候ニ
付為致隠居度奉願上候、右願之通被為仰付被下候ハヽ、
難有可奉存候、以上

本興寺役者
養壽院
一乗院

寺社
御奉行所

右之通相違無御座候付奥印仕候、以上

寺町月番
大覺寺
常樂寺

奉差上書（ママ）寺証文之事

一、拙僧儀病身ニ罷成寺役難有（相）勤候ニ付役者より隠居之
義奉願上候処、願通被為　仰付難有奉存候、依之今般
備前牛窓本蓮寺江罷越保養仕居申候、尤拙僧在院之間
檀方宗門疑敷儀無御座、邪法受用不仕候、若此等之品
御座候ハヽ、何時にても御召返御吟味之上急度申披可仕
候、（為脱カ）後日之仍而証文如件

弘化二巳年

本興寺塔頭
堯運院
智賢

寺社
御奉行所

右之通相違無御座候ニ付奥印仕候、已上

一乗院
養壽院

奉願上口上覚

一、当寺塔頭堯運院・恵運院無住ニ付、代判□塔頭本壽院今日再々判被為　仰付奉畏候得共病気ニ付難罷出、依之猶亦落印之義御願申上度奉存候、右願之通り被為仰付被下候ハ、難有奉存候、以上

弘化二年
巳十二月九日

本興寺役者
養壽院印
一乗院印

右之通り相違無御座候ニ付奥印仕候

寺町
月番印

奉願上口上覚

一、当寺塔頭堯運院無住ニ付、当寺末寺兵庫久遠寺塔中本光院当住慈聞ト申僧後住ニ仕度奉存候、右願之通被仰付被下候ハ、難有奉存候、以上

弘化三丙午年
三月

本興寺塔頭
養壽院
一乗院

寺社
御奉行所

右之通相違無御座候ニ付奥印仕候、以上

奉差上由緒書之事

一、拙僧儀本国生国隅州種子嶋無田清左衛門忰次男俗名藤次郎ト申者候、法花宗同国同所慈遠寺弟子ニ相成、十才ニて剃髪仕、僧名慈聞ト相改、文政十子年本興寺学室江罷出修学仕候て兵庫久遠寺塔中本光院ニ寺務罷在候処、今般当寺塔頭堯運院無住ニ付、先達而従役者

拙僧儀之後住ニ仕度段御願申上候処、願之通被仰付難有奉存候、兼而被　仰付候御制法之趣聊無相違相守、邪法受用仕間敷□、為後証之仍而如件

弘化三丙午年

堯運院
慈聞

寺社
御奉行所

前書之通相違無御座候、慈聞儀隅州種子嶋慈遠寺弟子ニ紛無御座候、此度堯運院無住ニ付、拙僧共より後住ニ仕度奉願上候処、願之通被為　仰付難有奉存候、兼而被　仰付候御制法急度相守、邪法受用不仕候様申付候、為後証之奥印仕奉差上候処、依而如件

本興寺役者
養壽院
一乗院

奉願口上書

一、当寺塔頭養壽院檀家食満村兵助夫婦幷小児右三人之者就病気心願御座候間、当寺開山堂江明四日より来十七日迄昼夜参籠仕度段申出候間、為相籠申度奉願上候、右願之通御許容被為成下候ハヽ、難有可奉存候、以上

弘化三年
午五月三日

寺町
本興寺役者
養壽院
一乗院

寺社
御奉行所

右之通相違無御座候ニ付奥印仕候、以上

寺町月番
甘露寺
常樂寺

奉願上口上覚

一、当時塔頭堯運院義此度役者ニ仕度奉願上候、右願之通被為　仰付被下候ハヽ、難有可奉存候、以上

弘化三午歳
五月

本興寺役者
養壽院

一乘院

寺社
御奉行所

右之通相違無御座候ニ付奥印仕候、以上

無住ニ付――寺町月番
甘露寺

常樂寺

奉願口上覚

一、当時塔頭堯運院今般役者ニ奉願候ニ付、御城三方御門無滞通路被為仰付被下候様奉願上候、右願之通被為仰付被下候ハヽ、難有可奉存候、以上

弘化三午歳
五月

本興寺役者
養壽院

一乘院

寺社
御奉行所

右之通相違無御座候ニ付奥印仕候、以上

寺町月番
甘露寺

常樂寺

奉伺口上覚

廿五日差出
一、当寺庫裏建修覆幷屋根葺替仕度段、弐十七ヶ年已前文政三辰六月十三日奉願上候処、限月ニ至候へとも未成就不仕候ニ付、別紙之通大坂御番所江為御断罷出申度奉存候間、此段御伺奉申上候、以上

(弘化)
□□三午年
六月

本興寺役者
養壽院

一乘院

寺社
御奉行所

前書之通相違無御座候ニ付奥印仕候、以上

寺町月番
專念寺

善通寺

乍恐口上

一、当寺庫裏建修覆幷屋根葺替仕度候段、廿七箇年已前

文政三辰六月十三日奉願候処、御聞済被成下候、然ル
処右普請御限月ニ至候得共未出来不仕候付、乍恐此段御断
奉申上候、以上

弘化三午歳
六月
松平遠江守殿領分
摂州尼ヶ崎寺町
本興寺役者
本壽院

御奉行所

乍恐口上

一、当寺焼失之箇所再建仕度段、廿五ヶ年已前文政五午
六月十九日奉願候処、御聞済被成下候、然ル処右普請
御限月ニ候得共未出来不仕候ニ付、乍恐此段御断奉申
上候、以上

弘化三午歳
六月
松平遠江守殿領分
摂州尼ヶ崎寺町
本興寺役者
本壽院

御奉行所

御届申上覚

一、当寺庫裏建修覆屋根葺替幷焼失之箇所再建普請之儀
御限月ニ至候得共未成就不仕候ニ付、別紙之通別紙之
通御番所表江為御断罷出申度候付、此段御断奉申上候

午
六月
尼ヶ崎寺町
本興寺役者
本壽院

御蔵屋敷
御役所

御届申上覚

一、当寺庫裏建修覆幷焼失之箇所再建普請之儀御限月ニ
相成候得共未成就不仕候付、為御断御番所江罷出候
処、猶又来未御断可申上旨被仰付之、帰寺仕候間、此
段御届奉申上候、以上

午
六月
尼ヶ崎
本興寺役者
本壽院

御蔵屋敷
御役所

御届申上覚

一、当寺庫裏建修覆幷焼失之箇所再建普請之儀御限月ニ至候得共未成就不仕候ニ付、大坂　御番所江為御断罷出候処、猶又来未歳六月中御断可申上旨被仰付候、帰寺仕候間、此段御届奉申上候、以上

弘化三午歳
六月

本興寺役者
堯運院
養壽院
一乗院

寺社
御奉行

奉願上口上覚

一、拙院兼帯小路村要玄寺無住ニ付、今日再判被為　仰付奉畏候得共病気ニ付難罷出、依之猶又落印御報申上度奉存候、右願之通被為　仰付被下候ハヽ、難有奉存候、以上

弘化三午歳

本興寺塔中
本壽院印

九月廿三日

寺社
御奉行所

右之通相違無御座候ニ付奥印仕候、以上

本興寺役者
一乗院
養壽院
堯運院

御届申上口上覚

一、当寺塔頭本成院〔内〕御仏ニ御座候左之通之品々去いつ頃紛失仕候哉、尤何分無住中之儀ニ〔付〕御座候得者日時不分明ニ無御座候て頃日及見候処無御座候

一、真鍮花瓶　高サ壱尺三四寸位　壱ツ
一、同蠟燭立　高サ二尺壱弐寸位　壱ツ
一、同燈籠　六角廻り二尺弐三寸位　壱ツ

但し、何も銘之有無相覚不申候

右之通紛失仕候、全盗賊之仕業と奉存候、尤　御吟味之儀者不奉願上候得共此段御届奉申上候、已上

弘化三午歳
十月

寺町
本興寺役者
——○
——○
——○

寺社
御奉行所

右之通相違無御座候ニ付奥印仕候、以上

寺町月番
常樂寺

乍恐口上

一、当寺末寺宮町眞如庵再建仕度段、三拾弐ヶ年前文化十弐亥十一月奉願上候処、御聞済被成下候、然ル処右普請御限月ニ相成候得共未出来不仕候ニ付、此段以書附御断奉申上候、以上

弘化三午年十一月

松平遠江守殿領分
摂刕河辺郡尼ヶ崎
寺町本興寺役者
本壽院印

御奉行所

御窺申上口上覚

一、当寺末宮町眞如庵普請限月ニ相成候得共未出来不仕候ニ付、別紙之通大坂御番所江御断ニ罷出度此段以書附御窺奉申上候、以上

弘化三午年
十一月

本興寺役者
堯運院印
養壽院印
一乗院印

寺社
御奉行所

右之通相違無御座候ニ付奥印仰(ママ)仕候、以上

御届申上口上覚

一、当寺末寺宮町眞如庵普請御限月ニ相成候得共未出来不仕候ニ付、為御断大坂御番所江罷出候処、猶又来未十一月中ニ御断可奉申上旨被仰付帰寺仕候間、此段以書附御届奉申上候、以上

弘化三午年
十一月

本興寺役者
堯運院印

養壽院印
一乗院印

寺社
御奉行所

御届申上口上覚

一、当寺末寺宮町眞如庵普請限月ニ至候得共未出来不仕候ニ付、別紙之通近日御番所江御断ニ罷出申候ニ付、此段以書附御届奉申上候、以上

尼崎寺（ママ）
本興寺役者
本壽院印

弘化三午年
十一月

御蔵屋敷
御役所

御届申上口上覚

一、当寺末寺宮町眞如庵普請御限月ニ相成候得共未出来不仕候ニ付、為御断御番所江罷出候所、猶又来未十一月ニ御断可奉申上旨被仰付引取候間、此段御届奉申上候、以上

尼ヶ崎寺町
本興寺役者
本壽院印

弘化三年
午十一月

御蔵屋敷
御役所

奉願上口上覚

一、当寺塔頭本成院無住ニ付、当寺学室ニ相勤居候智栄義后住ニ仕度奉願上候、右願之通り被仰付被下候ハヽ、難有奉存候、以上

弘化三午年
十二月

本興寺役者
堯運院印
養壽院印
一乗院印

寺社
御奉行所

右之通り相違無御座候ニ付奥印仕候、以上

寺町月番

奉差上由緒書之事

一、拙僧義本国生国隅州種子島森勇二郎悴俗名順蔵と申候、同国同断慈遠寺弟子ニ相成九歳ニして剃髪仕、僧名智栄と相改、去ル天保十三年本興寺学室ニ罷越修学仕居候処、今般当寺塔頭本成院就無住ニ先達テ■役者より拙僧義後住ニ仕度旨奉願上候処、願之通被為仰付難有奉存候、兼て被仰付候御制法之旨聊違背不仕候相守、邪法受用仕間敷候、為後日之由緒一札如件

弘化三午年
十二月

本興寺塔頭
本成院
智栄

寺社
御奉行所

前文之通り相違無御座候、智栄義隅州種子島慈遠（寺脱カ）弟子ニ紛無御座候、此度本成院就無住ニ拙僧義後住ニ仕度奉願候処、願之通り被為仰候ハ、難有奉存候、兼て被仰付候御制法急度相守、邪法受用不仕候様申付候、為後日証奥書印形仕奉差上候処仍如件

本興寺役者
一乗院印
養壽院印
堯運院印

奉願上口上書

一、本興寺無住ニ付当春宗門御改調印之儀役者養壽院代判仕度此段御願奉申上候、右願之通被為　仰付被下候ハ、難有奉存候、以上

弘化四未年
二月

本興寺役者
堯運院
養壽院
一乗院

寺社
御奉行所

右之通り相違無御座候ニ付奥印仕候、以上

寺町月番
全昌寺印
長遠寺印

奉願上口上書

一、当寺塔頭本教院無住ニ付、当春所々宗門御改調印之義拙院代判仕度此段奉願上候、右願之通り被為　仰付被下候ハ、難有奉存候、以上

弘化四未年
二月　堯運院印

寺社
御奉行所

右之通り相違無御座候ニ付奥印仕候、以上

本興寺役者
一乗院
養壽院

奉願上口上覚

一、当寺塔頭恵運院無住ニ付、所々宗門御改ニ付調印之義拙院代判仕度此段奉願上候、右願之通り被為　仰付被下候ハ、難有奉存候、以上

弘化四未年
二月　本壽院印

寺社
御奉行所

右之通り相違無御座候ニ付奥印仕候、以上

本興寺役者
堯運院印
養壽院印
一乗院印

奉願上口上覚

一、当寺塔頭實成院無住ニ付、所々宗門御改調印之義拙院代判仕度此段奉願上候、右願之通被為　仰付被下候ハ、難有奉存候、以上

弘化四未年
二月　本成院印

寺社
御奉行所

右之通り相違無御座候ニ付奥印仕候、以上

堯運院印
養壽院印

一乗院印

奉願上口上覚

一、小路村要玄寺無住ニ付、所々宗門御改調印之儀拙院代判仕度此段奉願上候、右願之通り被為　仰付被下候ハ、難有奉存候、以上

弘化四未年
　二月　　本壽院印

寺社
　御奉行所

右之通相違無御座候ニ付奥印仕候、以上

堯運院印
養壽院印
一乗院印

奉願上口上書

一、拙僧義病気ニ付当春所々宗門御改調印之儀難罷出、依之落印之義御願申上度奉存候、右願之通被為　仰付被下候ハ、難有奉存候、以上

弘化四未歳
　二月　　本興寺塔頭
　　　　　一乗院

寺社
　御奉行所

右之通相違無御座候付奥印仕候、以上

本興寺役者
　養壽院
　堯運院

（全文抹消）
「奉願上口上覚

一、如例年来三月上旬当寺所化宗門御改幷寺町宗門御改之節、寺印仕候儀方丈無住ニ付、役者養壽院代判相勤申度奉願上候、右願之通御許容被為　仰付被下候ハ、難有奉存候、以上

弘化四未歳
　二月

堯運院
養壽院」

御届申上口上覚

一、拙僧儀就法用日州延岡勝蓮寺幷佐土原吉祥寺江罷越度段奉願上候処、御聞届被下候、然ル処病気ニ付延引仕候処、此節全快仕候ニ付明廿四日より罷越申度奉存候、右之段御聞届被下候ハヽ、難有奉存候、以上

三月廿三日　　本興寺塔頭
　　　　　　　一乗院

御奉行所

右之通相違無御座候付奥印仕候、以上

養壽院
堯運院

九　願書留　文久三（一八六三）・一二〜慶応元（一八六五）・一〇　六八四

（表紙）

旹文久三亥十一月吉祥 願書控 七番

奉願上口上覚

一、当寺塔頭堯運院義○就要用当月十二日発足ニ而越前府中久成寺迄罷越度、尤来ル子年二月下旬迄逗留仕度奉願上候、右願之通被為仰付被下候ハヽ、難有可奉存候、以上

文久三亥年
十二月十日　　本興寺役者
　　　　　　　本教院印
　　　　　　　本壽院印

寺社
御奉行所

前書之通相違無御座候ニ付奥印仕候、以上
本興寺印

御届申上口上覚

一、志州今浦邑大江寺弟子梅壽与申僧為修学罷越候ニ付
暫逗留被（ママ）致度、右滞留中寺役法要為相勤申度候間、此
段御届申上候、以上

文久三亥年
十二月十四日
全昌寺印

寺社
御奉行所

前書之通相違無御座候ニ付奥印仕候
月番
本興寺印

御届申上口上覚

一、志州鵜鳥村棲鳳寺弟子龍光与申僧為修学罷越候付、
暫逗留為致度、右逗留中寺役法用為相勤申度候間、此
段御届申上候、以上

文久三亥年
十二月十四日
全昌寺印

寺社
御奉行所

前書之通相違無御座候ニ付奥印仕候
月番
本興寺印

乍恐以書附御伺奉申上候

一、志州今浦村大江寺弟子当寺〔年〕拾八才ニ罷成候梅壽与申
僧、為修学当寺ヘ罷越候ニ付、暫逗留為致、右逗留中
寺役法用等為相勤申度候間、昨十四日御届申上置候、
然ル処同人義急病差起り候ニ付、種々療養相加候得共
養生不相叶、昨夜病死仕候、依之右死躰国許江相送り
可申候処、遠路之儀ニ而甚難渋仕候間、於当寺取置、
則内墓江葬遣し申度奉存候○〔間〕、此段御伺奉申上候、右
聞済被為成下候ハヽ、忝可奉存候、以上

文久三亥年
十二月十五日
全昌寺印

寺社
御奉行所

前書之通相違――　　月番
本興寺印

口上

一、来ル　年始御礼正月五日拙僧登城可仕候処、病気ニ
付難相成候間、此段御届申上候、以上

十二月　　栖賢寺

寺社
御奉行所

前書之通相違無御座候ニ付奥印仕候

寺町月番
全昌寺印
本興寺印

御届申上口上覚

一、当寺末寺大坂曽根崎村藤井寺旦那同所同村中村屋与
助与申者参詣仕候ニ付、明後廿五日迄当寺学室ニ而止
宿為仕度奉存候間、此段御届奉申上候、以上

亥十二月廿三日　　本興寺役者
本教院印
本壽院同

寺社
御奉行所

前書之通り相違無御座候ニ付奥印仕候

寺町　本興寺印

御伺奉申上口上覚

一、当寺末寺摂州大坂曽根崎村藤井寺檀那同所同村中村
屋与助与申者、当亥年五拾七才ニ罷成候、心願御座候
而当寺江罷越候ニ付、来ル廿五日迄当寺学室ニ而止宿
為仕度段、昨廿三日役者より御届申上置候、然ル処同
人義急病差起り候ニ付、早速親類呼寄薬用等相加候得
共不相叶養生、昨夜病死仕候、依之右同人寺請証并実
子より一札別紙写之通拙院江差入候ニ付拙僧取置、則
内墓江葬遣し申度奉存候間、此段御伺奉申上候、右御

聞済被為成下候ハ、難有奉存候、以上

文久三亥年
十二月廿四日
本興寺塔頭
本成院印

寺社
御奉行所

前書之通相違無御座候ニ付奥印仕候

本興寺役者
本教院印
本壽院同

差入申一札之事

一、私実父摂州大坂曽根崎村中村屋与助義、当年五拾七才ニ相成候、心願ニ付御本山江参詣被致御学室ニ而来ル廿五日迄逗留之義御願中上罷在候処、急病差起り候ニ付、早速下拙御呼寄ニ相成、種々薬用等尽手候得共不相叶養生、昨夜病死被致仕候、依之早々右死躰大坂本宅へ引取可申筈ニ御座候処、兼而御本山ニ而葬之義御憑申度趣遺言ニ御座候故何卒乍恐御内墓江御葬被下候様偏ニ奉希上候、若右死躰之義ニ付、後日ニ至彼是ト申者御座候ハヽ、何時成共我等何方迄も罷出急度埒明少し茂其御寺様江御難題相懸申間敷候、為其仍而一札如件

文久三亥年
十二月廿四日
泉州岸和田
和泉屋栄助印
同巳之助
達方ニ付無印

本興寺
本成院様

但し北野村　借屋和泉や勇蔵与有之候得共被改与助与呼
人別送り一札之事

一、拙寺旦那曽根崎村中村屋与助壱人、右者今般御本山江参詣仕候処、急病差起り病死仕候ニ付、葬式万端宜敷奉希上候、依之拙寺宗旨帳相除申候、尤右与助義一切疑ヶ敷義無御座候、為後日仍而如件

文久三亥年
十二月廿四日
大坂天満
藤井寺印

本興寺
本成尊院

右弐通共本成院へ渡し置也

亥十二月廿五日寺町廣徳寺義、来子春登城断、前紙栖賢寺之通差出、尤寺町月番故奥印仕候

同　十二月廿六日寺町甘露寺ハ御礼断

同　奥印致し候事

同　廿八日如來院御礼断、奥印致遣し候

指上物覚

一、病気ニ付指上物不仕候　如來院

一、病気ニ付指上物不仕候　甘露寺

一、扇子五本入桐箱台付　專念寺

一、扇子三本入桐箱台付　全昌寺

一、病気ニ付指上物不仕候　栖賢寺

一、病気ニ付指上物不仕候　廣徳寺

一、扇子五本入桐箱台付　大覺寺

一、壱束壱本台付　本興寺

一、扇子入三本入台付　長遠寺

一、無住ニ付差上物不仕候　法園寺

一、扇子三本入桐箱台付

御祈禱御札台付　善通寺

一、扇子三本入桐箱台付　常樂寺

一、無住ニ付差上物不仕候　海岸寺

一、無住ニ付差上物不仕候　正福寺

右之通ニ御座候、以上

文久三亥年
十二月

全昌寺印
本興寺印

御奉行所

御届申上口上覚

一、当寺塔頭本敎院義、就要用今十一月発足ニ而京都本能寺迄罷越度、尤当月中旬中逗留仕度奉存候間、此段御届奉申上候、以上

子正月十一日
本興寺役者
本壽院印
寺社
御奉行所
前書之通相違無御座候ニ付奥印仕候
本興寺印

御届申上口上覚
一、当寺塔頭本敎院義、就要用去ル十一日発足ニ而京都本能寺迄罷越、尤当月中旬中逗留仕度段、同十一日御届申上置候処、彼地より要用未相済不申候ニ付、当月下旬中逗留仕度旨申来候間、此段御届奉申上候、以上
子正月廿日
本興寺役者
本壽院印
寺社
御奉行所
本興寺印

御届申上口上覚
一、当寺塔頭本敎院義、就要用去ル正月十一日発足ニ而京都本能寺迄罷越候処要用相済、昨朔日帰寺仕候間、此段御届奉申上候、以上
子
二月二日
本興寺役者
本壽院印
寺社
御奉行所
――印

御窺申上口上覚
一、当寺境内表南通東西幷西側南北幷裏手掛塀浴室所、右箇所建修覆仕度段、拾七箇年以前嘉永元申年二月十一日奉願上候処御見分之上、右願之通御聞済被成下難有奉存候、然処其後追々修復ニ取掛罷有候得共、未成就不仕候内、当月御限月ニ相成候ニ付、別紙之通大坂御番所江御断ニ罷出申度奉存候間、此段御伺奉申上

候、以上

文久四子年
二月十六日

本興寺役者
本教院
本壽院

寺社
御奉行所

乍恐口上

此通三通
一、当寺境内表南通東西幷西側南北幷裏手掛塀浴室所、右箇所建修覆仕度段、十七箇年以前嘉永元申年二月十一日奉願上候処、御見分之上右願之通御聞済被成下難有奉存候、然ル処其後追々修覆ニ取掛罷有候得共未成就不仕候内、当月御限月ニ相成候ニ付、此段御断奉申上候、以上

文久四子年
二月十七日

松平兵庫頭(忠興)殿領分
摂州河辺郡尼崎
寺町本興寺役者
本教院

御奉行所

御届申上口上覚

一、当寺境内表南通東西幷西側南北幷裏手掛塀浴室所、右箇所建修覆仕度段、十七ヶ年以前嘉永元申年二月十一日奉願上候処、御見分之上右願之通御聞済被成下難有奉存候、然ル処其後追々修覆ニ取掛罷有候へ共、未成就不仕候内当月御限月ニ相成候ニ付、別紙之通御番所江御断ニ罷出申候間、此段御届奉申上候、以上

文久四子年
二月十七日

本興寺役者
本教院

御蔵屋敷
御役所

御届申上口上覚

一、当寺境内掛塀浴室所建修覆御限月相成候得共未成就

不仕候付、今日御番所江御断ニ罷出候処御聞済被成下、尚又来丑年二月中ニ御断可奉申上旨被仰聞候ニ付引取申候、此段御届奉申上候、以上

文久四子年
二月十七日　本興寺役者
本教院

御蔵屋敷
御役所

御届申上口上覚

一、当寺境内○掛塀浴室所建修覆之義御限月ニ相成候得共未成就不仕候ニ付、為御断大坂御番所江罷出候所、尚又来丑年二月御断可奉申上旨被仰聞候付帰寺仕候間、此段御届奉申上候、以上

文久四子年
二月十七日　本興寺役者
本教院
本壽院

寺社
御奉行所

奉願上口上覚

一、来ル廿四日・廿五日如例年当寺開山会法事執行仕度、随而廿四日夜中日雇辻ニ御門出入仕候様奉願上候、以上

文久四子年
二月　本興寺

寺社
御奉行所

前書之通相違無御座候付奥印仕候、以上

寺町月番

奉願上口上覚

一、当寺末寺灘目小路村要玄寺無住ニ付、所々宗門御改印形之義、塔頭恵運院江代判御願申上度奉存候、右願之通被為仰付被下候ハヽ、難有奉存候、以上

子
二月　本興寺役者
本教院
本壽院

寺社
御奉行所
前書之通相違無御座候ニ付奥印仕候、以上
本興寺

奉願上口上覚
一、当寺塔頭實成院無住ニ付、所々宗門御改印形之儀塔
頭本成院江代判御願申上度奉存候、右願之通被為仰付
被下候ハヽ、難有奉存候、以上
子二月
本興寺役者
本教院
本壽院

寺社
御奉行所
前書之通相違無御座候付奥印仕候、以上
本興寺

奉願上口上覚
一、当寺塔頭養壽院就無住、所々宗門御改印形之儀塔頭
本教院江代判御願申上度奉存候、右願之通被為仰付被
下候ハヽ、難有奉存候、已上
子二月
本興寺役者
本教院
本壽院

寺社
御奉行所
前書之通相違――
本興寺

奉願上口上覚
一、当寺塔頭一乗院就無住、所々宗門御改印形之儀塔頭
本壽院江代判御願申上度奉存候、右願之通被為仰付被
下候ハヽ、難有奉存候、以上
子二月
本興寺役者
本教院

寺社
御奉行所
前書之通相違無御座候付奥印仕候、以上

本興寺

奉願上口上覚

一、来ル四日寺町宗門御改、翌五日当寺所化宗門御改ニ
付、両日共塔中一統落印之儀奉願上候、右願之通被為
（忝　寺会願ハ忝也）
仰付被下候ハヽ、難有奉存候、以上

子二月　　　　本興寺

寺社
　御奉行所

前書之通相違無御座候ニ付奥印仕候、以上

寺町月番
　大覺寺
常樂寺

半切
　　口上覚

一、来ル廿四日・廿五日当寺開山会法事致修行仕候、右
御断為可申上如此御座候、以上

子二月　　　　本興寺役者丸印也

本教院
本壽院

寺町
御月番
大覺寺
常樂寺

印鑑（丸印）（手書）

一、当寺役者本成院就要用越前東谷本高寺迄罷越候、以
上

文久四子年
二月廿六日発

摂州尼ヶ崎
本興寺
役者（役印）（手書）

御届申上口上覚（奉願上）

一、当寺塔頭堯運院義就要用去ル亥年十二月十二日発足
ニ而越前府中久成寺迄罷越、当子年二月中逗留仕度段
奉願上候処、御聞済被成下難有奉存候、然ル所彼地ニ

而病気ニ取合帰寺延引之段同人より申来候間、来ル四
日寺町宗門御改幷五日当寺所化宗門御改ニ付、両日共
落印〔欠席〕之儀奉願上候、右願之通り被為仰付被下候ハ、難
有奉存候、以上

文久四子年
二月廿八〔九〕日

本興寺役者
本教院印
本壽院同

寺社
御奉行所

本興寺印

奉願上口上覚

一、当寺塔頭本成院義急病差起候而養生罷有〔仕居〕候ニ付、今
〔四〕○日寺町宗門御改幷明五日当寺所化宗門御改ニ付、両
日共欠席之義奉願上候、右願之通被為　仰付被下候
ハ、難有可奉存候、以上

元治元子年
三月四日

本興寺役者
本教院印
本壽院同

寺社
御奉行所

前書之通相違無御座候ニ付奥印仕候、以上

本興寺印

御届申上口上覚

一、当寺塔頭本成院義病気ニ付、養生仕居候段先達御届
奉申上候処、全快仕候而此般無拠〔間、此段御届奉申上候、然ル処〕就要用越明十日発足
ニ而越前東谷本高寺迄罷越度、尤来ル廿日〔当三月中旬中〕迄逗留仕度
奉存候ニ付此段御届奉申上候、以上

子
三月九日

本興寺役者
本教院印
本壽院同

寺社
御奉行所

本興寺印

奉願上口上覚

一、当月十五日末寺大鹿村妙宣寺ニ而○常法事執行仕候ニ付、当寺満山出座仕候ニ付、所々宗門御改落印之儀奉願上候、右願之通被仰付被下候ハヽ、難有可奉存候、以上

子
三月九日　　本興寺役者
本教院
本壽院

寺社
御奉行所

本興寺印

御届申上口上覚

一、当寺塔頭本壽院義京都本能寺常千部経執行ニ付、明十六日発足仕同○寺江罷越廿日過迄逗留仕度、此段御届奉申上候、以上

子
三月十五日　　本興寺役者
本教院

寺社
御奉行所

本興寺印

（全文抹消）「一、当寺塔頭本壽院義（常千部経ニ御座候ニ付）○就要用当三月十六日発足ニ而京都本能寺迄罷越候処」

御届申上口上覚

一、当寺塔頭本壽院義京都本能寺常千部経執行ニ付、当三月十六日発足ニ而同寺江罷越、昨（今）廿四（五）日帰寺仕候間此段御届奉申上候、以上

子三月廿五日

本興寺役者
本教院

寺社
御奉行所

前書之通相違無御座候付奥印仕候、以上

本興寺

御届申上口上覚

一、当寺塔頭本壽院義就要用当三月十日発足ニ而越前東谷本高寺迄罷越候処、要用相済昨廿四日帰寺仕候間、此段御届奉申上候、以上

子三月廿五日

本興寺役者
本教院

寺社
御奉行所

――相違――

口上覚

本興寺

一、来ル四月朔日より十日迄例年之通当寺常千部経致執行候間、此段御届申上候、以上

元治元年
子三月廿五日

本興寺㊞（手書）

寺社
御奉行所

前書之通相違無御座候付奥印仕候、以上

寺町月番
甘露寺
善通寺

口上覚

一、来ル四月朔日より十日迄例年之通当寺常千部経致執行候間、此段御断可申上如此御座候、以上

子三月廿五日

本興寺

寺町御月番
甘露寺
善通寺

御届申上口上覚

一、当寺塔頭堯運院義就要用去ル亥年十二月十二日発足ニ而越前府中久成寺迄罷越、当子年二月中逗留仕、早速帰寺可仕候処、彼地ニ而病気ニ取合帰寺延引仕一昨廿七日帰寺仕候間、此段御届奉申上候、以上

子三月廿九日　　本興寺役者
本教院
本壽院

寺社
御奉行所

前書――　　本興寺印

差上申一札之事

一、淡州郡家浦伝右衛門船六反帆一艘船頭水主共弐人乗
一、同州同浦長五郎船六反帆一艘船頭水主共弐人乗
一、同州同浦次郎太夫船四反帆一艘船頭水主共弐人乗
一、同州同浦佐左衛門船四反帆一艘船頭水主共弐人乗
一、同州同浦藤兵衛船四反帆一艘船頭水主共弐人乗
一、同州同浦源蔵船四反帆一艘船頭水主共弐人乗

右者当寺江参詣之諸人を乗参申候、高州御番所無滞被遊御通可被下候、尤勝手ニ而西水尾より出船仕候、以上

元治元年
子四月三日　　本興寺塔頭
堯運院印

高洲
御番所
御衆中

差上申一札之事

一、前之通り
一、同
一、同
一、同
一、同
一、同

右者当寺江参詣之諸人を乗参申候、此者宗旨者法花宗ニ而御座候、高州御番所無滞被遊御通可被下候、万一此者共之義ニ付六ヶ敷出来候共拙僧罷出申訳可仕候、

為後日仍而如件
元治元子年
四月三日
本興寺塔頭
堯運院印
大木田新右衛門様

奉願口上書

一、当寺塔頭本教院本全義此度勝手ニ付、同塔頭養壽院
就無住、右同院へ後住ニ転住為仕度、尤是迄之通役者
為相勤申度奉願上候、何卒右願之通被為　仰付被下候
ハ、難有可奉存候、以上

元治元子年
四月三日
本興寺役者
堯運院印
本教院
本人ニ付無印
本壽院印
寺社
御奉行所
前書之通相違無御座候ニ付奥印仕候
本興寺印

奉差上一札之事

一、拙僧義生国由緒之義ハ昨《去ル》酉年十二月当寺塔頭本教院
江入坊仕候節、奉書上候通相違無御座候、然ル処此度
勝手ニ付同塔頭養壽院江転坊仕度段、先達役者より奉
願上候処、願之通被為　仰付難有奉存候、然ル上者兼
被仰出候御制法之趣急度相守、邪法受用仕間敷候、尚
又拙僧本教院在住中檀方宗門疑ヶ敷義一切無御座候、
若如何敷与申族御座候ハ、何時ニ而も御召出之上御吟
味可被為　仰付候、為後日一札奉差上候処、仍而如件

元治元子年
四月
本興寺塔頭
養壽院
本全印
寺社
御奉行所
前書之通相違無御座候付奥印仕候
本興寺役者
堯運院印

本壽院印

御届申上口上覚

一、当寺役者順席堯運院・本教院・本壽院之列ニ御座候処、本教院義養壽院江転住仕候上者、堯運院・本壽院・養壽院与列席仕候間、此段御断○奉申上候、以上

元治元子年
四月

本興寺役者
堯運院印
本壽院印
養壽院印

寺社
御奉行所

前書之通相違無御座候付奥印仕候

本興寺印

奉願上口上書

寺町月番へハ切紙ニ
此通相認差出也

一、拙僧義就法用来ル五月朔日発足ニ而、加州大聖寺・本光寺江罷越、来六月中旬迄逗留仕度、此段奉願上候、右願之通被為仰付被下候ハ、忝可奉存候、以上

元治元子年
四月

本興寺印

寺社
御奉行所

右之通相違無御座候ニ付奥印仕候、以上

寺町月番
栖賢寺印
長遠寺同

奉窺口上覚

一、当寺境内方丈西裏手囲之内江土蔵新建仕度段、拾壱箇年以前嘉永七寅年五月廿七日奉願上候所、御聞済被成下、右普請御限月ニ至候へ共未成就不仕候付、別紙之通大坂御番所江御断ニ罷出申度候間、右御伺奉申上候、以上

元治元子年
五月廿七日

本興寺役者
堯運院印
本壽院同
養壽院印

寺社
御奉行所

乍恐口上覚

此通二通、但し壱通印形押候通より無印也
一、当寺境内方丈西裏手囲之内江土蔵新建仕度段、拾壱
年以前嘉永七寅年五月廿七日奉願上候処、御聞済被成
下候、然ル処右普請御限月ニ至候へ共、未成就不仕候
付、乍恐此段御断奉申上候、以上

元治元子年
五月廿七日 晦日

松平遠江守殿領分 兵庫頭
播州河辺郡尼ヶ崎
寺町本興寺役者
堯運院

寺社
御奉行所

御届申上口上覚

一、当寺境内方丈西裏手囲之内土蔵新建仕度段、拾壱箇
年以前嘉永七寅年五月廿七日奉願上候処、御聞済被成
下候、然ル所右普請御限月ニ至候へ共、未成就不仕候
付、別紙之通御番所へ御断ニ罷出申度奉存候間、此段
御届奉申上候、以上

元治元子年
五月晦日

本興寺役者
堯運院同

御蔵屋敷
御役所

御届申上口上覚

一、当寺境内方丈西裏手囲之内江土蔵新建仕度段、拾壱
箇年以前嘉永七寅年五月廿七日奉願上候処、御聞済被
成下候、右普請御限月ニ至候へ共、未成就不仕候付、
御番所へ御断ニ罷出申候所、御聞届ニ相成、猶又来丑
年五月中ニ御断可奉申上旨被仰付候ニ付、帰寺仕候
間、此段御届奉申上候、以上

本興寺役者
堯運院同

御蔵屋敷
御役所

御届申上口上覚

一、当寺境内方丈西裏手囲之内江土蔵新建仕度段、拾壱箇年以前嘉永七寅年五月廿七日奉願上候処、御聞済被成下候○然ル処右普請御限月ニ至候へ共、未成就不仕候付、大坂御番所へ御断ニ罷出候所、御聞届ニ相成、猶又来丑年五月中ニ御断可奉申上旨被仰付候ニ付帰寺仕候間、此段御届奉申上候、以上

本興寺役者
堯運院同
本壽院同
養壽院同

寺社
御奉行所

御届申上口上覚

一、拙僧義就法用去ル五月朔日発足ニ而加州大聖寺本光寺迄罷越用事相済、昨《サク》十五日夕帰寺仕候間、此段御届奉申上候、以上

元治元子年
六月十六日
本興寺印

寺社
御奉行所

前書之通相違無御座候ニ付奥印仕候

寺町月番
専念寺
善通寺

奉願上口上覚

一、当寺塔頭本教院就無住大坂大満藤井寺隠居泰肇与申僧後住ニ仕度奉願上候、右願之通被為仰付被下候ハヽ、難有可奉存候、以上

元治元子年
六月十六日

本興寺役者
堯運院印
本壽院同
養壽院同

寺社
御奉行所

前書之通相違無御座候ニ付奥印仕候

本興寺印

廿日夕、右聞済之趣寺社より案内有之、廿一日五ッ時堯院と教院を携寺社へ行、其節左之由緒書持参スル事

奉差上由緒之事

一、拙僧義本国生国越之前州鯖江小野運右衛門忰鉄之丞与申候、同国福井郡本寺弟子ニ相成九才ニ而剃髪仕僧名泰肇与相改、去ル天保五甲午年城州伏見隆閑寺檀林江罷出修学仕候而、摂州大坂藤井寺江寺務罷有候処、今般当寺塔頭本教院就無住先達従役者拙僧義後住ニ仕度旨御願申上候処、願之通被仰付難有奉存候、兼而被仰付候御制法之趣聊も無相違急度相守、邪法受用仕間敷候、為後日由緒一札如件

元治元甲子年
六月

本興寺塔頭
本教院
泰肇印

寺社
御奉行所

前書之通聊も相違無御座候、兼而被仰付候御制法之趣急度相守、邪法受用不仕候様申付候、為後証奥書印形差上申候処仍而如件

本興寺役者
堯運院印
本壽院同
養壽院同

奉願口上覚

○九月下旬迄ト張紙ニ而書直し
一、当寺塔頭堯運院義就法用来ル廿三日発足仕、越前府中久成寺江罷越度、尤当九月上旬迄逗留仕度奉願上候、右願之通被為仰付被下候ハ、、難有可奉存候、以上

元治元子年
六月廿一日　　　　本興寺役者
　　　　　　　　　　本壽院
　　　　　　　　　　養壽院
寺社
御奉行所
前書之通相違無御座候ニ付奥印仕候
　　　　　　　　　　本興寺

一、当寺庫裏建修覆幷屋根葺替仕度段、四拾五ヶ年以前
文政三辰年六月十三日奉願上候所
一、焼失之箇所再達仕度段、四拾三ヶ年以前文政五午年
六月十八日奉願上候処
右両通共〆拾通共如例相認出し、但し養へ印ニ而同六
月廿七日本壽院上京届如例出し、尤七月上旬中逗留之
向也、庫主養也

御届申上口上覚

一、当寺塔頭恵運院義明廿三日発足ニ而京都本能寺江当
節為見舞罷越度、尤当月下旬中逗留仕度此段御届奉申
上候、以上
子七月廿二日　　　　本興寺役者
　　　　　　　　　　本壽院印
　　　　　　　　　　養壽院同
寺社
御奉行所
——
　　　　　　　　　　本興寺同

御届申上口上覚

一、当寺塔頭恵運院義去ル廿三日発足ニ而京都本能寺江
罷越候処、昨廿五日帰寺仕候間、此段御届奉申上候、
以上
七月廿六日　　　　——
　　　　　　　　　——印
　　　　　　　　　——同
寺社
御奉行所
——
　　　　　　　　　　本興寺同

御届申上口上覚

一、当寺塔頭養壽院義就要用明二日発足京都本能寺江罷越度、尤当月中旬中逗留仕度、此段御届奉申上候、以上

子八月朔日

本興寺
本壽院印

寺社
御奉行所

本興寺㊞（手書）

養壽院義就要用ニ付、去ル二日発足京都本能寺迄罷越候処、要用相済昨九日帰寺仕候間、此段御届奉申上候、以上

子八月十日

本壽院

御奉行所

本興寺

同人村送り後ニ記し
奉願口上覚

一、摂州大坂上福嶋村一向宗本遇寺檀那同国小浜町大和屋利右衛門借家西村屋源次郎弟

当子三拾三才源次郎事改名
熊吉

右之者当寺塔頭本壽院檀那ニ仕、当寺門守ニ召抱度奉存候、尤此者義ニ付如向様之六ヶ敷義出来仕候共、御上様江御苦労相懸申間敷候、則先方寺送り幷人別送り取置申候、右願之通御聞済被成下候者難有可奉存候、以上

元治元子年
八月晦日

本興寺役者
本壽院
養壽院

寺社
御奉行所

右之通相違無御座候ニ付奥印仕候、以上

本興寺

御届申上口上覚

一、北国筋末寺中江節々要用御座候ニ付、下向仕候処、前以印鑑差出置通行可仕旨御触之表承知仕、先般西江州天之熊御関所江印鑑持参仕候処、直ニ受取難申、江戸表江可差出義ニ御座候得共《ゑども》 大坂御番所江差出候而茂可然旨被申聞候ニ付、今般東江州柳ヶ瀬御関所幷西江州天之熊御関所江別紙之通印鑑差出申度奉存候ニ付、今日大坂御番所江持参仕度奉存候間、此段御届奉申上候、以上

子九月朔日　　本興寺役者
　　本壽院印
　　養壽院同

寺社
御奉行所

前書之通り相違無御座候ニ付奥印仕候、以上
　　本興寺印

御届申上口上覚

一、当寺塔頭本壽院義就要用今朔日発足大坂末寺幷河内末寺江罷越度、尤上旬中逗留仕度、此段御届奉申上候、以上

子九月朔日　　本興寺役者
　　養壽院

寺社
御奉行所

前書之通相違無御座候ニ付奥印仕候
　　本興寺

（割印）通行
印鑑持行

御届申上口上覚

一、当寺塔頭本壽院去る朔日発足ニ而大坂幷河内末寺中江罷越候処、今三日帰寺仕候間、此段御届奉申上候、以上

子九月三日　　本興寺役者
　　養壽院印

寺社
御奉行所
前書之通相違無御座候ニ付奥印仕候
本興寺印

御届申上口上覚
一、当寺塔頭本教院義就要用今十二日発足ニ而河内末寺
中江罷越度、尤四五日逗留仕度、此段御届奉申上候、
以上
子九月十二日
本興寺役者
本壽院印
養壽院同
寺社
御奉行所
右之通相違無御座候付奥印仕候
本興寺印
此通り壱通当所寺社へ写差出し
乍恐口上
一、当寺末寺義北国筋幷江州辺ニ多分有之ニ付而者節々
要用にて往来仕来候、然る処右通行仕候節ハ前以印鑑
差上置、御関所御改奉請候様御触出之趣奉畏候、然る
処今般東江州柳ヶ瀬御関所幷西江州天之熊御関所江別
紙奉差上置度奉存候ニ付、乍恐此段御届奉申上候、何
卒御聞済被為成下候ハヽ、難有奉存候、以上
松平遠江（忠興）守殿領分
摂州河辺郡尼崎
寺町
本興寺
役者
本壽院
元治元子年
九月二日
御奉行所

御届申上口上覚
一、当月朔日御届申上、同二日別紙之通大坂御番所江願
出申候処、御触之写持参可仕旨被仰聞、右之願書御
下ニ相成申候間、今日別紙御触出し写持参ニ而大坂御
番所江罷出度奉存候ニ付、此段御届奉申上候、以上
元治元子年
九月十四日
本興寺役者
本壽院印

寺社
御奉行所

右之通相違無御座候ニ付奥印仕候

養壽院印

本興寺

御触之写　弐通相認壱通当寺社へ出し

今度　御上洛被仰出候ニ付而者御両寺中御取締向一
際厳重ニ可致、就而者来る十五日より諸国御関所幷江
戸出口宿々番所ニおゐて出入相改、主人幷地頭之書附
持参不致者ハ不通筈ニ候間、万石以上之面々者勿論、
以下ニ而も兼而印鑑〇通筋　御関所等へ相廻し置家来往来
之度ニ月日・人数等委細ニ認候調印之書附可被相渡
候、若脇道・間道相越又者押而相通候ハヽ、召捕、手向
致候ハ者切捨ニいたし候筈ニ候
一、御代官領主地頭附属ニ無之土地之寺社家来等、其寺
社印鑑兼而　御関所等へ廻し置、内様可改可致候

亥十二月

右之通大坂三郷町中へ御触有之候間、於寺社家而茂其
旨御心得承知致、印形御差出可有之候、以上

丸子善左衛門
平林栄治
寺町
連名

去る八月尼ヶ崎大物町番惣代儀三郎より来る
御触之写

還御被遊候得共、先達而相達候諸国御関所幷江戸出口
宿々其外番所等ニおゐて印鑑を以改受候儀、追而相達
候迄ハ都而御留主中之通可被相心得候
右之通相触知候間、可被得其意候

五月

大隅御印

此処常例之御文面故略之

御届申上口上覚

一、一昨十四日御届申上、江戸御関所江当寺印鑑差上置

度段願出度奉存候ニ付、小橋屋長兵衛江遂示談候処、
不行届之儀御座候ニ付、御番所江罷出不申帰寺仕候
間、此段御届奉申上候、以上

子九月十六日

本興寺役者
本壽院
養壽院

寺社
御奉行所

右之通相違無御座候ニ付奥印仕候

本興寺

御届申上口上覚

一、当寺塔頭本教院義去る十二日発足ニ而河内末寺中江
罷越候処、於彼寺要用手間取仕候ニ付、四五日帰寺延
引仕候段申越候ニ付、此段御届奉申上候、以上

子九月十六日

本興寺役者
本壽院
養壽院

寺社
御奉行所

右之通相違無御座候付奥印仕候、以上

本興寺

御届申上口上覚

一、当寺塔頭本教院義去る十二日発足ニ而河内末寺中江
罷越候処、於彼地要用手間取仕、帰寺之義四五日延引
仕候段申越候ニ付、此段昨十六日御届申上候処、彼地
要用相済今日帰寺仕候間、此段御届奉申上候、以上

子九月十七日

本興寺役者
本壽院
養壽院

寺社
御奉行所

前書之通相違無御座候ニ付奥印仕候

本興寺

今月十五日先年久保田本法寺一条懸り役

当山本教院席自厚院之口上

京都
本能寺役者
本行院
附添
慈眼院
尼崎
本興寺役者
堯運院
附添
本教院

右之通り天保十二丑年七月相認、大坂御番所江差出申候処、御与力衆様より被申聞候ニ者、本興寺義役者与認候義相成不申、役僧与相認可申与被仰聞候

答本教院言上候ハ毎年末出来御届申上候ニ役僧与相認差上置申候間御操被下度

御与力衆より被申聞候ニハ以前より之届出操ニ不及可見之与而被差出候書ハ　本法寺住秀典退院届之書也、如仰役僧与相認差上置有之也、是ハ本成院席玉泉坊罷出差上《さしあけ》候、是全玉泉坊之失也ト於其席同道一乗院ト申合居候処、御与力衆様より被申聞候ニハ是席引取不申、此処ニ而張紙いたし役僧与可ㇾ書認、替ニハ不及与也

答無是非張紙ニ而於其席役僧与相認差上候而帰宿

其後刻京山役者与遂示談候処、役者之号不立時者心外之至ト互ニ申合　是非役僧与相認差上候書ハ御差戻被下度段願出度ニ付、大坂宿より以飛札別使○を以堯運院幷清太郎両人早速御出坂被成度旨差越候処、即刻出坂互ニ遂示談候処、幸当山筆者小山清太郎ハ姉義大坂同心衆へ縁付有之ニ付、其節之寺社方御与力様磯谷・片山・中西・西田此四人様へ願出、尤堯運院・本教院茂右御役人中江願越候ニ付、進物ハ少し致入用候得共、早速御聞届有之候

御与力衆より御呼出之上被申聞候ニハ、役僧与認候差戻し候間、以来役者与認差出可申与被仰聞候

依之右役僧与認候願書御差戻し被下候間、難有存持帰る

京都
本能寺
役者
本行院
附添
慈眼院

尼ヶ崎
本興寺
役者
堯運院
附添
本教院

右之通相認差出候処、早速ニ御聞届ニ相成、役者之号相立候旨ニ御座候也

以上、本教院席
自厚院之口上聞取扣之

右願立之旨意ハ天保十二丑年之願書帳ニ有之なり、依之前顕次第役者中相心得置、後日ニ至万一大坂御番所ニおゐて役僧与相認可申様被仰付候共、是非役者与相認可申事

御届申上口上覚

一、相本寺京都本能寺同役者高俊院就要用昨十七日夕下向被申候、且又大坂河内末寺五六ヶ寺罷越可申候、右当寺塔頭養壽院ニ而四五日逗留仕候間、此段御届奉申上候、以上

子九月十八日

本興寺役者
本壽院
養壽院

寺社
御奉行所

前書之通相違無御座候ニ付奥印仕候

本興寺

印鑑御関所江廻し置通行之事

一、当月朔日より種々心配之処委細者前顕之如し、然る処今十八日寺社役所より印鑑五枚差出し可申由被申越候ニ付、早速相認寺社方へ持行

一、今十八日当御領主より江戸御蔵屋敷江幸便有之候ニ

付、右当寺印鑑江戸御留主居へ当御役方より御頼越ニ相成也

一、江戸御蔵屋敷御留主居より道中御奉行へ当寺印鑑御渡ニ相成、道中奉行より柳ヶ瀬・天之熊御関所江御差出ニ相成る事、尚又外ニ三枚ハ北国筋ニ外余分ニ御関所有之候ハヽ、差出可申積与差出申用意也被仰聞也
（其後残り三枚之印紙江戸より戻て、何之関所江差出可申与相記し候上差出候ハヽ、何時ニ而も可応其意ト申事、弐枚ハ天之熊ト柳ヶ瀬へ御届被下候事）

御届申上口上覚

一、去る十八日御届申上、京都本能寺同役者高俊院幷大坂河内末寺罷越、当寺塔頭養壽院ニ而逗留仕候処、要用相済昨十九日引《ヒキ》取申候間、此段御届奉申上候、以上

子九月廿日

本興寺役者
本壽院
養壽院

寺社
御奉行

前書之通り相違無御座候ニ付奥印仕候

本興寺

子十月四日ニ御会式、十二日逮夜仕事届如案文帳差出置

御届申上口上覚

一、当寺塔頭堯運院義去る六月廿一日奉願上、同廿三日発足ニ而越前府中久成寺江罷越、尤去九月上旬（下旬と直し）迄逗留仕度之処、無拠要用出来仕候而帰寺之義延引ニ相成、昨三日帰寺仕候間、此段御届奉申上候、以上

子十月四日

本興寺役者
本壽院
養壽院

寺社
御奉行所

前書之通相違無御座候ニ付奥印仕候

本興寺

奉願上口上覚

一、来る十二日宗祖大士逮夜法事執行仕候ニ付、十二日夜中日雇辻御門出入仕候様奉願上候、以上

子十月六日

本興寺役者
堯運院
養壽院
本壽院

寺社
御奉行所

前書之通相違無御座候ニ付奥印仕候、以上

本興寺

御窺申上口上覚

一、当寺末寺宮町眞如庵普請限月ニ相成候へ共、未出来不仕候付、別紙之通○大坂御番所江御断ニ罷出申度奉存候、此段御伺奉申上候、以上

元治元子年
十一月

本興寺役者
堯運院
本壽院
養壽院

寺社
御奉行所

御届申上口上覚

一、当時末寺宮町眞如庵普請限月ニ相成候得共、未出来不仕候ニ付、別紙之通今日御番所江御断ニ罷出申候間、此段御届奉申上候、以上

本興寺役者
堯運院

御蔵屋敷
御役所

乍恐口上

此通三通
一、当寺末寺宮町眞如庵再建仕度○段五拾ヶ年以前文化十

二亥年十一月十一日奉願上候処、御聞済被成下候、然
る処右普請御限月ニ相成候へ共、未出来不仕候付、此
段乍恐御断奉申上候、以上

元治元子年
十一月
松平遠江守殿領分
摂州河辺郡尼崎寺町
本興寺役者
堯運院

御奉行所

御届申上口上覚

一、当寺末寺宮町眞如庵普請限月ニ相成候へ共、未出来
不仕候ニ付、為御断御番所江罷出候処、尚又来丑年十
一月中ニ御断可奉申上旨被仰付候、依之引取申候間、
此段御届奉申上候、以上

元治元子年
十一月
本興寺役者
堯運院

御蔵屋敷
御役所

御届申上口上覚

一、当寺末寺宮町眞如庵普請限月ニ相成候へ共、未出来
不仕候ニ付、為御断大坂御番所へ罷出候処、尚又来丑
年十一月中ニ御断可奉申上旨被仰付候、依之帰寺仕候
間、此段御届奉申上候、以上

元治元子年
十一月
本興寺役者
堯運院印
本壽院同
養壽院同

寺社
御奉行所

奉願上口上覚

一、当寺塔頭堯運院義就要用来る廿七日発足ニ而越前府
中久成寺江罷越度、尤来丑年二月中逗留仕度奉願上
候、右願之通被仰付被下候ハヽ、難有可奉存候、以上

元治元子年
十一月廿五日
本興寺役者
本壽院

養壽院

寺社
御奉行所

前書之通相違無御座候ニ付奥印仕候

本興寺

御届申上口上覚

一、当寺塔頭本壽院義就法用今十二日発足ニ而京都本能寺江罷越度、尤当月廿日比迄逗留仕候間、此段御届奉申上候、以上

丑正月十二日

本興寺役者
養壽院

寺社
御奉行所

前書之通相違無御座候ニ付奥印仕候

本興寺

御届申上口上覚

一、当寺塔頭本壽院義就法用去る十二日発足ニ而京都本能寺へ罷越候処、法用相済昨十七日帰寺仕候間、此段御届奉申上候、以上

丑正月十八日

本興寺役者
養壽院

寺社
御奉行所

前書之通相違無御座候ニ付奥印仕候

本興寺

奉願口上書

当寺塔頭本成院泰禮義此度勝手ニ付、同塔頭一乗院就無住、右同院江転住為仕度奉願上候、何卒右願之通被為仰付被下候ハ、、難有可奉存候、以上

元治弐丑年
二月七日

本興寺役者
本壽院
養壽院

寺社
御奉行所

前書之通無（相違脱カ）御座候ニ付奥印仕候

本興寺

奉差上一札之事

一、拙僧義生国由緒之義者一昨亥年十月当寺塔頭本成院江入坊仕候節、奉書上候通相違無御座候、然る処此度勝手ニ付同塔頭一乗院江転住仕度段、先達而役者より奉願上候処、願之通被為仰付難有奉存候、然る上者兼而被為仰付候御制法之趣急度相守、邪法受用仕間敷候、尚又拙僧本成院在住中檀方宗門疑ヶ敷義一切無御座候、若如何敷与申族御座候ハヽ、何時ニ而茂御召返し出之上、御吟味可被為　仰付候、為後日一札○奉差上候処仍而如件

元治弐丑年
二月

本興寺塔頭
一乗院
泰禮印

寺社
御奉行所

前書之通聊茂相違無御座、御制法之趣急度為相守、邪法受用為仕間敷候、以上

本興寺印

奉願上口上覚

一、当寺塔頭本敎院義今般役者ニ仕度奉願上候、右願之通被為仰付被下候ハヽ、難有可奉存候、以上

元治弐丑年
二月七日

本興寺役者
本壽院
養壽院

寺社
御奉行所

前書之通相違無御座候付奥印仕候

本興寺

奉願上口上覚

一、当寺塔頭本敎院義役者ニ奉願上候ニ付、御城内三方御門通路之義被為仰付被下候ハヽ、難有奉存候、以上

元治弐丑年
二月七日

本興寺役者
右同断

寺社
御奉行所
奥書右同断

奉願上口上覚
一、当寺塔頭本成院○幷實成院就無住所々宗門御改印形之義、塔頭本教院○右両院為仕度奉願上候江代判御願申上度奉存候、右願之通被為仰付被下候ハヽ、難有奉存候、以上

丑二月　　本興寺役者
右同断

寺社
御奉行所
奥書同断

一、当寺末寺灘目小路村要玄寺就無住――恵運院へ代判
――願書文面右仝断

一、当寺塔頭

奉願上口上覚
一、来ル廿四日・廿五日如例年当寺開山会法事執行仕度、随而廿四日夜中日雇辻御門出入仕候様奉願上候、以上

丑二月　　本興寺役者
右同断

寺社
御奉行所
奥印右同断

乍恐口上
一、当寺境内表南通東西幷西側南北幷裏手掛塀浴室前、右箇所建修覆仕度段、十八ヶ年以前嘉永元申二月十一日奉願上候処、御見分之上、右願之通御聞済被成下難有奉存候、然ル所其後追々修覆ニ取掛罷在候へ共、未成就不仕候内《ウチ》当月御限月ニ相成候ニ付、此段御断奉申上候、以上

元治弐丑年
二月十一日　　松平遠江守殿領分
摂州河辺郡尼ヶ崎寺町
本興寺役者
本壽院

御奉行所

一、右三通幷寺社出帰・蔵屋敷出帰〆七通如例

奉願上口上覚

一、当寺塔頭堯運院義就要用去る子年十一月廿七日発足ニ而越前府中久成寺へ罷越、当丑年二月中逗留仕度段、去る子十一月廿五日奉願上候処、願之通御聞済被成下難有奉存候、然る処彼地ニ而病気之取合帰寺延引之段申来候、依之明五日当寺山内幷所化宗門御改ニ付欠席之義奉願上候、右願之通被為仰付被下候ハヽ、難有可奉存候、以上

元治二丑年
三月四日

本興寺役者
本壽院
養壽院
本教院

寺社
御奉行所

前書之通――

本興寺印

（全文抹消）「奉願上口上覚

一、明五日当寺山内幷所化宗門御改ニ付、塔中一統落印候儀奉願上候、右願之通被為仰付被下候ハヽ、難有可奉存候、以上

丑三月四日

右同断

御奉行所

――右同断」

右者宗門方御奉行九日より御出郷故、八日迄なし、尤例ニ者不相成也、三四日より御出郷なれバ入用也、猶又御領分丈之事、天領者別也」不可混者也

人別送一札

一、当町内大和屋利右衛門借家西村屋源三郎方弟源次郎与申当巳廿六才ニ相成候者、此度其御町内木挽屋治兵衛方江養子ニ差遣候趣申出候付、人別送り遣し申候、

依之自今当町内人別帳面相除キ可申候間、向後其御町
内人別御帳面江御書加可被成候、尤右源次郎義於丁内
諸掛合等一切無御座候、宗旨之儀者代々東本願寺門徒
ニ而難波御堂旦那ニ紛無之、則寺請状別紙ニ取添遣し
申候、為後日人別送り一札、依而如件

安政四巳年
二月

大坂
小浜町
丁役人印

松平遠江守様御領分
摂州尼ヶ崎宮町
御役人中

右者門守熊吉人別也
先年巳年東町広嶋や吉兵衛方江右之送証を以同居ニ入れ
置也、寺送り者一乗院へ可有之、右之村送之本紙本人へ
渡し置也、今子年寺社方より門守人別加入可有之旨申聞
候故、役者中より願書差出人別へ入る、尤一乗院無住中
兼帯本壽院檀那ニ而願出し聞済、翌丑年より山内人別帳
面へ加入スル也

口上覚

一、来る四月朔日より十日迄、例年之通当寺常千部経致
修行候間、此段御届申上候、以上

元治弐年
三月

本興寺役者
本壽院
養壽院

寺社
御奉行所

前書之通相違無御座候付奥印仕候

本興寺

御届申上口上覚

一、今朔日より当寺常千部経修行ニ付、衆僧人少ニ付当
寺末寺城刕伏見隆閑寺学林大衆弐拾僧出座相憑候処、
今日着仕候ニ付、右千部中当寺塔頭本成院ニ而為致寄
宿度奉存候間、此段御届奉申上候、以上

丑四月朔日

本興寺役者
本壽院
養壽院

本教院

寺社
御奉行所

本興寺印

差上申一札之事

一、淡州郡家浦直吉船　六反帆一艘
一、同　同　長五郎船　六反帆一艘
一、　伝右衛門船　八反帆一艘

右者例文ニ而

元治二丑
四月

本興寺塔頭
本壽院

安孫子七郎大夫様

一、高州御番所江も右之通前文ニ而

御届申上口上覚

一、要用ニ付○京都本能寺同役者長遠院・蓮承院同伴僧三人・家来両人召連、今三日下向被申候ニ付、塔頭養壽院ニ而四五日逗留仕候間、此段御届奉申上候、以上

元治弐丑年
四月三日

本興寺役者
本壽院
養壽院
本教院

寺社
御奉行所

前書之通り相違無御座候付奥印仕候

本興寺

御届申上口上覚

一、去る三日御届申上京都本能寺同役者長遠院・蓮承院同伴僧三人・家来両人召連、塔頭養壽院ニ而逗留仕候処、要用相済今六日被引取中候間、此段御届奉申上候、以上

元治弐丑年
四月六日　　本興寺役者
　　　　　　三院右同断

寺社
御奉行所

前書之通相違無御座候ニ付奥印仕候
　　　　　　本興寺

御届申上口上覚

一、去る朔日御届申上伏見隆閑寺檀林大衆弐拾僧、当寺塔頭本成院ニ而致止宿候処、今六日引取申候間、此段御届奉申上候、以上

丑四月六日　　本興寺役者
　　　　　　右同断

寺社
御奉行所

前書之通り相違無――　　本興寺印

御届申上口上覚

一、去る四月晦日御届申上当寺塔頭本壽院義京都本能寺江罷越候処、要用相重り四五日帰寺延引仕候段申来候ニ付、此段御届奉申上候、以上

丑五月六日　　本興寺役者
　　　　　　養壽院
　　　　　　本教院

寺社
御奉行所

右之通相違無御座候、以上　　本興寺
　　　　　　無住ニ付無印

御届申上口上覚

一、当寺塔頭本壽院義就要用ニ付、去ル四月晦日発足ニ而京都本能寺江罷趣候処、要用相済、今日帰寺仕候間、此段御届奉申上候、以上

丑五月十一日　　本興寺役者
　　　　　　養壽院
　　　　　　本教院

寺社
御奉行所

前書之通相違無御座候、以上

本興寺
無住ニ付無印

御窺申上口上覚

一、当寺境内方丈西裏手囲之内江土蔵新建仕度段、十二ヶ年以前嘉永七寅年五月廿七日奉願上候処、御聞済被成下候、右普請御限月ニ至候へ共、未成就不仕候付、別紙之通大坂御番所江御断ニ罷出度候間、右御伺奉申上候、以上

慶応元丑年
五月
本興寺役者
本壽院
養壽院
本教院

寺社
御奉行所

乍恐口上覚

此通三通認

一、当寺境内方丈西裏手囲之内江土蔵新建仕度段、十二ヶ年以前嘉永七寅年五月廿七日奉願上候所、御聞済被成下候、右普請御限月ニ至候へ共、未成就不仕候付、乍恐此段御断奉申上候、以上

慶応元丑年
五月
松平遠江守殿領分
摂州河辺郡尼崎寺町
本興寺役者
本壽院

御奉行所

御届申上口上覚

一、当寺境内方丈西裏手囲之内江土蔵新建仕度段、十二ヶ年以前嘉永七寅年五月廿七日奉願上候所、御聞済被成下候、右普請御限月ニ至候へ共、未成就不仕候付、別紙之通御番所江御断罷出申度奉存候間、此段御届奉申上候、以上

慶応元丑年
五月
本興寺役者
本壽院

御蔵屋敷
御役所

御届申上口上覚

一、当寺境内方丈西裏手囲之内江土蔵新建仕度段、十二ヶ年以前嘉永七寅年五月廿七日奉願上候所、御聞済被成下候、右普請御限月ニ至候へ共、未成就不仕候付、御番所江御断ニ罷出候所、尚又来寅年五月中ニ御断可奉申上旨被仰付帰寺仕候間、此段御届奉申上候、以上

年号月日

本興寺役者
本壽院

御蔵屋鋪
御役所

御届申上口上覚

一、当寺境内方丈西裏手囲之内江土蔵新建仕度段、十二ヶ年以前嘉永七寅年五月廿七日奉願上候処、御聞済被成下候、右普請御限月ニ至候へ共、未成就不仕候付、大坂御番所江御断罷出候所、御聞届ニ相成、尚又来寅年五月中ニ御断可奉申上旨被仰付候付帰寺仕候間、此段御届奉申上候、以上

年号月日

本興寺役者
本壽院
養壽院
本教院

寺社
御奉行所

一、庫裏建四拾六ヶ年以前文政三辰年
一、焼失之箇所四十四ヶ年以前文政五午年
右両様とも丑六月一同ニ差出之、案文先規ニ有之事

奉願上口上覚

一、当寺塔頭本成院無住ニ付、摂州蒲田村大願寺弟子秀山与申僧、後住ニ仕度奉願上候、右願之通被為仰付被下候ハヽ、難有可奉存候、以上

慶応元丑年
閏五月四日

本興寺役者
本壽院

寺社
御奉行所
右之通相違無御座候、以上
養壽院
本教院
本興寺
無住ニ付無印

奉差上由緒之事

一、拙僧義本国生国淡刕郡家多賀村溝之上岸蔵忰実蔵与申候、同国同所妙京寺塔頭宮坊弟子ニ相成、八才ニ而剃髪仕、僧名秀山与相改候後、摂州蒲田大願寺弟子ニ相成、去安政六未年城刕伏見隆閑寺檀林へ罷出修学仕居候処、今般当寺塔頭本成院就無住、先達役者より拙僧義後住ニ仕度旨奉願上候処、願之通被為仰付難有奉存候、兼而被仰付候御制法之趣聊茂無相違急度相守、邪法受用仕間敷候、為後日由緒一札如件

慶応元丑年
閏五月
本興寺塔頭
本成院
秀山印

寺社
御奉行所
右之通聊茂相違無御座候、兼而被仰付　御制法之趣急度相守、邪法受用仕間敷候様申付候、為後証奥書印形差上申候処、仍而如件
本興寺役者
本壽院
養壽院
本教院

御届申上滞水之覚

一、当寺塔頭堯運院床より上壱尺四寸滞水
一、同塔頭本教院同断壱尺三寸滞水
一、同学室同断弐尺六寸五部（分）滞水
一、同納骨堂同断九寸滞水
一、同《おなじく》土蔵四箇所滞水弐ヶ所ハ一尺壱寸
弐ヶ所ハ八寸
一、余者床より上江水越不申候

右者去ル閏五月廿九日之洪水ニ付、滞水之丈書上申処
相違無御座候、以上

丑六月八日

本興寺役者
本壽院
養壽院

寺社
御奉行所

右之通り相違無御座候、以上

本興寺
無住ニ付無印

奉願上口上覚

一、此節辰巳之渡通行仕候儀御差留ニ相成候ニ付、佃
村・野里村ニ当寺塔頭之檀那家御座候ニ付、節々法用
ニ可罷出候ニ付、何卒当寺幷塔頭中辰巳之渡通行仕候
様被為仰付被下度奉願上候、右願之通被為仰付被下候
ハ、難有可奉願（ママ）上候、以上

慶応元丑年
六月十三日

本興寺役者
本壽院印
養壽院同

寺社
御奉行所

右之通相違無御座候、以上

本興寺

御届申上口上覚

一、当寺塔頭堯運院義就要用去ル子年十一月廿七日発足
越前府中久成寺江罷越、当丑二月中ニ帰寺可仕候処、
彼地ニ而病気ニ取合帰寺延引之段、去ル当丑三月四日
奉願上候処、御聞済被成下難有奉存候、然る処昨廿日
帰寺仕候間、此段御届奉申上候、以上

慶応元丑年
丑七月廿一日

本興寺役者
本壽院印
養壽院同

寺社
御奉行所

前書之通相違無御座候、以上

本興寺無住ニ付無印

奉願上口上覚

一、当寺塔頭堯運院泰能義病身ニ付寺役法用難相勤候間、為致隠居度奉願上候、右願之通り被為仰付被下候ハヽ、難有可奉存候、以上

慶応元丑年
七月廿五日

本興寺役者
本壽院
養壽院

寺社
御奉行所

前書之通相違無御座候、以上

本興寺無住ニ付無印

奉差上出寺証文之事

一、拙僧義病身ニ付寺役難相勤御座候ニ付、今般隠居仕度段役者より奉願上候処、願之通被　為仰付難有奉存候、依之越前府中久成寺江引取養生仕居申候、尤拙僧在院中宗門疑ヶ敷義一切無御座候、若又如何敷ト申族御座候者何時ニ而茂御召返し御吟味之上急度申披可仕候、為後日仍而如件

慶応元丑年
七月廿七日
○日附なしニてよし

本興寺塔頭
堯運院
泰能印

寺社
御奉行所

前書之通り相違無御座候ニ付奥印仕候

本興寺役者
本壽院印
養壽院同

御届申上口上覚

一、拙僧義就法用今廿七日発足河内三井村本厳寺江罷越候、尤当月中旬迄逗留仕度奉存候ニ付、此段御届奉申上候、以上

丑八月廿七日

本興寺印

寺社
御奉行所

前書之通相違無御座候以上ニ付奥印仕候

本興寺役者
本壽院
養壽院

御届申上口上覚

一、当寺方丈日勤義去ル八月廿七日発足河内本厳寺江罷越候ニ付、当月中旬迄逗留仕度段御届奉申上候処、彼地ニ而法用手間取申候故、帰寺延引之段申来候ニ付、此段御断奉申上候、以上

丑九月十二日

興（ママ）役者
本壽院印
養壽院同

寺社
御奉行所

前書之通り相違無御座候ニ付奥印仕候

本興寺印

御届申上口上覚

一、拙僧儀去ル八月廿七日発足ニ而、河内本厳寺江罷越候、要用《ヨウ》相済今廿一日帰寺仕候間、此段御届奉申上候、以上

丑九月

本興寺印

寺社
御奉行所

前書之通相違無御座候ニ付奥印仕候

本興寺役者
本壽院印
養壽院同

奉願口上書

一、当寺塔頭惠運院睿彦義此度勝手ニ付同塔頭堯運院就無住、右同院江転住為仕度奉願上候、何卒右願之通被為仰付被下候ハヽ、難有可奉存候、以上

慶応元丑年
九月廿二日

本興寺役者
本壽院印
養壽院同

寺社
御奉行所

右之通相違無御座候付奥印仕候

本興寺印

奉差上一札之事

一、拙僧義生国由緒之義者一昨亥年三月当寺塔頭恵運院江入坊仕候節、奉書上候通相違無御座候、然候処此度勝手ニ付、同塔頭堯運院へ転住仕度段、先達而役者より奉願上候処、願之通被為仰付難有奉存候、然る上ハ兼而被為仰付候御制法之趣急度相守、邪法受用仕間敷候、尚又拙僧恵運院在住中檀方宗門疑ヶ敷義一切無御座候、右如何敷与申族御座候ハヽ、何時ニ而も御召出之上〇可被為仰付候、為後日一札奉差上候処、仍而如件

〇御吟味

慶応元丑年
九月廿日

本興寺塔頭
堯運院
睿彦印

寺社
御奉行所

前書之通聊茂相違無御座候、御制法之趣急度為相守、邪法受用為仕間敷候、以上

本興寺印

御届申上口上覚

一、拙僧幷塔頭本壽院同道ニ而、今十六日発足京都本能寺へ罷越度、尤要用相済次第来る廿五六日比帰寺可仕候、此段御届奉申上候、以上

（割印）
丑十月十六日

本興寺（手書）丸印

寺社
御奉行所

前書之通相違無御座候付奥印仕候

本興寺役者
本壽院印
養壽院同

御届申上口上覚

一、拙僧幷塔頭本壽院同道ニ而、去ル十六日京都本能寺

へ罷越候処、要用相済昨廿二日帰寺仕候間、此段御届
奉申上候、以上
丑十月廿三日
本興寺丸印
寺社
御奉行所
前書之通相違無御座候付奥印仕候
本興寺役者
本壽院
養壽院

奉願口上書
一、当寺塔頭本成院義就要用淡州郡家妙京寺塔頭宿坊江
罷越度、尤来る廿七日発足ニ而、来ル十一月中旬迄逗
留仕度奉願上候、右願之通り被為仰付被下候ハヽ、難有
可奉存候、以上
慶応元丑年
十月廿五日
本興寺役者
本壽院印
養壽院同
寺社
御奉行所
右之通相違無御座候付奥印仕候
本興寺印

解　題

第三巻には、大坂町奉行所・尼崎藩から尼崎城下寺町に所在する寺院に通達された御触書の書留と、本興寺を中心に、寺町所在寺院から大坂町奉行所・尼崎藩に願い出られた願書・届の書留を収録した。

近世の畿内・近国（摂津・河内・和泉・播磨・山城・大和・近江・丹波）では、京都町奉行・大坂町奉行等の幕府役人・役所が、大名・旗本等の所領に対して広域支配権を行使した。多様な権限で構成される広域支配は、畿内・近国における幕藩領主支配を特質付けるものである。この広域支配については一書にまとめられた研究に限っても、鎌田道隆『近世都市・京都』（角川書店、一九七六年）、村田路人『近世広域支配の研究』（大阪大学出版会、一九九五年）、岩城卓二『近世畿内・近国支配の構造』（柏書房、二〇〇六年）、大宮守友『近世の畿内と奈良奉行』（清文堂出版、二〇〇九年）、小倉宗『江戸幕府上方支配機構の研究』（塙書房、二〇一一年）、妻木宣嗣『近世の建築・法令・社会』（清文堂出版、二〇一三年）等々豊富であり、とりわけ近年は、高い関心が向けられている。なお、個別論文も合わせて、広域支配の研究史を理解するには、村田路人「近世畿内近国支配論を振返って―広域支配研究の軌跡―」（『歴史科学』一九二、二〇〇八年）がよい。

さて、広域支配権のあり方は時代によって異なるが、一八世紀の摂津国における広域支配について、史料からもっともよく明らかになるのは、大坂町奉行所のそれである。広域支配権は、領主違い裁判・河川治水や大工等諸身分の管轄等であり、寺社支配も重要な権限であった。それは、大坂町奉行所に寺社方が設けられていたことからも窺える。しかし、上方における寺社支配については、中世から近世への移行期、および近世初頭を除くと、研究蓄積は薄く、その研究の進展が待たれる。なお、幕府の寺社支配については、高野利彦『近世日本の国家権力と宗教』（東京大学出版会、一九八九年）、杣田善雄『幕藩権力と寺院・門跡』（思文閣出版、二〇〇三年）が参考になろう。

大坂町奉行所の寺社支配研究を進めるには、寺社史料の発掘が必要になるが、幸い本興寺文書には、この研究の進展に寄与するであろう史料が多く残されている。そのなかから、本巻には、宝暦十三年（一七六三）十月～明和六年（一七六九）十二月（文書番号一）、文政十一年（一八二八）七月～天保元年（一八三〇）十二月（二）、慶応二年（一八六六）九月～明治二年（一八六九）二月（三）の三冊の御触書留を収録した。他に一紙文書の御触書も残されているが、『大本山本興寺寺宝目録』に登録される数年間分を一冊にまとめた御触書留は、この三冊のみである。

さて、町奉行所による所領をこえた触の通達については、「近世の地域支配と触」（『歴史科学』五八七、一九九九年）をはじめ村田路人の一連の仕事があるが、主な対象は農村部であり、城下町、とくに寺町の寺院への通達については、ほとんど未解明といってよい。

本興寺の御触書留によると、城下町尼崎の寺町には、大別すると、①大坂町奉行、②尼崎藩の寺社奉行による二系統の通達回路のあったことが知られる。①は、江戸で発令された幕府触を大坂町奉行が通達するもの（a）と、大坂城代等から指示・許可を受けて通達するものがあった（b）。たとえば、一を例にすると、明和五年（一七六八）八月の明和五匁銀の引替に関わる幕府触は、「従江戸被仰下」とあることからa、明和元年十一月の朝鮮人来朝・帰国の国役に関わる触はbである。
②は江戸の幕府より所領への通達を指示された触（c）、尼崎藩独自の触（d）があった。明和元年（一七六四）七月の河内誉田八幡宮の勧化に関わる触はc、宝暦十三年（一七六三）の紙屋善左衛門を札元とする藩札通用の停止の触はdである。cは、「大御目附中様御廻状」・「従江戸表被仰下」等の文言が記載されていることが多い。一の時期には、郡代が寺社支配を兼ねることが続いたようで、cは兼帯する郡代、dは「寺社奉行」が通達主体となっていることが多いようである。なお、河内誉田八幡宮の勧化の触を通達する高木大弐は寺社支配を兼ねる郡代である。
大坂町奉行が大坂三郷の町々に通達した町触が通達されることも多い。宝暦十四年の朝鮮人との詩作・筆談に関わる町触は、これを通達された尼崎藩の大坂蔵屋敷から尼崎に報知され、藩の判断で所領にも通達された。大坂町触が藩の判断で通達されることは、尼崎藩では少なくなかった（岩城卓二「尼崎藩における大坂町触通達」、塚田孝編『近世大坂の法と社会』、清文堂出版、二〇〇七年）。

このように、発令主体・対象を一様ではない触が通達されることが畿内・近国の特質であり、御触書留からは、その実態を知ることができる。また、尼崎藩の寺社支配についても知られ、当地における寺社支配研究の進展に寄与しよう。新政府が発令した触も記載されている（三）。近世近代移行期における寺社支配の転換の一端も知られるであろう。

願書留は、宝暦九年（一七五九）から慶応元年（一八六五）までの六冊を収録した。

寺町の寺院数は時代によって異なるが、一八世紀以降は内二ヵ寺が月番として触の通達、寺町内寺院から藩への願・届の差し出しに関わった。さらに本興寺では、塔頭が交代で、本興寺から藩への願・届を担っている。

願書留には、僧侶の転住に関わる届が多く記載されている。僧侶の人生の一端が垣間見えるが、とくに本興寺塔頭の後住許可を藩に願い出る際に作成される由緒書には、生国・履歴が記載されていることから、どういう人々が僧侶となり、修行を積んだのかが窺える。僧侶の人生については不明な点も多いことから、貴重な史料となろう。続く四巻掲載予定の、寺町寺院・本興寺の宗門改帳には僧侶の履歴が記載されているものもある。また、数十冊が残されている日記・諸末寺許状帳からも僧侶の履歴が知られ、これらを合わせて活用することで、僧侶身分の理解が深まることになろう。

眞如庵の普請・後住に関わる史料も多い。尼崎城下に所在した眞如庵については不明な点が多いが、願書留は貴重な情報を提供してくれる。本興寺の門守に関する記載もある。僧侶以外に寺院の維持に関わった人々についても知ることができよう。

なお、願書留は『寺宝目録』の文書番号順に掲載したため、安永七年（一七七八）から天保十二年（一八四一）間の三冊を掲載できなかった。これは四巻で掲載する予定である。

農村の御触留・願書留は多く、これらの帳簿類が重要な研究史料であることは広く認識されている。本巻に収録した御触書留・願書留は、これまであまり知られていない城下町の寺町所在寺院のものであるという点で貴重である。町方史料が少ない城下町尼崎の研究進展にも寄与しよう。残念ながら虫損が激しく、十分に判読できなかった箇所もあるが、記載内容は豊かであり、農村の同種の史料と同じく、様々な論点を提供するであろう。活用を期待したい。

（岩城卓二）

あとがき

平成二十五年春に出版された『本興寺文書』第一巻中世文書、第二巻近世文書の一に続いて、今回近世文書の二に当たる第三巻が刊行されます。文書の内容については、岩城卓二先生の解題に詳しく記されておりますが、原本を格護しております本興寺当局者も初めて内容を知る史料ばかりでございます。岩城先生は、これから翻刻予定の文書から、本興寺や寺町に関して、未知のことが解るという期待を持っておられるので楽しみにしております。現在、尼崎市の寺町に位置する本興寺は、京都本能寺と共に日隆聖人によって室町時代に開創されましたが、都の本能寺は布教の道場に、地方の本興寺は学問の道場と定められました。そして本興寺には教場としての勧学院が設けられ、聖人によって再興された日蓮大聖人の教学を伝えるために膨大な著述（御聖教）が遺されました。この勧学院には他門流の学僧も勉学に訪れていたことが知られており、当時開山聖人が教学者として著名であったことが確認されます。勧学院が存在した結果、日隆門流は、已後の戦国時代さらに江戸時代から現代まで誤りなく宗祖大聖人の教学を伝承し、著名な教学者を輩出しております。そしてこの伝統は、現在本興寺に隣接の興隆学林専門学校に受け継がれ、若い学僧達が行学二道の修行に精進しております。

本興寺では、正法を伝えるためには後進者を育成せねばならぬとの開山聖人の御意志を具現化するために、信行勧学院という堂宇を建設中で、完成いたしますと、各種布教伝道に使用可能な講堂や会議室を有し、学僧達が寄宿して勉学出来る施設となります。本興寺は日隆聖人入寂の地であり、現在も開山堂には生身の御尊像が奉安されております。刊行されつつある『本興寺文書』は、開山聖人の偉徳と法華経信仰を伝える寺院を護持する中で発生してきたもので、これらの什宝物を今日まで伝えられた歴代先師上人の御苦労を想い、今後に伝える責任を痛感しております。

監修者の岩城卓二、上野大輔、幡鎌一弘、三浦俊明の諸先生方と史料翻刻に従事された石津裕之、久世奈欧、佐竹朋子の諸氏に深甚なる感謝の意を表します。この『本興寺文書』の刊行事業が、少しでも斯界の歴史研究に裨益するところがあれば誠に幸いでございます。最後になりましたが、刊行に御尽力頂いた清文堂出版前田博雄氏に感謝を申し上げます。

合掌

平成二十七年六月二日
信行勧学院上棟法要の日

大本山本興寺第百三十四世貫首　小西日遶

監 修 者　岩城卓二　1963年生まれ　京都大学人文科学研究所准教授

上野大輔　1983年生まれ　慶應義塾大学文学部助教

幡鎌一弘　1961年生まれ　天理大学おやさと研究所研究員

三浦俊明　1935年生まれ　関西学院大学名誉教授

協 力 者　小西日遶

史料翻刻　石津裕之　久世奈欧　佐竹朋子

（50音順）

本興寺文書　第三巻

清文堂史料叢書　第127刊

平成27年８月31日　初版発行

編　者　本 興 寺

発行者　前田博雄

発行所　清文堂出版株式会社

〒542-0082　大阪市中央区島之内2-8-5

電話06-6211-6265　FAX06-6211-6492

http://www.seibundo-pb.co.jp

印刷：亜細亜印刷株式会社　製本：株式会社渋谷文泉閣

ISBN978-4-7924-1044-5　C3321